TIBURONES
SUPERVIVIENTES EN EL TIEMPO

La Ciencia
para Todos

Desde el nacimiento de la colección de divulgación científica del Fondo de Cultura Económica en 1986, ésta ha mantenido un ritmo siempre ascendente que ha superado las aspiraciones de las personas e instituciones que la hicieron posible. Los científicos siempre han aportado material, con lo que han sumado a su trabajo la incursión en un campo nuevo: escribir de modo que los temas más complejos y casi inaccesibles puedan ser entendidos por los estudiantes y los lectores sin formación científica.

A los diez años de este fructífero trabajo se dio un paso adelante, que consistió en abrir la colección a los creadores de la ciencia que se piensa y crea en todos los ámbitos de la lengua española —y ahora también del portugués—, razón por la cual tomó el nombre de La Ciencia para Todos.

Del Río Bravo al Cabo de Hornos y, a través del mar océano, a la península ibérica, está en marcha un ejército integrado por un vasto número de investigadores, científicos y técnicos, que extienden sus actividades por todos los campos de la ciencia moderna, la cual se encuentra en plena revolución y continuamente va cambiando nuestra forma de pensar y observar cuanto nos rodea.

La internacionalización de La Ciencia para Todos no es sólo en extensión sino en profundidad. Es necesario pensar una ciencia en nuestros idiomas que, de acuerdo con nuestra tradición humanista, crezca sin olvidar al hombre, que es, en última instancia, su fin. Y, en consecuencia, su propósito principal es poner el pensamiento científico en manos de nuestros jóvenes, quienes, al llegar su turno, crearán una ciencia que, sin desdeñar a ninguna otra, lleve la impronta de nuestros pueblos.

Mario Jaime

TIBURONES
SUPERVIVIENTES EN EL TIEMPO

SEP
SECRETARÍA DE
EDUCACIÓN PÚBLICA

la
ciencia/235
para todos

Primera edición, 2012

Jaime, Mario
    Tiburones. Supervivientes en el tiempo / Mario Jaime. – México : FCE, SEP,
CONACyT, 2012
    319 p. : ilus., fots. dibs.; 21 × 14 cm — (Colec. La Ciencia para Todos ; 235)
    Texto para nivel medio superior
    ISBN 978-607-16-1102-4

    1. Tiburones 2. Zoología 3. Ciencias del Mar 4. Ecología. 5. Divulgación
científica I. Ser. II. t.

LC QL638.9   Dewey 508.2 C569 V. 235

Distribución mundial

Diseño de portada: Laura Esponda Aguilar
Fotografía: Craig Reed

La Ciencia para Todos es proyecto y propiedad del Fondo de Cultura Económica,
al que pertenecen también sus derechos. Se publica con los auspicios de la
Secretaría de Educación Pública y del Consejo Nacional de Ciencia y Tecnología

D. R. © 2012, Fondo de Cultura Económica
Carretera Picacho-Ajusco, 227; 14738 México, D. F.
Empresa certificada ISO 9001:2008

Comentarios: editorial@fondodeculturaeconomica.com
www.fondodeculturaeconomica.com
Tel. (55) 5227-4672; fax (55) 5227-4694

ISBN 978-607-16-1102-4

Impreso en México • *Printed in Mexico*

SUMARIO

AGRADECIMIENTOS

No sólo las fuentes escritas sino también los consejos y las enseñanzas de primera fuente por parte de numerosos expertos me fueron preciosos.

Al paleontólogo Jorge Ortiz Mendieta, por sus modelos de tiburones prehistóricos, sus esquemas, sus mapas artísticos y sus conocimientos sobre evolución y anatomía.

A los especialistas en tiburones, doctores Felipe Galván, Mauricio Hoyos, José Leonardo Castillo-Geniz, David Siqueiros, Dení Ramírez, Raúl Marín, Marcela Bejarano, James Ketchum; al maestro Óscar Uriel Mendoza Vargas, y a los biólogos Giuliano Ardito, José Miguel Rangel, Ruth Ochoa y Fernando Manini.

A los investigadores del Ocean's Reserach Predator Lab en Mossel Bay, Sudáfrica, por haberme acogido en una estancia de investigación sobre tiburón blanco: a su director, el doctor Enrico Gennari; al doctor Ryan Johnson; a los especialistas Rob Lewis y David Delaney, y a Jerome Cock por su amistad. De primera fuente aprendí lo excitante de la investigación y tuve acceso a los dioses del mar.

A los buzos, fotógrafos y documentalistas submarinos Romeo Saldívar, Carlos J. Navarro, Mike Hoover, Roger Mas, Steve Morris, Gerardo del Villar y Jorge Zárate.

Por sus aportaciones, al doctor Omar Álvarez, versado en etimologías grecolatinas y letras clásicas, y al poeta Leonardo Fernández *Nadieco* por su visión sagrada de Natura.

El idioma español es riquísimo. Marrajos, selacios, tollos, tintoreras, cazones, quelvachos, cañabotas, gayarres, jaquetones, mielgas, escualos, cornudas.

Los nombres comunes de los tiburones varían según la localidad. Así, una tintorera para un pescador de la península de Baja California es un *Galeocerdo cuvier* lo mismo que un *Carcharhinus leucas,* pero tintorera en Chile puede referirse a *Lamna nasus* y en España a un *Prionace glauca. Mako* es una palabra maorí aceptada para los tiburones del género *Isurus,* a los cuales se les conoce como alecrines. Un tiburón zorro en Veracruz puede ser del género *Alopias* al igual que el coludo en el Pacífico, pero ¿a qué especie se refiere?: ¿*Alopias pelagicus, Alopias vulpinus* o *Alopias superciliosus?* Tan disímiles son los nombres "tiburón picudo" en México y "pez blanco" o "cazón de trompa blanca" en España, y todos se refieren a *Nasolamia velox.*

Es por eso que a lo largo del libro, cuando sea necesario, aparecerán nombres comunes pero seguidos por el nombre científico entre paréntesis y cuando además haya sido posible identificar la especie. Quizá demore la lectura pero asegura una mayor precisión.

PRÓLOGO

No se cambia nunca de opinión respecto de un animal porque esté clasificado de buenas a primeras en el grupo de animales peligrosos o en el grupo de animales inofensivos. Aquí, el conocimiento es, más claramente que en cualquier otra parte, *función del miedo*. El conocimiento de un animal es el inventario de la agresión respectiva del hombre y del animal.

GASTON BACHELARD, *Lautréamont*

Existe un dibujo singular de 1853 en la *Magasin Pittoresque* (núm. 31, p. 241) titulado "Un requin". Se trata de un pescador, probablemente nativo de las islas del Pacífico, que rema desesperado sobre una piragua porque un tiburón lo persigue emergiendo a un lado de su embarcación. El artista dibujó el pez con su aleta dorsal triangular y una aleta heterocerca que se dobla como sierpe. El cuerpo es robusto y moteado. Lo inusual es la cabeza pues el cuerpo se ahúsa casi para formar un cuello. Con las fauces abiertas y la nariz desproporcionada, el rostro del animal semeja una cruza entre lobo y lagarto, y en nada se parece al de los tiburones.

Seguramente el dibujante se basó en un relato de los mares del sur y tomó de modelo una viñeta que aparecía ya en los libros de historia natural. Los modelos eran animales en descomposición, hechos por taxidermistas, o recreaciones a partir de mandíbulas y dientes sueltos. Recordemos que no se conserva el espécimen del tiburón blanco original que describió Linneo basándose en un dibujo realizado dos siglos antes. Los hombres que no eran de mar tenían una visión muy pobre sobre la anatomía de los escualos, pero conservaban la creencia de que eran animales feroces e implacables.

Hoy tenemos a la mano una cantidad de información abrumadora sobre los tiburones: películas, fotografías, documen-

FIGURA 1. *Ilustración de 1853 en la revista* Magasin Pittoresque.

tales, artículos especializados y de divulgación, páginas web, libros y revistas. Con entrenamiento y recursos podemos introducirnos en su mundo, bucear con ellos, filmarlos, estudiarlos, seguirlos con marcas satelitales, colocarles cámaras, medirlos con rayos láser, verlos en acuarios, examinar sus restos en los campamentos pesqueros, tomar biopsias, analizar su sangre y conocer su genoma. Algunos los matan, otros los comen, otros intentan protegerlos, la mayoría los desconoce. Para algunos son recursos naturales; para otros, animales fascinantes. Poco a poco se difumina el lugar común que muchos estudiantes escribíamos en nuestras tesis zoológicas: "Los tiburones son animales aún desconocidos para la ciencia…" Y todavía hoy un oscuro terror atávico invade el pensamiento cuando susurramos "tiburón". Aún hay leyendas, habladurías y escalofríos relacionados con estos peces. ¿Por qué?

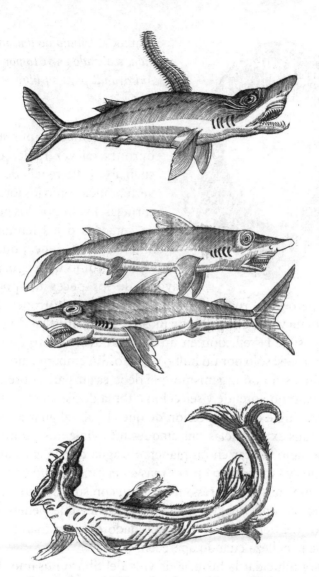

FIGURA 2. *Ilustraciones del libro de Ulisse Aldrovandi,* De piscibus, *de 1613. Es propio del Renacimiento reconocer características reales mezcladas con el bagaje medieval que entonces se arrastraba. En estas ilustraciones se basó Lineo para clasificar al tiburón blanco. Nótese que en el primer dibujo Aldrovandi sustituye la aleta dorsal por un* rostrum *de pez sierra.*

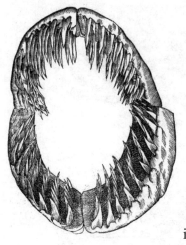

FIGURA 3. *Dibujo de una mandíbula, realizado en 1613 por Ulisse Aldrovandi para su libro v sobre los peces.*

La fascinación por los tiburones tal vez radica en su silencio. A diferencia de otros vertebrados como los loros, las cornejas, los simios, los perros, los cetáceos o los felinos, no emiten sonidos que podamos interpretar como un lenguaje. La mayoría de los peces tampoco lo hace, pero en el rostro del tiburón se dibujan patrones de reflexión, tal vez aparentes y engañosos. Los positivistas dirán que es imposible la reflexión en un animal cuyo cerebro está conformado casi sólo por un bulbo olfativo. Sin embargo, no es una máquina, sino un organismo que debe cazar para sobrevivir y en su camino aprende y selecciona: toma decisiones.

Esta efigie da la impresión de que el animal guarda sus secretos, sus experiencias, sus ataques más violentos, su infancia de huérfano al azar en un planeta de agua donde él es uno de sus amos y también una presa más en el caos que no comprende. Como ciertas mujeres que seducen con su mera presencia y al mirarlas uno imagina que son deidades que penetran los arcanos del tiempo, así otros depredadores diseminan los efluvios de la belleza cuando aparecen.

Para dilucidar la historia de vida del tiburón usamos la inducción y la deducción pero nos es imposible comunicarnos con él. No parece haber una empatía natural entre escualo y ser humano. El delfín parece reír —por lo menos la comisura de su boca así lo señala— y el chimpancé hace muecas que traducimos, pero el rostro del tiburón es impasible. Sus ojos —sin iris ni pupila contráctil— son inescrutables, no reflejan su alma a

16

menos de que ésta sea un pozo de tinieblas donde los evos se destacan. Y luego está esa mueca retorcida, como una sonrisa alrevesada, donde asoman las armas de sus dientes. Las cicatrices del morro y sus ámpulas respiran, su piel susurra un pasado tormentoso, pero lo vemos cruzando el piélago como un estoico.

Contribuye al misterio el que su ocurrencia en la imaginación sea todo peligro y amenaza. Cuando lo vemos en el mar, el encuentro es fugaz y eterno.

Masacrados, sus cadáveres yacen en los fondos o se pudren eviscerados en playas sucias; los vemos apachurrados en camiones o en mostradores de mercados atestados. Al sacarlos del agua no gritan como el cachalote, al ser rebanados no chillan como los cerdos. Sus espasmos de dolor son silenciosos y el reproche al asesinato es esencial, dirigido a espíritus con más visión que sus captores.

Si los vemos bajo el agua, danzan hacia fronteras inasibles. Ráfagas o salmodias, no nos queda más que interpretarlos: los dioses no hablan. Quizá es porque, por muy racionales que creamos ser, seguimos siendo animales que viven en un caos difícil de entender. Los tiburones son depredadores que navegan en un ecosistema peligroso para nuestra supervivencia, pues no estamos adaptados para habitar dentro del mar. Nos atraen y nos repelen. Son una potencia inconmensurable y un abismo ingente. En tal fuerza mayestática habita esta sombra de cartílago. Un elegante y veloz animal con el que no podemos comunicarnos y del cual nunca seremos capaces de adivinar sus sueños.

I. Breve historia de lo que el tiburón ha representado para el hombre

No olvidaré jamás el espectáculo alucinante de esta
criatura apocalíptica lanzándose a toda velocidad en
la noche como la muerte deseosa de llegar a una cita
ADRIAN CONAN DOYLE, *Océano Índico, un paraíso*
poblado de monstruos

Fue apenas en 1841 cuando el historiador, sacerdote anglicano y filósofo William Whewell acuñó el neologismo *científico*. Esto indica que la humanidad, en 10 000 años de civilización, ha adquirido el conocimiento sobre todo por medio de mitos, interpretaciones poéticas, filosofía natural y testimonios dudosos. El conocimiento sobre los tiburones ha sido lento debido a los métodos epistemológicos tan disímiles según la época.

¿Cómo concibió el hombre antiguo a los tiburones? ¿Cómo lo hicieron el poeta clásico o los cronistas del pasado? ¿Siempre ha sido el símbolo de un destructor nato, de un asesino? ¿Por qué? ¿En qué contexto lo colocaron los escritores y aparece en los mitos? ¿Cómo? ¿Qué representa de nosotros mismos? ¿Hablan de él o es sólo una metáfora de la condición humana?

ETIMOLOGÍAS

¿La palabra es la cosa o evoca la cosa?

Los aspectos etimológicos con los que se conoce a estos animales son oscuros y demuestran la dificultad de Occidente para establecer contacto con la naturaleza por siglos. Los tiburones fueron conocidos en la antigüedad clásica con el nombre de *selacios,* cuyo significado es "pez de piel cartilaginosa". "Peces perro", *Kýnes*, fue su nombre colectivo. En griego es s*kýlion* y de ahí derivó *escualo* y *gáleus*, con los que se describe a los tiburones grandes. Estos tres términos se pueden leer en la *Historia de los animales*, de Aristóteles.

Durante la Edad Media surgió el vocablo *cazón*, voz antigua en catalán y en ciertos dialectos francoprovenzales e italianos. Algunos autores lo derivan del latín *cattione*, "pez gato". Los antiguos romances medievales introdujeron los vocablos *marrajo* y *tintorera*, provenientes del portugués. En francés la palabra es *requin*, en rumano *rechin* y en polaco *rekin*, y todas esas palabras pueden derivar del latín *requiem*, o sea "descanso", aunque otros filólogos sugieren que deriva de *chien*, "perro". En italiano es *pescecane*, y en alemán *Meerhund* o *Hunderfisch*: siempre "pez perro".

No obstante, en alemán moderno, noruego y finlandés la palabra es *hai*, en holandés *haai*, en danés y sueco *haj*. Se aventura que su origen derive del anglosajón *æce*, "hacha", y *nǽcan*, "matar", como una metáfora. Otros filólogos la hacen derivar del griego *antakaioi*, o sea, "pez sin huesos" o "pez cartilaginoso", mencionado en la *Historia* de Herodoto. Lo curioso es que en indonesio es *hiu* y en tagalo, *katihan*. ¿Provienen las últimas de las expediciones holandesas coloniales a Indochina en el siglo XVIII?

La palabra castellana *tiburón* tiene un origen complicado. En portugués ésta se documenta hacia 1500 en los relatos de los descubridores del Brasil. Según el orientalista holandés Michael Jan de Goeje, el vocablo pasó de este idioma al español y en 1539 se usó cuando cambiaron el nombre de Cabo de San Miguel, en Haití, por Cabo del Tiburón. Pedro Henríquez Ureña asegura que es una palabra de origen araucano. Otros filólogos lo toman como un híbrido del portugués *tubarao*, y del guaraní-tupí *uperú*, con la aglutinación de una *t*. Fue usado por primera vez en forma oficial como vocablo español por Francisco de Enciso en 1519. Rodolfo Lenz, un filólogo chileno de origen alemán, propuso un origen caribe, proveniente de los indígenas que habitaban Centroamérica en tiempos de la conquista, derivación del vocablo *waibayawa*.

Gonzalo Fernández de Oviedo, cronista, naturalista, poeta y aventurero español, se refirió a la voracidad carnicera, el sabor de su carne y el poder sexual del tiburón en su *Historia general y natural de las Indias* (1527). Ahí se dice que algunos penetran por los ríos hacia el interior y otros llegan a alcanzar gran tamaño: "son tan grandes, que algunos pasan de diez y doce pies, y más, y en la groseza, por lo más ancho tiene cinco, y seis, y siete palmos, y tienen muy gran boca, a proporción del cuerpo, y en ella dos órdenes de dientes en torno, la una distinta de la otra algo, y muy espesos y fieros los dientes".

Bartolomé de las Casas corrobora el origen indígena de la palabra en su *Apologética historia sumaria,* que se empezó a escribir en el mismo año en que Fernández de Oviedo publicó su libro. Cito: "Hay en la mar y entran también en los ríos unos peces de hechura de cazones o al menos todo el cuerpo, la cabeza bota y la boca en el derecho de la barriga, con muchos dientes, que los indios llamaron tiburones…"

El primer navegante que utilizó esa palabra como mención directa en castellano fue el historiador sueco Olaus Magnus, quien describió la muerte de un marinero que había caído al agua durante una tormenta en 1550.

Ya como vocablo usual aparece en el Siglo de Oro español, en unos versos de Tirso de Molina (¿1583?-1648): "¿Hay Sacripante, hay / Brunelo, hay *tiburón*, hay caimán / más asqueroso y más fiero?" Sacripante es el rey de Circassia, caballero sarraceno, y Brunelo es un enano ladrón; ambos son personajes en los poemas caballerescos sobre Orlando. (En francés e italiano, *Sacripante* también designa a un mago o a un pillo.) Tirso utiliza estos sustantivos como sinónimos de baja condición y con ánimo peyorativo.

Los tiburones siempre han sido ligados a sustantivos y adjetivos insultantes. En castellano la palabra *marrajo,* con la cual se conoce al tiburón blanco o al mako, significa "toro o buey

De Galeo læui.

CAPVT III.

FIGURA I.1. *Ilustración del libro de Rondelet,* Libri de piscibus marinis, *de 1554. Es un embrión ligado a su madre mediante el cordón umbilical; está basado en la descripción de Aristóteles.*

que arremete siempre a golpe seguro", y se aplicó al tiburón por la astucia y el arte con el que consigue engañar a su presa; el término se popularizó en el caló del hampa durante el siglo XVI con el significado de "astuto" o "taimado". El vocablo *jaquetón,* con el que se nombra al tiburón azul y al tiburón blanco, significa "bravucón perdonavidas y bocazas cobarde".

En 1555 Guillaume Rondelet, naturalista de Montpellier, evocó al tiburón como un pez muy goloso que devora enteros a los hombres. *Tiburón* (así, en español) aparece en francés en 1558 en la célebre *L'Histoire entière des poissons,* de Rondelet, traducida del latín por su alumno Laurent Joubert. Los ingleses los nombraban *dog-fish,* pues se creía que estos peces se guiaban por el olfato; se consideraba también un insulto. En la primera parte de *Enrique IV,* de William Shakespeare, Talbot insulta a los franceses en un juego de palabras que liga *dolphin, dauphin* o *delfín,* es decir el príncipe heredero francés, con *dogfish.*

En inglés, *shark* es una palabra aparentemente acuñada por los marineros de John Hawkins durante la expedición corsaria de 1568-1569, la cual regresó a Londres con un espécimen capturado en el Caribe o al sur de Veracruz. En su bitácora escribió: *sharkes* o *tiburons.* Ese mismo año unos pescadores ingleses capturaron un enorme pez en el estrecho de Dover; escrito en el costado de su barco, justo arriba del monstruoso animal, a la letra se leía: "Ther is no proper name for it that I knowe but that sertayne men of Captayne Haukinses, doth call it a Sharke. And it is to bee seene in London, at the red Lyon, in Fletestreete". [Que yo sepa no hay un nombre propio para este, pero ciertos hombres del capitán Hawkins le llaman *Sharke*. Y se verá en Londres, en el rojo Lyon, en Fletstreet.]

No se sabe por qué utilizaron tal palabra para designarlo. Algunos filólogos creen que se deriva del maya *K'an xoc* (¿"muerte amarilla"?), palabra que actualmente designa a los tiburones limón en Yucatán. J. Eric S. Thompson, arqueólogo que estudió los glifos de Chichen Itzá y excavó en Belice, aventuró tal origen. Otros niegan la hipótesis maya, pues *xoc* no era aún un vocablo castellanizado para designar al tiburón desde el río Dulce hasta el Grijalva, a donde Hawkins y otros corsarios viajaron; de hecho, nunca lo ha sido.

Sin embargo, su etimología parece indicar ciertas características del propio animal. Debido a esto, algunos autores buscan un origen anglosajón en la raíz *scheron,* que significa "cortar" o "rasgar" y de la que se deriva la palabra francesa *arracher.* Buscan una congruencia con el alemán *schurke,* palabra que remite a "villano". Otros coinciden en una onomatopeya derivada de *sharp,* "filoso", o *shock,* "trauma". Richard Ellis prefiere ligarla al griego *carcharias.* El diccionario de la lengua inglesa de Samuel Johnson, de 1756, deriva la palabra del gótico: *skurk* o *skurka,* sin mención a lo que pueda referirse este vocablo. Interesante hipótesis la que sugiere una contracción del vocablo isabelino *loanshark,* "prestamista", que dio origen al verbo *to shark,* o sea, timar o estafar, como una metáfora de la voracidad del pez semejante a la del codicioso. Aparece en la literatura por primera vez en la obra de teatro *Booke of Sir Thomas Moore,* de 1596, un drama que probablemente fue coescrito por William Shakespeare.

La Antigüedad

Los tiburones aparecen tardíamente en la literatura. Como tales fueron descritos en la cultura helena. En la *Odisea,* la monstruosa Escila devora "delfines, perros de mar [...] y alguno de los monstruos mayores". Es muy probable que Homero haya tenido en mente alguna especie de tiburón comestible del Mediterráneo consumida en su época.

Los griegos comenzaron a nombrar y clasificar cada palabra y su contexto. Uno de los primeros registros escritos sobre estos animales podría ser el de Herodoto en 492 a. n. e.: en su libro VI narra el destino de los náufragos cerca del monte Athos, donde algunos desdichados fueron alcanzados por monstruos marinos y perecieron. Leónidas de Tarento (310-240 a. n. e.) registró la muerte de un pescador de esponjas, Tarsis, que fue partido en dos por un gran pez mientras subía al bote.

Aristóteles fue uno de los hombres más brillantes que haya vivido bajo la luz solar. Clasificó a los selacios como galeodos y peces perro. Se refirió a su reproducción interna y contribuyó a la creencia de que debían girar o avanzar de espaldas para tragar, pues su boca es ventral. No tomó en cuenta las mandíbulas protrusibles. Mencionó a los selacios en tratados como *Partes de los animales* y *Génesis de los animales,* donde aseguró que los machos tienen tan poco semen que las hembras daban a luz pocas crías. También describió su reproducción interna: "Los peces cartilaginosos se enganchan en la cópula a la manera de los perros. Unos montan a las otras, éstas usan su larga cola para prevenir la cópula, y se unen vientre con vientre". Aristóteles contó sobre la temible Lamia, uno de los tiburones más grandes; este monstruo ha sido identificado como el gran tiburón blanco que aún merodea el Mediterráneo, o quizá se refiera a otros lámnidos como el tiburón salmón (*Lamna nasus*). Julio Pallí Bonet, traductor al español de Aristóteles, identifica al "perro de mar" como el pez que los angloparlantes llaman *houndfish, houndshark* o *dogfish,* una especie de tiburón comestible como la pintarroja o lija (*Scyliorhinus canicula*).

Plinio el Viejo, en su *Historia natural* del año 77, escribió acerca del terror que provoca la aparición de este animal mientras se bucea: "Una gran cantidad de perros de mar acechan con grave peligro a los buceadores que buscan esponjas. Ellos mismos cuentan que sobre su cabeza se solidifica una nube, semejante a un animal, que los oprime y les impide ascender, y que por eso llevan puñales muy agudos atados con una cuerda, porque no se retira a no ser que la perforen; eso lo provoca, según creo, la oscuridad y el miedo".

También describió feroces batallas:

Con los perros de mar, la lucha es terrible. Atacan a las ingles, los talones y las partes blandas del cuerpo. La única salvación está en hacerles frente y asustarlos, pues tienen miedo del hombre y en las profundidades la lucha está igualada. Cuando el buceador llega a la superficie del agua el peligro es doble, porque no puede utilizar la táctica de plantarles cara; mientras trata de emerger, su salvación está en manos de sus compañeros; ellos tiran de la cuerda que lleva atada por los hombros. Mientras lucha, el buceador tira de la cuerda con la izquierda para indicar que hay peligro, y con la derecha sigue luchando con el puñal.

"Bestias malvadas" y "plagas" son epítetos que utiliza Plinio para referirse a estos peces. También documenta que los dolores de muelas se calman escarificando las encías con sesos de escualo. Además, los dientes de tiburón sirven de amuleto y quitan los dolores repentinos. Estas recetas recuerdan la magia simpatética, tan común en la superstición y que dio paso a la ciencia empírica.

En *Los doce césares,* del año 120, Suetonio describió una naumaquia (batalla naval como espectáculo) ofrecida por Nerón, en la que "se vieron monstruos marinos nadando en agua de mar". ¿Cuáles? El historiador no puede especificar. Los romanos conocían los nombres de los peces, crustáceos o moluscos comunes como parte de su manjar. ¿Qué clase de animal puede clasificarse como *monstruo*? Seres no muy comunes para los habitantes de Roma, grotescos, fabulosos o apartados de su conocimiento como, aventuro, podrían ser los tiburones.

En el opúsculo apócrifo *Actos de Pablo y Tecla,* propaganda del cristianismo primitivo, escrito en el siglo V, se lee que santa Tecla se arroja en el anfiteatro de Antíoco a una poza infestada de ¡focas asesinas! Pero se salva cuando los animales entran en combustión repentina gracias a la divina providencia. El texto utiliza la palabra griega para foca; no obstante, Peter Brown, en *La renunciación sexual en el cristianismo primitivo,* dice que eran tiburones, sin explicar el cambio de traducción.

Eliano, sabio romano que escribía en griego en tiempos de Heliogábalo, publicó *Historia de los animales,* un tratado enciclopédico donde recopiló de manera caótica observaciones ajenas al mundo animal. Es una obra con aciertos descriptivos pero también llena de bestialismo, zoofilia, supersticiones, poesía y creencias fabulosas acerca de los animales. En el libro I, capítulo 55, podemos leer: "Hay tres clases de tiburones. Hay de grandísimo tamaño y figuran en el número de los monstruos más temibles. Los otros son de dos especies, viven en el cieno y llegan a tener un codo de longitud. Los que tienen manchas en su cuerpo los podemos llamar 'tiburones galeos' y no erraríamos si llamáramos a los restantes 'tiburones espinosos' (cetrinos)". Y continúa: "Cuando un tiburón pica el anzuelo, todos los que lo ven se precipitan y siguen al tiburón, que ya ha sido izado, sin detenerse antes de llegar a la barca. Cualquiera podría imaginarse que hacen todo esto movidos de envidia, porque creen que el capturado ha birlado, de alguna parte, algo de comida que no quiere compartir".

Si las traducciones son fieles, Eliano fue el primero en describir al tiburón zorro (quizá *Alopias vulpinus*). El nombre en griego en realidad es *troktés,* "el devorador", lo cual, considerando la siguiente descripción, puede representar no al zorro, sino a una tintorera, un gran blanco, un tiburón toro u otro pelágico mayor. En el capítulo 5 del libro I dice:

La boca denuncia la naturaleza del tiburón zorro. El tiburón salta muchas veces encima de los anzuelos, corta la crin que los sujeta y vuelve nadando hacia los lugares que habita. Se lanza contra los delfines rodeado de congéneres. Se adhieren al cetáceo con toda su fuerza, mas el delfín da un salto y se sumerge, y se advierte que está atormentado por el dolor. Los tiburones no sueltan la presa sino que se la comen viva. Después, cada uno se marcha con el bocado que ha podido arrancar del cuerpo de su víctima y el delfín se aleja a nado, dándose por contento, después de haber dado de comer a su costa a unos comensales —valga la expresión— no invitados.

Eliano sugiere que el gáleo pare por la boca en el mar y vuelve a introducir a sus pequeños en ella y que el cazón hembra (quizá *Mustelus*) protege a sus crías, comportamiento inusitado entre los elasmobranquios. En el libro ii, capítulo 13, dice: "Todos los grandes peces, excluidos los tiburones, necesitan un guía que con sus ojos les conduzca". Hace referencia a los peces piloto. ¿Por qué excluye a los tiburones de esta lista? Ahora sabemos que los escualos pelágicos están relacionados directamente con el pez piloto. Eliano recoge observaciones de gente del mar, pescadores y marinos; su testimonio es interesante pero carece de fidelidad.

Opiano, poeta griego de Cilicia, nacido a finales del reinado de Marco Aurelio, escribió su poema didáctico *Haliéutica* ("De la pesca"), donde podemos encontrar cómo desde entonces los tiburones son masacrados por el hombre. "En cuanto a los monstruos marinos de potentes y enormes miembros, maravillas del mar, cargados de fuerza invencible, cuya contemplación causa terror, siempre armados de mortífera rabia, muchos de ellos andan errantes por los inmensos mares en donde están los desconocidos laboratorios de Poseidón." Entre ellos menciona al "terrible pez con cabeza de león"; de éste, Eliano dice que se crían en el mar alrededor de Taprobana, en Ceilán, la actual Sri Lanka (¿será un tiburón?), a "los mortíferos leopardos" (en griego *Pordalis,* imposible de identificar hasta la fecha), al mortífero pez sierra, los osados peces perro y las terribles fauces de la funesta lamia (¿el tiburón blanco?). Opiano también escribe acerca del tiburón azul *(Glaucus),* tan amoroso que cuida a sus crías dentro de sus mortíferas mandíbulas.

En la Biblia, por otra parte, surge la ira del dios de los judíos. En el libro de Jonás se lee: "Dispuso Yahveh un gran pez que se tragase a Jonás, y Jonás estuvo en el vientre del pez tres días y tres noches. Jonás oró a Yahveh su Dios desde el vientre del pez". Continúa más adelante: "Y Yahveh dio orden al pez, que vomitó a Jonás en tierra". Esta fábula parece tener relación con la regurgitación común entre los tiburones y un periodo de digestión muy lento.[1]

En el libro de Tobías, un ángel ordena al protagonista capturar un gran pez que lo intentó devorar en el río Tigris. El ángel dispone conservar su corazón, piel e hígado, porque eran útiles para curar ciertas cosas. Este libro sólo aparece en la Vulgata y según Jerónimo lo copió de textos arameos. El vocablo que utiliza es *ictus* (ιχθύς), "pez", referido a los peces óseos. No obstante, la relación del ataque y el tamaño del pez nos remontan a los tiburones toro *(Carcharinus leucas)* que se introducen en el Éufrates y el Tigris, con los cuales los médicos asirios preparaban infusiones.

La Edad Media europea fue un periodo de oscuridad e ignorancia por lo menos en lo que respecta al vulgo. El hombre se aventuró poco rumbo al mar y se perdió un ingente conocimiento antiguo. Los monjes copistas dibujaban en sus bestiarios las lúbricas imaginerías de los marineros y confundieron a los peces perro con serpientes de mar.

Los dientes de tiburones fosilizados eran conocidos como *glossopetrae,* o sea, "lenguas de piedra". Según una leyenda ca-

---

[1] En el texto hebreo del siglo v a. n. e., el vocablo asignado a la criatura marina enviada por Yahveh es *dag gadol* (לודג גד), o sea "gran pez". En la posterior traducción al griego de la Biblia septuaginta, la criatura es definida como *ketos megas* (κητος μεγας), o sea "pez gigante". En el siglo iv, Jerónimo de Estridón tradujo la Biblia al latín formando la Vulgata y definió a la criatura como *piscis granda,* pero en el evangelio de Mateo la tradujo como *cetus,* que en los siglos posteriores significaría "ballena". En la traducción de William Tyndale de 1534 pasó a ser *whale,* "ballena".

tólica, el apóstol Pablo maldijo a las víboras de Malta porque
una de ellas le había mordido la mano y, acto seguido, las lenguas de las serpientes venenosas se volvieron piedra. La leyenda
de las lenguas de piedra se propagó tanto que los marineros las
usaron como dijes y amuletos. En 1666 un tiburón blanco gigantesco fue capturado en las costas de la Toscana. El duque
Fernando II de Médici eligió al anatomista Niels Stensen para
realizar una disección del animal. Al ver los dientes de la man-

FIGURA I.2. *Ilustración del libro de Caspar Schott,* Physica Curiosa, *de
1662: una extraña criatura con una boca y unos dientes que semejan
las mandíbulas de los tiburones.*

díbula, Stensen escribió que "aquellos que adoptan la posición de que las *glossopetrae* son dientes de tiburón petrificados pueden estar no lejos de la verdad", aludiendo a un trabajo de Guillaume Rondelet un siglo antes. De esta manera, las lenguas de piedra fueron identificadas como fósiles de dientes de tiburón.

LOS TIBURONES EN LA MITOLOGÍA Y EN LAS RELIGIONES

En los mitos de las culturas del Pacífico, los tiburones han sido vistos como guardianes, guerreros y entes mágicos. Bernard Clavel, en su hermoso libro *Légendes de la Mer,* recoge la siguiente tradición tahitiana. El tiburón de Ta' Aroa fue de gran belleza. Se llamaba Irê y jugaba con los niños en las playas, lanzándolos con su lomo fuera del agua. Pero los dioses del mar, celosos de que un tiburón jugase con los seres humanos, hicieron correr el rumor de que Irê había devorado al hijo de un pescador. Entonces los hermanos Tahí-a-rai ("El primero en el Sol") y Tahí-a-nú-u ("El primero entre las multitudes") tallaron lanzas y se dirigieron al mar, donde arponearon a Irê. El mar se volvió rojo y los hermanos cantaron victoria. Los dioses del mar y de la tierra habían asistido a la matanza y decidieron que era mejor huir de los hombres: "Esos animales de dos patas son peligrosos. Están siempre listos para la venganza y se la pasan pensando que uno quiere dañarlos. No está bien que Irê sea castigado injustamente". Entonces los dioses levantaron la mano y provocaron una borrasca: el cielo se oscureció súbitamente, el mar se estremeció como animal rabioso y se desencadenó un maremoto que repelió a los hombres hasta la falda de las montañas y proyectó a Irê por los aires. Los nubarrones envolvieron al tiburón herido, lo arrullaron un momento, hicieron que sus heridas cicatrizaran y le devolvieron todo su vigor antes de dejarlo caer en el mar lo más lejos posible de la tierra. Desde entonces los tiburones jamás trataron de compartir sus juegos con los hombres.

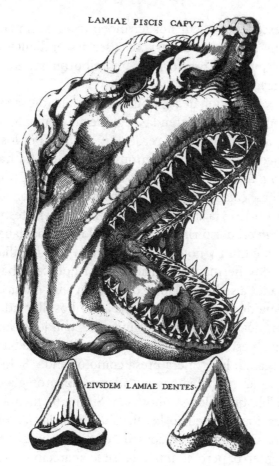

FIGURA I.3. *Cabeza disecada de un tiburón blanco, capturado por pescadores de la costa toscana; esta ilustración apareció en* Canis Carchariae Dissectum Caput, *de 1667, obra de Niels Stensen, quien identificó las "lenguas de piedra" como dientes de tiburón fosilizados.*

En las islas Fiyi la leyenda oral cuenta la historia de Dakuwaqa, guerrero protector del arrecife, quien se transformaba en tiburón. Devoraba a todos aquellos que se atrevían a cruzar su territorio. Los dioses mandaron a un pulpo gigante de cuatro brazos, el cual, a punto de asfixiar al selacio, le arrancó la promesa de jamás herir a algún hombre de las islas. Desde entonces, los pescadores nocturnos le rinden tributo alimentando a los tiburones. Los reyes de Fiyi creen ser descendientes directos del dios y pueden transformarse en tiburones para brindar buenas nuevas a su pueblo.

En Hawái, la reina de los tiburones era una diosa que habitaba los fondos. Como ofrenda exigía carne humana, más fácil de conseguir que la carne de cerdo, tan valorada por los isleños. Existen incontables dioses tiburón en la mitología hawaiana. Aquí, los *aumakua* eran los antepasados deificados: podían ser rocas, arañas, calamares, anguilas, pulpos o tiburones, llamados *mano*. En 1915 la antropóloga Martha Warren atestiguó que los *aumakua* eran espíritus mitad escualos que hablaban a través de un médium y podían cuidar a toda una familia. Relata acerca de dos hermanos llamados Puhi que causaban serias enfermedades a sus enemigos y que tenían a un *aumakua* tutelar en forma de tiburón con puntos amarillos, llamado *Ke-au,* el cual merodeaba en la bahía Kumukahi. Cuando los hermanos se dirigían a pescar, el animal aparecía y ellos le pedían pescado; le otorgaban la primera presa como ofrenda. Sólo cuando el tiburón aparecía había pesca y además los protegía del mar: era imposible que ellos se ahogasen. Si una tormenta volcaba la embarcación, el escualo los llevaba en su lomo. Su origen es curioso. Una mujer, antepasada de los Puhi, abortó a un niño. Lo enterró, pero el *aumakua* se le apareció en sueño diciéndole que lo arrojara al mar para que se convirtiera en tiburón. Después, cuando la mujer se bañaba en el mar, el tiburón salía para succionarle los pechos y así ella supo que era su propio hijo.[2]

Un cuento de las islas Cook relata la leyenda de Hina, una mujer que deseaba llegar hasta la isla sagrada de Motu-tapu pero no tenía canoa. Ella concibió un cruel plan para navegar: montaba peces hasta matarlos o dejarlos heridos. A uno le dejó

[2] Para otros autores, los *aumakua* no son tiburones, sino, en todo caso, los ancestros divinos de los tiburones, los creadores de la vida, ya que *aumakua* significa "luz ancestral".

tales verdugones que terminó desollado, a otro le quedaron tales cardenales que los heredó a sus descendientes y al tercero lo aplastó, convirtiéndolo en un lenguado. Continuando su viaje de relevos, montó un tiburón. Entonces sintió hambre y rompió un coco en la cabeza del escualo. El tiburón se sumergió indignado, dejando a Hina a mitad del mar. Desde entonces los habitantes de las islas Cook llaman a las protuberancias en el morro del tiburón "el chichón de Hina".

En Malaita, en las islas Salomón, el antropólogo Lawrence Foanaota fue testigo en 1976 de cómo los sacerdotes alimentaban a los tiburones con intestinos y carne de cerdos sacrificados. El tiburón representa un dios tutelar que intercede por personas como los recién casados. En las mismas islas, los tiburones pueden también convertirse en tótem o en rencarnaciones de pescadores muertos. Aquí hay un dios con cabeza de tiburón, cuerpo de pescado y pies en forma de peces, llamado Adaro ni matawa, reverenciado como el gran espíritu del mar.

En toda la Melanesia es común la creencia de que los hombres pueden transformarse en tiburones o que pueden intercambiar su mente con ellos. Un hombre-tiburón puede matar a sus enemigos o puede mandar a un escualo a hacerlo. Charles Elliot Fox, misionero neozelandés que llegó a la isla de Makira en 1908, relata cómo su tripulación mató a un tiburón y esa noche fueron acusados de asesinato pues en la aldea un hombre-escualo había muerto.

Dice James Frazer que los nativos de Peleu han combinado a los tiburones con sus mitos solares. Cuando el Sol se despide y se dirige al fondo del océano a descansar para dar paso a la noche, arroja frutas sagradas al agua para que los tiburones se alimenten y guarden sus puertas.

Uno de los libros más antiguos del Japón es el *Kojiki*. Relata la historia de una liebre blanca que habitaba la isla de Oki. La liebre pidió a un tiburón acercarse a la playa y le pidió que todos sus hermanos se alinearan para comparar el número de tiburones con el número de liebres en el mundo. Los tiburones emergieron y se colocaron uno tras otro. La liebre saltó sobre sus lomos y, uno a uno, fingiendo contarlos, cruzó el mar hasta llegar a cabo Keta. Cuando atracó, se burló gritándoles: "¡Tontos tiburones! Los he engañado. Sólo quería llegar a tierra". El tiburón más cercano la atrapó y la desolló viva.

En América, los tiburones fueron parte de la cultura precolombina. Una constelación —probablemente Orión— era para los guaraníes de Sudamérica la pierna faltante de Nohi-Abassi, un hombre que entrenó a un tiburón para que devorara a su suegra. El tiburón era su cuñada que —para darle una lección— le arrancó la pierna y la arrojó a los cielos mientras lanzaba su cuerpo a otra región del cosmos.

François Poli da cuenta de la historia del Holandés en su libro *Los tiburones se capturan de noche*. Este sádico pescaba tiburones que hubieran devorado los cuerpos de los indios arrojados al lago Nicaragua. Los indígenas intentaban aplacar a los tiburones del lago arrojándoles cadáveres humanos envueltos en ornamentos de oro y joyas preciosas; el codicioso Holandés pescaba tiburones para eviscerarlos y robar las alhajas. Cuando lo descubrieron, los indignados creyentes incendiaron su casa y le rebanaron la garganta. No cometieron la blasfemia de ofrecerlo a los dioses del lago.

El mito de la creación azteca estuvo ligado a Cipactli: tiburón sierra, caimán, lagarto o pez cocodrilo, según diferentes interpretaciones iconográficas. Fray Bernardino de Sahagún, testigo de la Conquista de México, se refiere en su *Historia de las cosas de la Nueva España* a Cipactli, primer día del calendario, como "pez espadarte". Las ofrendas de dientes de pez sierra encontradas en el Templo Mayor de Tenochtitlan sugieren que Cipactli era un tiburón sierra del género *Pristis*.

Un fragmento del mito de la creación nahua en el libro de fray Andrés de Olmos escrito en 1533 dice:

> Les llegó la hora de crear los cielos y comenzaron por el más alto, desde el decimotercero para abajo para continuar con la creación

del agua, en la que criaron a un pez grande que llamaron Cipactli, parecido al caimán. Se juntaron los cuatro hermanos (hijos de la primera pareja) y crearon a Tláloc y a Chalchiutlicue, quienes fueron dioses del agua, a los que se les pedía cuando tenían de ella necesidad. Como estaban los cuatro juntos, hicieron del pez Cipactli la tierra, a la cual llamaron Tlaltecuhtli, portándola como deidad, sostenida por el pescado que la había engendrado.

Cipactli es un monstruo marino que flota en el vacío de la nada. Más allá de su cuerpo nada existe; nuestro gran y extendido universo y todos los universos más allá de él están contenidos dentro de él.

Cipactli, dibujado como un tiburón, aparece en el códice Fejérváry-Mayer, libro confeccionado con piel de venado, utilizado por los pochtecas o mercaderes, en el que se reunieron

FIGURA I.4. *Cipactli dibujado como un tiburón, tal como aparece en el códice Fejérváry-Mayer. El mito de la creación azteca estuvo ligado a Cipactli: tiburón sierra, caimán, lagarto o pez cocodrilo (composición de Jorge Ortiz).*

FIGURA I.5. *En las excavaciones arqueológicas efectuadas en el Templo Mayor de la Ciudad de México, antigua Tenochtitlan, se han hallado rastros de tiburones sierra.*

elementos mayas, mixtecos y nahuas. Actualmente el códice se puede admirar en el museo de Liverpool.

Los *Chilam Balam* son los libros sagrados escritos en alfabeto latino por mayas nobles en el siglo XVI para conservar unas tradiciones casi perdidas por la Conquista española. Cada poblado tenía su propio libro, por lo que hay un *Chilam Balam* de Maní, otro de Tizimin, uno más de Chumayel, etc. En el *Chilam Balam* de Tizimin aparece la criatura Chac uayab xooc, a la que Ralph Roy identifica como un gran tiburón rojo. Alfredo Barrera Vásquez traduce ese nombre como "Tendrá sus fauces abiertas el maligno Xooc, tiburón".

Robert Bruce recopiló tradiciones orales y dibujos de los lacandones. En Najá le relataron una leyenda sobre Ah Chak Xok y el niño. Hacía tiempo un Chak Xok macho se acercó a un hombre que pescaba en el lago. El pez solicitó la mano de la hija del hombre. "Si me la otorgas te prometo que tu pesca siempre será abundante. Mañana vendré por tu hija. Pensarás que un lagarto es el que se la llevará, pero no te confundas, seré yo." Así, Chak Xok se llevó a la hija. El hermano de la chica decidió rescatarla y colocó un chile en el ano de la creatura, matándola de inmediato. Pero la hermana no quiso irse con su rescatador pues estaba preñada del pez. Parió muchos hombres reptil que habitaron el río Usumacinta.

Entre los esquimales o inuit existe una tradición oral acerca de una anciana que lavaba su cabello con orina y lo secaba con una tela. Se soltó una fuerte ventisca que hizo volar la tela empapada hacia el mar, donde se convirtió en el Skalugsuak, el tiburón del Polo Norte. Este mito está relacionado con la fétida y venenosa carne del tiburón boreal.

Si hemos de trazar una ruta hacia las tradiciones primigenias, debemos rastrear los mitos en la cuna de la humanidad: África. La gente de Nueva Calabar, en la costa occidental del continente, consideraba al tiburón como sagrado. En la mitología zulú, un gran tiburón emergió para llevar a la diosa Amarava y su horrible esposo Omu a la nueva tierra que hizo la diosa Ma. El tiburón nadó entre las ruinas de la primera civilización extinta y se dirigió al este, hacia el Sol naciente, mientras los mares se calmaban. Por las noches, la Luna coloreaba de plata las olas y al amanecer el tórrido Sol las enrojecía como la sangre de la destrucción terrestre. Al fin, el gran tiburón emergió en la boca del río Bu-Kongo donde la nueva humanidad, creada por Amarava, recomenzaría.

Los tiburones en la era de la esclavitud y el colonialismo

Cuando Bartolomé Díaz y luego Vasco da Gama doblaron el cabo de Buena Esperanza, estableciendo una ruta comercial entre Europa y Asia, y cuando posteriormente Colón arribó a las islas americanas, se inició una nueva era de capitalismo basado en la colonización, la matanza y la rapiña. Durante los siguientes 400 años, el tiburón adquirió su configuración conceptual moderna como símbolo del terror, del *shock*, del castigo. Ya hemos visto cómo los vocablos modernos que se refieren a los tiburones surgen de los viajes de conquista como palabras insultantes. ¿Cómo nació esta concepción? El poder es el que determina las realidades de su tiempo. El poder configura la "verdad". ¿Quién detentaba el poder? Las naciones colonialistas europeas.

FIGURA I.6. *En esta ilustración del libro de Conrad Gesner,* Icones animalium, *de 1560, un monstruo bautizado como* Ziphius, *con rostro de búho y de mujer, devora una foca mientras es atacado por otro monstruo con rostro porcino, largos colmillos y aletas palmeadas. La aleta triangular del* Ziphius *podría remitirnos a la descripción de una orca o un gran tiburón.*

Francisco López de Gómara, que jamás viajó a América, escribió *Historia de la conquista de México* cuando era capellán de Hernán Cortés. Sus crónicas son de segunda mano, provenientes de conversaciones que escuchó en casa del conquistador. El capítulo XVI de su libro se titula "Del pez tiburón" y describe cómo la gente de Cortés capturó en aguas de isla Mujeres un tiburón tan grande que tuvieron que despedazarlo en el agua. En sus tripas hallaron 500 raciones de tocino, un plato de estaño y tres zapatos. Llama al escualo *ligurón* (*sic*) por ser muy tragón. Escribe: "Es pescado que acomete a una vaca y a un caballo cuando pace y bebe a orillas de los ríos y se come a un hombre". Describe bien que los machos poseen dos miembros para engendrar y que uno de ellos le cortó los dedos del pie a un hombre.

En el auge de la época colonial, James Thompson describe en su libro *Las estaciones* a un tiburón que sigue a un barco de esclavos esperando devorar los cuerpos de los tripulantes. En ese poema, el escualo simboliza el caos horrible de un mundo prehumano pero también una pieza del capitalismo. El tiburón es socio del tratado cruel y demanda compartir las presas. El animal exige el destino tempestuoso en donde una sola muerte involucra a tiranos y esclavos. Su cena es en realidad una venganza.

La noción surge de los testimonios de capitanes, oficiales, marineros y pasajeros que, en diarios y bitácoras, registraron los encuentros con tiburones que seguían a los barcos en sus viajes trasatlánticos. Los buques negreros encontraron grandes tiburones alrededor de las islas Canarias y Madeira, y en las costas de Cabo Verde, Congo y Angola.

Samuel Robinson recuerda en sus *Memorias*, escritas en 1867, cuando navegó en buques de esclavos durante su niñez. Según él los tiburones seguían al barco debido a la cantidad de basura y desechos arrojados por la borda. Describe al tiburón como "un monstruo feo, largo y negro", así como el sentimiento de terror que provocaba su presencia: con su "aleta negra dos pies encima de la superficie, su morro ancho y ojos pequeños con una mirada de villano que hace temblar al que lo mira aún a la distancia".

En 1716 un marinero anónimo escribió en su diario: "El tiburón es un pez muy voraz y algunos de ellos son muy vastos [...] con sus enormes mandíbulas podrían devorar fácilmente el cuerpo del marinero más robusto que tenemos a bordo [...] son grandes amantes de la carne humana [...] sus dientes son puntiagudos como sierras". La noción de que los tiburones "aman" la carne humana fue muy común en aquellas épocas, en las que el hombre era el centro del Universo. El naturalista británico Thomas Pennant se basó en el reporte de un capitán esclavista para describir al tiburón blanco en su tratado *Zoología británica,* escrito entre 1768 y 1770: "Un tiburón blanco como la ceniza que mide 20 pies y pesa 4 000 libras y tiene una vasta codicia por la carne humana".

El tiburón era símbolo del castigo. En medio de las discusiones sobre la abolición de la esclavitud en Jamaica, un negrero llamado Shirley defendió en el tribunal lo bárbaros que eran los africanos. Según él, uno de sus esclavos fante le relató cómo en su pueblo el castigo aplicado a una mujer adúltera era arrojarla al mar como pasto para tiburones. El capitán James Fraser dejó un testimonio similar: los esclavos que cometían un crimen en contra del rey de África (*sic*) eran ofrecidos vivos a los tiburones.

El tiburón era el buitre del mar. Los marineros eran envueltos en una lona y arrojados a las aguas en cuanto morían. Un horror para sus compañeros era observar cómo los cuerpos eran devorados por los tiburones que rodeaban el barco. Los negreros también arrojaban al océano a los esclavos enfermos o asesinados, donde los esperaban "los inhumanos monstruos" ansiosos por cebarse con su carne.

Pero el tiburón era pescado frecuentemente en los viajes trasatlánticos como una comida de segunda calidad para alimentar a los esclavos. Un pasajero anónimo escribió en 1723: "Capturamos muchos peces casi a diario, especialmente tiburones, los cuales salamos y preservamos para los negros [...] nosotros no los comemos pues [los tiburones] devoran hombres mientras que los negros los comen muy a gusto y eso nos hace ahorrar provisiones".

La superstición dictaba que un tiburón sólo seguía barcos con enfermos a bordo, pues olfateaba la enfermedad. Lo cierto es que, entre mayor fuese la mortalidad a bordo, más tiburones se congregaban junto al barco. Los reportes registraban que los tiburones aumentaban al llegar a América, en las costas de Brasil, del Caribe y del sur de Virginia. Los barcos llevaban tras ellos gran número de tiburones, lo que alarmaba a los pueblos costeros, como lo demuestra una noticia publicada en un periódico de Kingston de 1785: "Los hombres de Guinea que acaban de arribar han introducido tal número de ingentes tiburones que bañarse en el río se ha vuelto extremadamente peligroso. Uno muy largo fue capturado el domingo".

Los capitanes utilizaban a los tiburones para evitar deserciones. Un africano experto se arrojó al agua cuchillo en mano para matarlos y para que la tripulación pudiese bañarse a gusto en alta mar; en lugar de recompensarlo, el capitán ordenó azotarlo por la hazaña.[3] Algunos capitanes utilizaban restos humanos para atraer tiburones. En papeles del parlamento inglés referentes a las bitácoras de barcos negreros, en 1791, el capitán Thomas Bolton testifica que "nuestra forma de atraerlos era arrojando por la borda un negro muerto al que podían seguir hasta comérselo".

James Tytler fue abolicionista y fundador de la *Encyclopaedia Britannica*. En 1792 envió a la cámara de los lores una petición firmada por ¡los tiburones de África! Esta sátira tenía como objetivo agitar la conciencia de las autoridades respecto del crimen esclavista y sus horrores por medio de la comedia. Según este documento los tiburones pedían seguir disfrutando su comida favorita, la carne humana. La cena les llegaba de diversas maneras: algunas veces como resultado de la enfermedad y la muerte, lo que provocaba recibir los cuerpos arrojados por la borda; otras, por el suicidio, cuando los esclavos se arrojaban para escapar a su destino, y por último por el naufragio de las embarcaciones atestadas. En esta petición, los tiburones se muestran muy indignados al escuchar que algunas personas de Gran Bretaña, bajo el pretexto de la humanidad, estaban tratando de abolir la trata de esclavos. Esto daría como resultado la destrucción de un comercio muy rentable y disminuiría la cantidad de carne disponible.

Los tiburones fueron pretextos utilizados en varios sentidos. Por un lado, los capitanes los utilizaban para crear horror entre sus tripulaciones; por otro, los abolicionistas los utilizaban para sembrar el horror entre los lectores citadinos al buscar sus votos.

---

[3] Oliver Goldsmith describe en 1774 el castigo impuesto por un capitán de un negrero de Guinea. El patrón se enfrentaba con el problema del suicidio entre los esclavos. Al sorprender a una mujer que intentó ahogarse, el capitán mandó pasarla por la quilla. La ataron con una soga y la arrojaron por la borda para arrastrarla debajo del barco. Cuando la mujer se hundió, una explosión de sangre la rodeó mientras aullaba de dolor: un tiburón la había partido por la mitad.

En Europa, el tiburón continuó siendo un signo de maldad que se aunó a varios animales con el estigma de la brujería y la demonología. William Shakespeare proporciona una pista en *Macbeth,* pues uno de los ingredientes usados por las hechiceras, junto a cosas consideradas malditas —como los dientes de lobo, la momia de una bruja, el hígado de un judío blasfemo—, era la "abrasadora garganta del tiburón del mar salado".

Los narradores del Romanticismo, concibiendo el mar como doble símbolo, veían a sus criaturas como el fuego del infierno helado y al océano como representación de lo sublime y lo infinito. En una carta de lord Byron dirigida a Thomas Moore, fechada el 2 de febrero de 1815, se puede leer: "Pero he vuelto a ver el mar, una vez más, en toda la gloria y el esplendor del oleaje y de las espumas, casi igual al de la bahía de Vizcaya; a los interesantes escualos blancos y esos retazos de mar, de mis recuerdos del archipiélago".[4]

Emilio Salgari, en *Los tigres de Mompracem,* describe que las cornudillas o tiburones martillo podían saltar fuera del agua para, con su boca abierta en el vientre, partir en dos a un hombre. En sus narraciones de piratas recoge tradiciones y leyendas sobre la voracidad brutal de esos animales.

Veinte mil leguas de viaje submarino es la primera novela que utiliza los escasos datos científicos de su época (1870) para urdir un relato en las profundidades que Julio Verne nunca conoció, pero que recreó con su imaginación y sus interminables lecturas de los descubrimientos naturalistas. Los tiburones aparecen frecuentemente a lo largo de la trama. Llama "melanóptero" a un gran escualo de siete metros que en el mar de las Indias intenta partir en dos a un pescador de perlas y al capitán

[4] ¿A qué escualos blancos se refería el poeta romántico? La carta la escribió después de su luna de miel en Seaham, una horrible y espantosa costa —según sus palabras—, donde cenaba con los tripulantes de carboneros perdidos en las galernas. ¿Se refería a tiburones blancos?

Nemo. Cuando el profesor Aronnax divisa dos grandes tintoreras en un paseo submarino, retoma la falsa noción de que los tiburones ven mal y describe cómo destilan una materia fosforescente por agujeros abiertos cerca de la boca.

En *Moby Dick*, Herman Melville cuenta, a partir de su propia experiencia en barcos balleneros, cómo los tiburones eran capaces de devorar en seis horas el cuerpo entero de un cachalote y dejar sólo el esqueleto. Los balleneros mataban a los tiburones con una espada, enterrándola en el cráneo para que se alejaran de los cuerpos de las ballenas muertas. Melville describe el frenesí alimenticio como "vitalidad panteística" [*A sort of pantheistic vitality seemed to lurk in the very joints and bones*]. Narra también una creencia común entre los balleneros, según la cual los tiburones detestaban la carne amarilla, por lo que los asiáticos eran los más propicios para sumergirse en el agua. Menciona que el tiburón sólo teme al cachalote y que además es un signo de mal augurio. En la escena final, cuando los arponeros se dirigen a la muerte, los tiburones emergen como buitres del mar profetizando la carnicería [*The sharks following them in the prescient way that vultures hover over the banners*].[5]

En 1883 Carlo Collodi terminó de escribir *Las aventuras de Pinocho*. En los últimos capítulos Geppetto pasa dos años en el estómago de un enorme tiburón —de un kilómetro de largo— que padece asma y que se tragó un barco de un bocado. En italiano el vocablo es el clásico "pez perro": *pesce-cane*. Lo curioso es que ese escualo enorme tiene una lengua móvil y pulmones. Quizá por esto en imágenes posteriores se confundió al tiburón con una ballena, sobre todo por los dibujos del ilustrador Attilio Mussino, realizados en 1911, que hicieron popular al muñeco.

---

[5] *Moby Dick* es una alegoría en la que el mar es la contemplación del infierno y por lo tanto los tiburones representan los soldados ciegos de una justicia iracunda, pero siempre al servicio del gran tirano, de Dios, de un demiurgo o de la naturaleza absoluta.

En su libro *Leyendas y tradiciones puertorriqueñas*, Cayetano Coll y Toste narra el cuento del matador de tiburones. En 1640 se daba un banquete en honor de los representantes del rey de España cuando dijo don Diego de Pacheco:

Señores, lo que más me ha llamado la atención en este largo viaje ha sido que, dos días antes de arribar a estas playas, hemos pescado un pez horrendo, que llaman tiburón. Tenía cuatro varas de largo y la tremenda boca guarnecida de unas hileras de dientes movibles. Muerto y echado sobre la cubierta del barco infundía pavor tan feroz animal.

—Pues, señor Virrey, aquí en la Aguada, hay quien lucha con un tiburón y lo vence —contestó el teniente a Guerra.

Rufino, matador de tiburones, fue comisionado para pelear contra el monstruo. El indio se negó pues había perdido sus escapularios, pero aceptó cuando el mismísimo virrey le ofreció ocho pesos y una onza de oro. Al día siguiente, el populacho se agolpó en la dársena. Arrojaron un perro al mar para excitar al pez. Rufino entonces se lanzó al agua, daga en mano. Mató al tiburón, fue herido y recibió su paga. Compró redes de pescar y un buen bote y no volvió a combatir con los monstruos del mar. En el comedor de su cabaña, pendiente del seto, guardaba como trofeo de sus victorias la célebre daguilla rodeada de dientes de tiburones.

El escritor panameño José María Sánchez escribió un hermoso cuento titulado *Lalú*, un mudo que conocía los secretos de la isla del Pastor. Un día apareció un monstruoso escualo con la piel manchada que sembró el terror entre los pescadores. Nadie se atrevía a aventurarse al mar. El depredador destrozaba los viveros de tortugas, principal riqueza del lugar. Lalú fue el único que no tuvo miedo y siguió internándose en el mar. El infierno respondió a su llamado y vomitó la muerte en la relampagueante estela de un tiburón implacable.

Son frecuentes las historias donde se conservan papeles y

joyas dentro del estómago de los selacios, aprovechando dos hechos: su mala digestión y ser devoradores de basura. En uno de los pocos cuentos donde el tiburón no es un ciego asesino, Mark Twain le regala a Cecil Rhodes un tiburón de Australia que en el estómago trae las cotizaciones de la bolsa de Londres. Se las había tragado diez días antes. Como los barcos con las noticias tardaban meses en llegar, Rhodes especuló sobre el seguro y se volvió millonario.

Quizá el pasaje más poético en la historia del arte literario donde aparece un tiburón como símbolo esté en los *Cantos de Maldoror*, del poeta francés nacido en Montevideo Isidore Ducasse, mejor conocido como Conde de Lautréamont. El más romántico entre los románticos escribió el libro considerado como la blasfemia definitiva en prosa poética, publicado en 1870. En la estrofa 13 del segundo canto, el demonio Maldoror se encuentra con su primer amor, con su igual, alguien que lo supera en maldad: una enorme hembra de tiburón blanco:

Los deseos carnales siguieron de cerca esa demostración amistosa. Dos muslos inquietos se adherían fuertemente a la piel viscosa del monstruo como dos sanguijuelas y los brazos y las aletas se entrelazaban alrededor del cuerpo del objeto querido al que rodeaban con amor, mientras las gargantas y los pechos pronto no formaron más que una masa glauca con exhalaciones de algas marinas. En medio de la tempestad que continuaba enconada, a la luz de los relámpagos, teniendo por tálamo nupcial la ola espumosa, transportados por una corriente submarina como una cuna, rodando sobre sí mismos hacia las profundidades abismales, se unieron en un acoplamiento prolongado, casto y horroroso… ¡Por fin había encontrado a alguien que se me pareciera!… ¡En adelante ya no estaría solo en la vida!… ¡Ella tenía las mismas ideas que yo!… ¡Me encontraba frente a mi primer amor!

Ya en el siglo XX, Ernest Hemingway describe un tiburón con fidelidad y reconoce su especie: los famosos devoradores del marlín en *El viejo y el mar* son tiburones makos. Aunque varios críticos quisieron ver en éstos a los vengadores de un destino fatal, Hemingway siempre negó que el libro contuviera simbolismos y le dijo a su amigo Bernard Berenson que "El mar es el mar. Un viejo es un viejo. Y todos los tiburones son simplemente eso: tiburones, ni algo mejor, ni algo peor". Hemingway confirma su creencia de que el arte imita a la vida.

En 1961 el escritor Roald Dahl hace que cientos de tiburones, hirviendo las aguas, parezcan devorar el melocotón gigantesco que flota sobre las olas, donde viajan James y sus amigos artrópodos. Éstos, horrorizados, logran escapar sólo para darse cuenta de que los tiburones no habían mordido de ninguna manera el fruto-buque, debido a su incapacidad física para hacerlo. Aquí aparece la angustia colectiva que induce a pensar lo peor cuando aparece un animal como el tiburón. Éste es un pasaje de *James y el melocotón gigante.*

Henri Charriére, el célebre *Papillon,* héroe que se fugó más de diez veces de los peores penales del mundo "civilizado", relata en el séptimo cuaderno de su novela homónima, publicada en 1968, cómo los presidiarios eran carne de tiburón. Los arrojaban en bolsas de harina entre la isla San José y la isla Real, las infames "islas de la salud" francesas. "Nunca un muerto tuvo tiempo de hundirse mucho. Ver a un hombre ser comido es muy impresionante porque, cuando los tiburones son muchos, llegan a levantar fuera del agua la mortaja con su contenido y, arrancando la bolsa de harina, se llevan grandes pedazos de cadáver."

Papillon relata una curiosa anécdota referente al condicionamiento animal. De ser cierta, los tiburones serían capaces de escuchar sonidos que provienen de afuera del agua. No sólo es interesante desde un punto de vista fisiológico sino que también lo es desde la etología. Cito a Papillon: "Lo que atrae a los tiburones a ese lugar es el sonido de la campana que repica en la capilla cuando muere alguien. Parece que, si uno está en la punta de la Real a las seis de la tarde, hay días en que no se ve ningún tiburón. Cuando suena la campana en la iglesita, en menos de lo que canta un gallo el sitio se llena de tiburones que esperan al muerto, porque no hay nada que justifique que concurran a ese lugar justo a esa hora".

En 1974 Peter Benchley le hizo un flaco favor a los escualos con su novela *Jaws,* mal traducida al español como *Tiburón.* Para entonces se conocían 250 especies y en el mundo académico aún se conservaba la creencia de que eran miopes y sólo incontenibles máquinas de comer. El libro trata sobre un gigantesco tiburón blanco que siembra el pavor en un pueblo de Long Island debido a sus constantes ataques a humanos.[6] Dio paso a una película famosa que derivó en un pánico generalizado por ciertas clases sociales citadinas y una matanza de tiburones sin sentido en muchos países.

En el mismo año el escritor más controvertido de Noruega, el nihilista y anarquista Jens Bjørneboe, publicó su última novela, *Los tiburones,* donde el pez es el arquetipo de la insaciable lujuria de la humanidad por el dinero y por el poder. El autor compara nuestra incomprensible habilidad de cazarnos unos a otros para procurarnos la muerte con la fiereza de estos peces. Su protagonista, Peter Jensen, se sabe como un tiburón: "El mar y sus criaturas, incluido el hombre que navega, son violentos, brutales, salvajes, dementes, caníbales y satánicos. Incluso los tiburones, que ocultándose se destrozan entre sí, como otros que traen la lascivia sangrienta al hombre, se caracterizan por una incapacidad para sentir amor y una perfección en sus formas".

Si el tiburón ha sido —como lugar común— símbolo de lo rapaz, no es raro que en la asombrosa novela *Los versos satáni-*

---

[6] Benchley basó su libro en hechos reales y teorías falsas. Por ahí de 1916 se creía que los tiburones sólo se alimentaban de cadáveres cerca de la costa o de marinos en alta mar. También existía la opinión del biólogo Fred Lucas de que ningún tiburón tenía fuerza en sus mandíbulas para hacer pedazos a un hombre. Hasta que ocurrieron cuatro ataques mortales y una amputación en tan sólo 11 días en las costas de Beach Haven en Nueva Jersey. La gente se aterrorizó cuando se capturó un tiburón blanco que tenía en el estómago siete kilogramos de carne humana.

cos, de Salman Rushdie, la tribu asesina de Jahilia, dedicada al soborno, se conozca como Shark. Sus integrantes son los *sharks,* que patrullan la ciudad de arena imponiendo su propia ley con base en la violencia, raptan a las peregrinas exigiendo rescate o las venden como objetos sexuales.

El cine, el video y los videojuegos

Actualmente no son los libros, sino los medios audiovisuales los vehículos populares que reflejan las ideas contemporáneas. Uno de los primeros filmes con imágenes subacuáticas fue la última película del genial F. W. Murnau, rodada en Tahití y Bora-Bora. *Tabú* (1930) es una trágica historia de amor imposible entre dos nativos. En una de las últimas escenas el protagonista se enfrenta con un tiburón que resguarda la perla deseada. La fotografía es de un pequeño animal muerto, que se utilizó para filmarlo de cerca, y de un muñeco inflable.

En muchos filmes anteriores a los años noventa —por ejemplo *Shark, Man Eater* (1969), *Tintorera* (1977) y *El cazador de tiburones* (1979)— hay escenas donde los buzos arponean y matan tiburones reales en aras de una ficción asquerosa.

Los escualos han sido el modelo del dragón, el monstruo antagónico de la doncella. Por ejemplo, el cartel de *She Gods of Shark Reef* (1958) muestra unos tiburones que amenazan a una mujer desnuda amarrada a una roca en un paraíso del Pacífico donde no hay hombres. Algo parecido ocurre en la pésima película *The Mermaids of Tiburon,* de John M. Lamb, estrenada en 1962: es la historia de un biólogo marino que bucea en la isla Tiburón en el golfo de California y se encuentra a una colonia de nereidas que cuidan las perlas. En la versión adulta las nereidas salen desnudas; en la versión familiar, con conchas que cubren sus cuerpos. Los tiburones son meros afiches y muñecos inmóviles que fungen como símbolos del peligro que se tiene que conquistar para acceder a las mujeres.

Jaws of Death (1977) presenta una trama distinta. Un hombre lucha contra la sociedad para salvaguardar a los tiburones de las incesantes matanzas y decide protegerlos de los científicos malvados que experimentan con ellos. Desde su cabaña, que da al mar, conversa con los tiburones y les pide perdón por haber nacido hombre. Este personaje, llamado Stein, había sido salvado por dos tiburones tigre y aceptado por un tótem que le enseñó el mago de una isla. Sin embargo, al final de la película cae al mar, donde es devorado por sus amigos escualos ya que había extraviado el talismán que lo protegía.

Jaws (1975), la película de Steven Spielberg, fue un parteaguas en la historia del cine. Genera vasos comunicantes entre el comportamiento del tiburón y la sobrepesca. Su protagonista es un tiburón blanco casi mecánico. El personaje Hooper repite a lo largo de la trama que se enfrentan a una "máquina perfecta", una "máquina de comer". Además, la historia que cuenta el personaje Quint sobre el uss *Indianapolis* liga la profanación del hombre al cosmos debido al transporte de las bombas atómicas con el castigo que los animales infligen a los marinos.[7]

Después de *Jaws* se realizaron numerosas películas de baja calidad que plagiaban la misma trama y se concentraban en el pánico que generan los ataques exagerados. Una pléyade de bazofias inundaron las pantallas desde entonces. Los monstruos son tiburones desproporcionados, mutantes, con tentáculos de calamar y de pulpo, o dientes de piraña; escualos gigantes que se meten a pantanos, que viven en la arena del desierto; híbridos de dinosaurios y tiburones que se deshielan; tiburones que atacan góndolas en Venecia, incluso megalodones redivivos que saltan y se llevan a un avión de pasajeros entre las fauces. Representados por muñecos de goma, títeres, gráficos de animación digital, juguetes robotizados, a todos se los elimina de los

---

[7] Fidel Castro interpretó el filme de Spielberg como un reflejo de la codicia capitalista en aras de sacrificar la vida de las personas para proteger sus inversiones. El tiburón es visto por fuerzas económicas que desde tierra intentan velar los ataques para proteger la fama de un lugar turístico.

modos más nefastos: haciéndolos explotar con cargas explosivas, quemándolos con lanzallamas, electrocutándolos, volándolos con lanzamisiles y, como ya he escrito, también asesinando tiburones reales.

También han sido retratados de forma más realista. En *Open Water* (2003), de Chris Kentis, dos buzos accidentalmente son abandonados a kilómetros de tierra firme después de una inmersión. La pareja intenta sobrevivir a la deriva en aguas plagadas de tiburones. De las pocas virtudes del filme se destaca la presencia de animales reales, grises y sedosos. La protagonista dice en algún momento: "No sé qué es peor, verlos o no verlos". El tiburón es un símbolo de lo ominoso, de lo que aplasta a la pequeñez del ser humano enfrentado a un ingente caos que no comprende. Cuando los créditos aparecen, se muestra una secuencia con el cadáver de un tiburón mako recién pescado, al cual mutilan y abren en canal sólo para sacar una cámara submarina de su estómago.

The Reef (2010), de Andrew Traucki, tiene un argumento similar. Ciertas personas quedan a la deriva en la Gran Barrera Australiana y mientras nadan hacia la costa son cazadas por un tiburón blanco. También las escenas del tiburón son filmadas con animales reales y el depredador mata a todos excepto a la protagonista. Ambas películas alegan que están basadas en hechos reales, quizá más como ardid publicitario.

El filósofo Luke White propuso la noción de *tecnonaturaleza*. Implica las ansiedades crecientes sobre un aparente cosmos que el hombre no puede controlar, sobre todo a finales del siglo XX, mezclada con la *tecnociencia*, derivada del capitalismo que desea transformar la naturaleza. Esta idea genera una visión de la vida como una fuerza que responde a la intromisión del hombre. Los tiburones responden a la intromisión humana en filmes como *Deep Blue Sea* (1999), donde unos makos superinteligentes —al modo humano— han sido modificados genéticamente. Al escapar de su laboratorio persiguen a los científicos que los "crearon" como nuevos Frankensteins de pacotilla. En

Shark Swarm (2008), los tiburones han mutado por culpa de desechos tóxicos.

Esta nueva visión va de la mano con fenómenos como la contaminación ambiental, la destrucción del hábitat y con nociones debatibles, como el llamado calentamiento global atribuido a la actividad humana. Así, a principios del siglo XXI los tiburones han pasado de verdugos a víctimas y hasta banderas de movimientos contra lo industrial.

Los primeros documentales eran una mezcla del poco conocimiento científico con un toque de sensacionalismo y una nueva visión. Entre estos destacan: *Blue Water, White Death* de Peter Gimbel (1971) —el primer hombre en filmar cinemáticamente al tiburón blanco—, *Operation Shark Attack* de Ron y Valerie Taylor (1981), y *Great White Death* de Jean Lebel (1981).

En las últimas décadas ha surgido un sinfín de documentales que intentan desmitificar la visión aberrante sobre los tiburones. Otros subrayan la belleza de los animales y su relación con un aparente equilibrio natural. Los documentales se enfocan en la defensa por la conservación y en la denuncia contra la destrucción del océano. Aquí destacan *Island of the Sharks* de Howard Hall (1999), *Deep Blue* de Alastair Fothergill y Andy Byatt (2003), *Diosa en el silencio azul* de Romeo Saldívar y Mario Jaime (2005), *Sharkwater* de Rob Stewart (2007), *The End of the Line* de Charles Clover (2009) y *Oceans* de Jacques Perrin y Jacques Cluzaud (2010).

Un documental que explora una visión crítica es *The Shark Con,* de Rusty Armstrong y Eli Martínez (2010). El filme tilda a los movimientos conservacionistas como viles negocios y defiende la noción de que la cifra de 100 millones de tiburones masacrados al año es una mentira.

También en los videojuegos, uno de los lenguajes del siglo XXI, aparecen los tiburones. En dos de ellos, *Jaws Unleashed* y *Jaws Unleashed II,* el jugador controla un enorme tiburón blanco con el cual debe cumplir ciertas misiones. El juego le permite al tiburón saltar fuera del agua; destazar nadadores, buzos y

FIGURA I.7. *Este tiburón robótico se utilizó en el documental de la* CBS, Mind of the Demon. *Aquí se balancea sobre las aguas de isla Guadalupe, en México (fotografía de Mike Hoover).*

surfistas; destruir jaulas; romper redes; cazar focas, tiburones pequeños y peces; hacer explotar submarinos y botes; dar topetazos y coletazos; activar un comando de visión de escualo; comer basura; hacer volar una refinería; escapar de un acuario; evadir anzuelos y laberintos de minas, y matar una orca juvenil. Aquí, el tiburón blanco representa un vengador que tiene una motivación aparentemente justa pues los seres humanos son retratados como insensibles a la naturaleza y ebrios de poder o codicia, por lo que el jugador atenúa el sentido de la violencia gratuita que le ofrece el juego por medio de la reparación del daño sufrido por la crueldad humana.

Así pues, los tiburones a lo largo de la historia han sido símbolos diversos. Casi siempre aparecen como un vocablo que remite a la violencia, no como una constelación vital con la cual podamos sentir empatía. Es un monstruo ctónico por excelencia. El concepto de tiburón como epítome del horror es una noción moderna que parte del siglo XVI.[8] Por ejemplo, en *El tesoro de la Sierra Madre,* de B. Traven, los protagonistas conversan acerca de la conveniencia de no robar pues de ser descubiertos irían a las islas Marías: "En ellas hay muy pocos guardias, porque están vigiladas por millones de feroces tiburones. —Hermoso lugar —dijo Curtin riendo—. Así pues, el bolseo queda descartado. ¿A quién le gusta que lo custodien tiburones?"

Les hemos dado características humanas a otros seres vivos: violencia, sadismo, ansias infinitas de matar no son propias de todos los animales. Evidentemente los tiburones son depredadores muy peligrosos y sería absurdo negar los ataques a seres humanos a lo largo de la historia. Como todos los animales, son agresivos a veces, tímidos en ocasiones, dignos de respeto siempre, y tienen una misión básica que han conservado con la evolución, igual que nosotros: sobrevivir.

Mas no son abominaciones. El portento del monstruo depende del hombre que, como sujeto, juzga el portento como objeto. Los juicios que se dan emergen de una posición antropocéntrica. En su *Tratado de monstruos: ontología teratológica,* Héctor Santiesteban escribe: "Los dientes y las mandíbulas de un tiburón son temibles, hasta monstruosos. Se dice que es un asesino cuando mata para comer, que es cruel y malvado cuando no es tan evolucionado mentalmente como para sentir pasiones. Los juicios que se le hacen son hechos imponiéndoles cierta humanidad, pero no para dignificarlos, sino para degradarlos".

---

[8] Luke White dice que el tiburón sirve como un ejemplo hiperbólico de la nueva concepción sobre la naturaleza y las relaciones de poder económico. Por ejemplo, en 2007 se reportaron dos grandes tiburones blancos cerca de la costa de Cornwall y en la televisión se reportó que la culpa de ello la tenía el calentamiento global generado por el ser humano. En 2011, después del asesinato de Osama bin Laden, un periodista del diario neoliberal *Libertad Digital* clamó que arrojar el cadáver del líder terrorista al mar para que lo devoraran los tiburones era un símil de maldad contra maldad.

Creemos que nuestros vicios e iniquidades brotan de lo natural como un espejo de nuestra impotencia. Nada más falso. Será difícil que el hombre como especie comprenda que somos uno más en el torbellino de la evolución, que los fenómenos naturales pueden ser crueles y agresivos, que podemos ser víctimas de inteligencias que no entendemos pero nunca de injusticia y maldad, porque ésos son conceptos meramente humanos.

II. ¿Qué son los tiburones?

Son peces con esqueleto de cartílago, es decir son condrictios, al igual que las quimeras. Junto con las rayas, sus parientes cercanos, se clasifican como elasmobranquios, palabra cuya etimología hace referencia a los septos, pequeñas paredes de tejido entre sus branquias. En la piel poseen, en vez de escamas, unas estructuras conocidas como dentículos dérmicos. Todos los tiburones presentan reproducción interna, a diferencia de los peces óseos.

También se les denomina *selacios,* es decir peces cartilaginosos con hendiduras branquiales desnudas y laterales. A diferencia de los peces con huesos, no poseen opérculos, esa estructura ósea que le permite al animal respirar mientras está quieto. La mayoría de los selacios requiere nadar constantemente para filtrar el oxígeno del agua.

A pesar de que los tiburones son peces en sentido estricto, no pueden considerarse como peces típicos. Son parte de un grupo muy diverso de vertebrados marinos que evolucionaron independientemente de los peces óseos (*Osteichthyes)* hace 500 millones de años. Su diversidad abarca desde filtradores de plancton hasta megadepredadores; exhiben varios modos de reproducción interna y desarrollo embrionario; son longevos y presentan cambios ontogenéticos en su dieta y sus preferencias de hábitat. El estereotipo del tiburón es un selacio ahusado, de una tonalidad azul grisácea. Pero no nos confundamos: existen tiburones de múltiples formas, colores y tamaños que habitan desde los polos hasta los abismos más profundos, pasando por ríos y lagos.

Anatomía y diversidad

En 2005 tuve la oportunidad de meterme a una jaula en las aguas de la isla Guadalupe para ver al tiburón blanco. Apareció ante mi vista como un bólido de plata. Su mirada de siglos, sus branquias enormes, su cuerpo robusto dibujado con cicatrices y la gracilidad de la singladura conforme batía suavemente la aleta caudal: todo eso me hipnotizó. La contemplación de un animal vivo, libre en su medio, no se compara con los estériles estudios de gabinete, las disecciones y los trazos en un papel. Observar el cuerpo de estos animales lleva implícita la noción de belleza.

¿Cuál es el dibujo material de un tiburón? ¿Cómo lo han configurado sus proteínas? No es su apariencia externa lo que los distingue esencialmente. Existen en forma de torpedo y de cigarro, aplanados, corpulentos, serpenteantes, espinosos, chatos, con la cabeza en forma de pala o con una nariz de Cyrano. Debemos recurrir, pues, a la anatomía interna.

Cartílago

El cartílago es un tejido conectivo denso y el de los tiburones es diferente al de otros vertebrados. Forma tejidos fuertes pero flexibles. Es más ligero que el hueso y ayuda a que el animal no se hunda. Está formado por colágeno y polisacáridos. Tiene áreas de calcificación compuestas de células no hipertróficas, es decir, células que no propician el crecimiento del tejido. Las mandíbulas y las vértebras, por su parte, se refuerzan con sales de calcio para endurecerse.

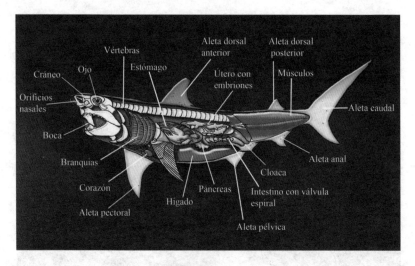

FIGURA II.1. *Anatomía general del tiburón (ilustración de Jorge Ortiz).*

Al ser menos denso que el hueso, el cartílago hace ligeros a estos animales. Recordemos que carecen de vejigas natatorias y no pueden flotar. Su poca densidad les ayuda a gastar menos energía en evitar el hundimiento y les permite moverse de manera vertical sin un cambio en la flotabilidad, lo que facilita la persecución de sus presas.

PIEL

Su piel es áspera, como una lija suave. Compuesta por dentículos, forma una red helicoidal hidrodinámica: al contacto con el agua, los dentículos originan espirales de agua, llamadas vórtices, que evitan la aparición de flujos turbulentos y disminuyen la resistencia por fricción. Esto se conoce como "efecto riblet".

Un dentículo dérmico consiste en una placa basal que se ancla a la piel, un cuello constreñido y una corona o espina que se prolonga a lo largo de la piel. La espina es de una proteína calcificada llamada dentina, cubierta por una capa gruesa de vitrodentina, y tiene una cavidad pulpar que contiene los vasos

FIGURA II.2. *Denticulos dérmicos (ilustración de Jorge Ortiz).*

sanguíneos. La forma de los dentículos es muy variable y se utiliza para la identificación de especies. En un mismo tiburón, los dentículos varían según la parte del cuerpo y la edad del individuo.

MANDÍBULAS Y DIENTES

Son las mandíbulas, sin embargo, el origen de nuestras pesadillas. En efecto, los dientes y la boca les han permitido vivir como cazadores a través de las eras. Al contrario de otros vertebrados, su mandíbula superior no se fusiona al cráneo, lo que la hace "protrusible", esto es, que puede desplazarse hacia adelante. Esta particularidad les ayuda a lanzarlas hacia el frente para cortar pedazos muy grandes. Si nosotros tuviésemos una mandíbula protrusible, podríamos devorar una manzana de un solo bocado.

La boca es subterminal o ventral, es decir que se encuentra "bajo" el rostro, y en pocos casos, como el tiburón ballena, es terminal, como en la mayoría de los vertebrados. La posición ventral de la boca permite que el morro sea el área óptima de percepción sensorial.

Conociendo la circunferencia de una mordida o de la mandíbula se puede calcular el tamaño del tiburón. El biólogo Dayv Lowry propuso un método para estimar la talla de un tiburón si se conoce el daño de la mordida en alguna presa. Por ejemplo, en Gansbaai, Sudáfrica, durante 2010 se fotografió a un delfín jorobado *(Sousa chinensis)* de unos 2.7 m que exhibía una horrenda herida en su costado. Se calculó que el tiburón blanco que lo atacó tenía una mandíbula superior con una circunferencia de entre 0.8 y 1.0 m, lo que corresponde a un tiburón de 4.7 a 5.9 m de longitud.

Varios científicos han intentado calcular la potencia de las mandíbulas. Perry Gilbert, en 1965, concibió un dispositivo que medía el poder de la mordida. Lo probó en varios tiburones, entre ellos una tintorera, y la máxima presión la dio el tiburón oscuro *(Carcharhinus obscurus)*: tres toneladas por pulgada cuadrada. A finales de los años setenta Clarice Prange midió la presión de la mordida del tiburón mako *(Isurus oxyrinchus)*; el resultado más alto fue de cuatro toneladas por pulgada cuadrada. La presión de la mordida del tiburón blanco puede alcanzar cerca de 1.8 toneladas por pulgada cuadrada. Estas mediciones no son conclusivas, pues el tamaño y la fuerza de las mandíbulas varían según la especie. No es lo mismo una mandíbula de tiburón cigarro que la de un tiburón blanco. Como punto de comparación, en un hombre adulto la presión de la mordida alcanza ¡hasta 15 toneladas por pulgada cuadrada!

En 2010 el biólogo Toni Ferrara y su equipo realizaron estudios biomecánicos mediante tomografías computacionales con mandíbulas de tiburones blancos y tiburones tigre de arena. Descubrieron que la magnitud de la fuerza de la mordida se incrementa conforme aumenta el ángulo de la mordida. Aún más, la fuerza de la mordida del tiburón blanco permanece constante si el ángulo de abertura bucal está entre 15° y 55°. No solamente en la presión radica lo eficaz de la depredación, sino en la forma de morder y en la protrusión. Los tiburones no mastican, desgarran.

Aquí entran en acción las armas bucales, los dientes. Como se dijo arriba, son dentículos dérmicos modificados, constituidos por dentina. Formados en hileras, el tiburón los sustituye constantemente a lo largo de su vida. Un individuo puede remplazar hasta 6 000 cada año. Por todo el lecho marino se encuentran millones de dientes dispuestos a fosilizarse.

Puntiagudos, cortantes, rugosos, gruesos, ahusados, lisos, filosos, microscópicos, triangulares, altos, bajos: constituyen una gama básica para cortar, desgarrar, machacar, aserrar, macerar, cercenar, partir, destazar, seccionar y mutilar. Son muy móviles y cada uno está inervado por vasos sanguíneos y nervios, lo cual indica que cada diente es un órgano sensitivo.

James Powlik midió los cambios en los dientes del tiburón blanco en el momento de dar una mordida. Encontró que, mientras las mandíbulas se abren a 25°, los dientes superiores e inferiores rotan casi 9° y que, cuando el tiburón blanco se acerca a su presa y abre las mandíbulas en un ángulo de 35°, sus dientes rotan hasta 16°. Powlik dedujo que la rotación dental se debe a una combinación de la flexión del cartílago mandibular y el deslizamiento del diente sobre su base. Se puede decir que los dientes del tiburón rotan mientras éste se acerca a su presa de la misma forma que la mano estira los dedos cuando está a punto de alcanzar un objeto. Debido a que cada diente está equipado con nervios que detectan presión y posición, la dentición entera provee información táctil. ¡El dolor de dientes deberá ser constante a lo largo de una atormentada vida de tiburón!

Los dientes acumulan capas de cartílago mineralizado conforme los tiburones crecen. De esta forma los adultos pueden atacar presas más duras y fuertes.

ALETAS

Sirven como propulsores, timones y estabilizadores. Los tiburones pueden tener una o dos aletas dorsales. Su función es dar estabilidad y algunas especies presentan una espina en la base de la aleta; estas espinas son defensivas y se asocian con glándulas que producen sustancias irritantes.

Detrás de la cabeza se originan dos aletas pectorales que se extienden como tablas de surf o alas de un planeador. Alrededor de la cloaca se encuentra un par de aletas pélvicas que actúan como estabilizadores. En los machos, las aletas pélvicas se especializan en dos órganos copuladores llamados *claspers*. En algunas familias existe además una aleta anal entre las pélvicas.

La región de la cola comprende el pedúnculo caudal y la aleta caudal. En algunas especies, como los lámnidos, el pedúnculo se ensancha en una quilla caudal que ayuda a la hidrodinámica. La aleta caudal, que es la base de la propulsión natatoria, consiste en dos lóbulos, el superior y el inferior.

TRACTO DIGESTIVO

El esófago es corto y ancho, casi indistinguible del estómago. Histológicamente tienen dos estómagos, uno llamado pilórico, en donde se almacena la comida dura. Poseen una válvula espiral que incrementa la absorción de nutrientes. Las células estomacales secretan ácido clorhídrico que disuelve huesos y caparazones. El tracto termina en el recto y desemboca en la cloaca, una apertura única para los sistemas urinario, digestivo y reproductivo. Si el pez come algo que no le agrada, tiene la capacidad de invaginar el estómago o sacarlo a través de su boca para vomitar el contenido como un calcetín que se voltea.

Hígados eficaces

Una quinta parte del peso de un tiburón puede deberse a un hígado gigantesco, compuesto por dos largos lóbulos, el izquierdo y el derecho. Depurador del organismo, el escualeno y la vitamina A almacenados en él le permiten ser un emporio metabólico muy eficiente. El hígado contiene lípidos ligeros e hidrocarburos que ayudan a la flotabilidad. En algunas especies, como el tiburón peregrino, puede representar la cuarta parte de su peso. De un ejemplar de ocho metros y 6.5 toneladas se obtuvieron 2 270 litros de aceite. En cambio, el hígado de un tiburón tigre contiene hasta 82 litros de aceite.

Diversidad

Evolutivamente la anatomía externa de los tiburones diverge en dos diseños primigenios: el de los escualos (squatiniformes) y el de los galeodos (galeiformes o galeomorfos). Los primeros, de acuerdo con la clasificación a partir de sus relaciones evolutivas, representan tres cuartas partes de las especies vivientes de tiburones. Su anatomía puede ser alargada, como de anguila, con una boca terminal y seis branquias: el *Chlamydoselachus,* pez de gran profundidad, es el único género vivo descubierto hasta ahora con esta anatomía. También pueden poseer hasta siete branquias, como algunos del orden Hexanchiformes, que tienen una boca ventral y una aleta dorsal muy atrás de su cuerpo. *Notorynchus cepedianus* es un ejemplo: este gran pez penetra en aguas bajas y turbias, y su agresividad lo hace peligroso para los bañistas.

Actualmente se clasifican 495 especies de tiburones en 107 géneros. El número exacto es imposible de decir a menos de que

FIGURA II.3. Mustelus hacat, *del orden Squaliformes (ilustración de Jorge Ortiz).*

nos casemos con una teoría sistemática. El problema de definir una especie es complejo; depende de la anatomía, de la genética y del concepto filosófico propuesto.

Un diseño más grotesco presentan los escualos puercoespines del orden Echinorhiniformes, con sólo dos especies. Son anchos, con un pedúnculo caudal muy grueso, dos aletas dorsales sin espinas y situadas muy atrás del dorso, casi cerca de la cola, sin aleta anal; tienen sólo cinco branquias. Poco conocidos, habitan aguas profundas y de vez en cuando aparecen en fotografías amarillistas como "monstruos ignorados".

Los Squaliformes son el orden donde los taxónomos colocan a la mayor cantidad de escualos, como los peces perro y los cazones, con decenas de formas imposibles de clasificar. Ahí están, por ejemplo, los tiburones de la familia *Oxynotidae*, con un cuerpo alto y comprimido, una gran quilla lateral, dos altísimas aletas dorsales espinosas —como dos velas que guadrapean contra un mástil— y una mirada oriental profunda. En este orden también se encuentra el tiburón cigarro *(Isistius)*, un tubo carnoso de 30 cm, o el tiburón más pequeño hasta hoy

CUADRO II.1. *Familias, géneros destacados, nombres comunes y número (hasta 2012) de géneros y especies de tiburón*

Familia	Géneros destacados	Nombres comunes	Géneros	Especies
Chlamydoselachidae	Chlamydoselachus	Tiburón anguila	1	2
Hexanchidae	Heptranchias, Hexanchus	Tiburón vaca	3	4
Echinorhinidae	Echinorhinus	Escualo puercoespín	1	2
Squalidae	Squalus	Pez perro	2	26
Centrophoridae	Centrophorus	Quelvacho	2	17
Etmopteridae	Etmopterus, Centroscyllium	Tiburón linterna	5	46
Somniosidae	Somniosus	Tollo dormilón	7	17
Oxynotidae	Oxynotus	Cerdo marino	1	6
Dalatiidae	Isistius, Dalatias	Tollo	7	10
Pristiophoridae	Pristiophorus, Pliotrema	Tiburón sierra	2	6
Squatinidae	Squatina	Tiburón ángel	1	23
Heterodontidae	Heterodontus	Tiburón cochino	1	9
Parascyllidae	Cirrhoscyllium, Parasyllium	Tiburón gato	2	9
Brachaeluridae	Brachaelurus	Braquelúrido	2	2
Orectolobidae	Orectolobus	Tiburón carpeta	3	11
Hemiscylliidae	Chiloscyllium	Hemiscílido	2	17
Ginglymostomatidae	Ginglymostoma	Tiburón nodriza	3	3

Familia	Género	Nombre común		
Stegostomatidae	*Stegostoma*	Tiburón cebra	1	1
Rhincodontidae	*Rhincodon*	Tiburón ballena	1	1
Mitsukurinidae	*Mitsukurina*	Tiburón duende	1	1
Odontaspididae	*Odontaspis*	Tigre de arena	2	3
Pseducarchariidae	*Pseudocarcharias*	Tiburón cocodrilo	1	1
Megachasmidae	*Megachasma*	Megamouth o "bocón"	1	1
Alopiidae	*Alopias*	Tiburón zorro	1	3
Cetorhinidae	*Cetorhinus*	Tiburón peregrino	1	1
Lamnidae	*Carcharodon, Isurus, Lamna*	Tiburón blanco, tiburón salmón, mako	3	5
Scyliorhinidae	*Atelomycterus, Scyliorhinus*	Lija, pintarroja	17	146
Proscylliidae	*Ctenasis, Eridacnis*	Tiburón gato abisal	3	6
Pseduotriakidae	*Gollum, Pseudotriakis*	Falso tiburón gato	2	2
Leptochariidae	*Leptocharias*	Tiburón barbudo	1	1
Triakidae	*Triakis, Mustelus*	Tiburón leopardo, cazón	9	46
Hemigaleidae	*Chaenogaleus, Hemipristis*	Tiburón comadreja	4	8
Carcharinidae	*Carcharhinus, Galeocerdo, Prionace, Rhizoprionodon*	Tiburón réquiem, tigre, toro, azul	12	51
Sphyrnidae	*Sphyrna*	Tiburón martillo	2	8
Total			107	495

FIGURA II.4. Hexanchus *sp., del orden Hexanchiformes (ilustración de Jorge Ortiz).*

conocido, *Etmopterus perryi,* que puede alcanzar hasta 20 cm de longitud total.

El orden Squatiniformes agrupa a los angelitos, tiburones aplanados con los ojos y espiráculos en la parte dorsal y la boca ventral. Su forma plana les permite esconderse entre la arena del fondo.

FIGURA II.5. Heterodontus mexicanus, *del orden Heterodontiformes (ilustración de Jorge Ortiz).*

FIGURA II.6. Carcharodon carcharias, *del orden Lamniformes (ilustración de Jorge Ortiz).*

El orden Pristiophoriformes agrupa a los tiburones sierra, con el morro convertido en un *rostrum* largo y plano donde se imbrican los dientes. Algunos tienen seis branquias y presentan dos espiráculos detrás de los ojos.

Los galeodos, por otra parte, han desarrollado una forma anatómica más hidrodinámica. El orden Heterodontiformes, tiburones cochino o cabeza de toro, incluye nueve especies con un rostro semejante al del cerdo. Poseen dos espinas delante de las aletas dorsales y una aleta anal que los diferencia de los cazones. Son ovíparos y desovan huevos increíblemente hermosos, con diseños propios de Proteo.

Los Orectolobiformes poseen espiráculos, narinas especializadas con surcos y finas barbelas; incluyen hermosas formas como la del tiburón cebra *(Stegostoma varium)* o el fino diseño del tiburón ballena *(Rhincodon typus)*. Aquí se clasifica al tiburón gata o nodriza *(Ginglymostoma cirratum)* y a los impresionantes tiburones carpeta o *wobbegongs,* que se camuflan pegados al fondo con un disfraz orgánico excelente: a lo largo del morro poseen excrecencias carnosas, pólipos que se baten al ritmo de la corriente, una barba espesa compuesta por tréboles

FIGURA II.7. Ginglymostoma *sp., del orden Orectolobiformes (ilustración de Jorge Ortiz).*

de cartílago. Entre los arrecifes de coral es difícil distinguirlos. Las 39 especies de este orden tienen dibujos ostentosos en su piel, motas, rayas, lunares y manchas llamativas.

Las 15 especies del orden Lamniformes presentan un diseño clásico para el estereotipo que se forma en nuestra mente cuando decimos "tiburón". Pequeñísimos espiráculos detrás del ojo, ojos sin membrana nictitante —esa suerte de párpado suplementario—, cinco branquias, dos aletas dorsales triangulares sin espinas, la boca casi terminal con una sonrisa atravesada. Especies sumamente famosas y excitantes para los niños son el pequeño tiburón cocodrilo *(Pseudocarcharias kamoharai)*, descubierto en 1936; los gigantes pacíficos como el *Cetorhinus maximus,* de hasta nueve metros de largo, y el *megamouth* o "bocón" *(Megachasma pelagios)*. Destaca el tiburón duende *(Mitsukurina owstoni)* con una nariz puntiaguda como espada; cuando saca las mandíbulas, su aspecto se torna alienígena. Los tiburones mako del género *Isurus,* el blanco *(Carcharodon carcharias),* el sardinero *(Lamna nasus),* los zorros del género

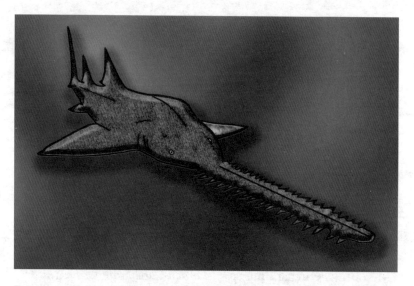

FIGURA II.8. Pristiophorus *sp., del orden Pristiophoriformes (ilustración de Jorge Ortiz).*

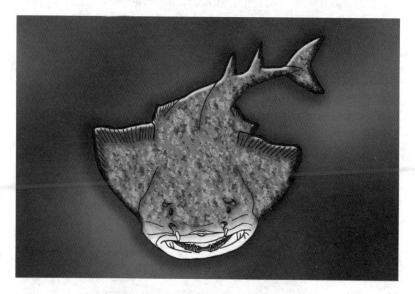

FIGURA II.9. Squatina californica, *del oden Squatinifomes (ilustración de Jorge Ortiz).*

FIGURA II.10. Carcharhinus *sp., del orden Carcharhiniformes (ilustra-ción de Jorge Ortiz).*

Alopias —entre los cuales *A. superciliosus* tiene el ojo más grande entre los vertebrados— y los tigres de arena (*Carcharias taurus*) pertenecen a este orden.

Los tiburones del orden Carcharhiniformes son los más abundantes del mundo y los más modernos. Aquí se agrupan más de 49 géneros con 280 especies; poseen formas más o menos estables: cinco branquias, dos aletas sin espinas dorsales (excepto *Pentanchus profundicolus,* que sólo posee una), ojos con membrana nictitante y aleta anal. En este cajón entran los tiburones carcharhínidos o grises, los tigre, los martillo, los Sciliorhinidos —que son los más diversos, con cerca de 146 especies—, los extraños proscyliidos y los leopardos de la familia *Triakidae.*

SENTIDOS

Los tiburones poseen sistemas sensoriales altamente desarrollados. Se piensa que para orientarse, a más de 15 m de una posi-

FIGURA II.11. *Tiburón cochito* (Heterodontus *sp.) descansando sobre un arrecife. Obsérvese la piel rugosa debido a los dentículos dérmicos y la espina delante de la primera aleta dorsal (fotografía de Carlos J. Navarro).*

ble presa, los tiburones dependen de su audición y olfato o de su línea lateral, que detecta vibraciones en el agua. A menos de 15 m, dependen de su vista y de su electrorrecepción. Cuando están muy cerca, estos animales frecuentemente lanzan una mordida exploratoria o de prospección.

VISIÓN

El ojo de los tiburones es increíblemente parecido al ojo de aves y mamíferos, con los cuales no comparte ningún parentesco. Es una importante convergencia evolutiva. Diversas especies de tiburones tienen diversas capacidades visuales, aunque en general su visión es buena. La mayoría de las especies tiene una retina doble que presenta conos y bastones; por lo tanto, ven a color. En el tiburón blanco, como en la mayoría de los vertebrados, el centro de la retina se especializa en la visión diurna, mientras que la periferia funciona bajo condiciones oscuras. Los tiburones discriminan por tonalidad y los colores brillantes los atraen o los repelen. Por ejemplo, el tiburón toro tiende a evitar las redes de un amarillo chillante. Algunos tiburones oceánicos son atraídos por objetos de un naranja fluorescente mientras que a otros les atrae el llamado "amarillo sabroso", en tanto que el tiburón limón utiliza el Sol como referencia en sus movimientos superficiales.

Los vertebrados tendríamos tres ojos, amable lector, pero resulta que el tercero se ha convertido en una glándula del cerebro llamada pineal. En algunos animales la glándula pineal detecta todavía la luz de manera directa. Existe una "ventana pineal" en el tiburón hexabranquio *(Hexanchus griseus),* en el quelvacho *(Centrophorus* sp.) y en los tiburones linterna *(Etmopterus* sp.). Estos peces habitan las profundidades y realizan migraciones verticales desde la zona afótica (sin luz) hacia la zona eufótica (con luz). La glándula pineal puede jugar un papel básico en estos movimientos.

Como su hábitat es profundo, la luz se agota conforme bajan, con lo que sus ojos pueden maximizar la visión en la oscuridad gracias al *tapetum lucidum,* una capa celular detrás de la retina que contiene cristales de guanina. Estos cristales reflejan la poca luz que penetra hasta la retina y ayuda a los fotorreceptores.

¿Qué tanto ven a color? Los conos y los bastones son células fotorreceptoras en el ojo de los vertebrados. Los bastones no detectan los colores y responden a estímulos de muy baja luminosidad —pueden ser capaces de detectar un solo fotón—. Los conos detectan gran cantidad de luz y al ser estimulados por ellas le dan información al cerebro para que interprete los colores. Las retinas de la mayoría de los elasmobranquios estudiados poseen más bastones que conos y esta relación varía según sus hábitos. Especies de gran profundidad como *Squalus acanthias* tienen una relación bastones-conos de 50 a 1, así que ven muy bien en las tinieblas marinas pero no detectan el color.

Algunos tiburones pueden detectar ciertos colores. Por ejemplo, Nathan Hart y sus colaboradores descubrieron en 2011 que el tiburón carpeta *(Orectolobus maculatus)* tiene un pigmento en la retina orientado hacia la longitud de onda del azul ($\lambda_{máx} \approx 484$ nm), lo cual le permite detectar presas o posibles depredadores bioluminiscentes o cuyos movimientos estimulan la bioluminiscencia, como ocurre con los dinoflagelados.

En el tiburón blanco, la proporción de bastones-conos es similar a la del ser humano: cuatro bastones por cada cono, lo que sugiere que distinguen los colores que un buzo percibe en las primeras capas superficiales. Otras especies de tiburones pueden discriminar colores y hasta presentan cambios ontogenéticos en la visión. Por ejemplo, Cohen y sus colaboradores encontraron en 1990 que el tiburón limón juvenil presenta un bastón que cambia al llegar a adulto, lo que tiene relación con sus hábitos: cuando joven, el limón habita aguas costeras y bajas con longitudes de onda mucho más luminosas que las aguas oceánicas profundas en las que merodea siendo adulto.

Los carcharínidos poseen un "párpado" inferior que protege el ojo cuando muerden; es la ya mencionada membrana nictitante, aunque no todos los tiburones la tienen —los miembros de la familia *Lamnidae* carecen de ella—. El tiburón blanco, por ejemplo, mueve sus ojos hacia atrás cuando lanza la mordida y queda ciego por un instante. Esto ha provocado algunos choques contra las jaulas cuando la carnada se encuentra muy cerca de ellas.

Oído

El oído de los tiburones es muy fino. Son atraídos por sonidos de baja frecuencia, de 60 Hz a 1 000 Hz, a menos de 100 m del emisor. Los humanos no podemos detectar sonidos de tal magnitud.

El oído interno del tiburón en un saco cartilaginoso lleno de líquido, con tres canales tubulares en forma de *D* que se comunican con estructuras llamadas otoconias, sensibles a sonidos de baja frecuencia. Estos tubos son sensibles a la aceleración en tres planos geométricos, lo que tal vez le permita al pez equilibrarse en el mar, que es un ambiente tridimensional. Los tiburones poseen una estructura calcárea llamada *macula neglecta,* un otolito —o sea una pequeña piedra alojada en el oído— que responde a la gravedad, lo que provee al tiburón información que le ayuda a orientarse. En 1981 J. T. Corwin propuso que este otolito responde a las vibraciones a través del cráneo, lo que permite al tiburón escuchar sonidos que se originan frente o arriba de él. Esto significa que los tiburones tienen una audición direccional.

El oído interno está conectado con el exterior del cuerpo por tubos cartilaginosos llenos de líquido. Estos tubos desembocan en los poros endolinfáticos, situados justo en la parte superior de la cabeza. Por estar en contacto directo con el agua del exterior, el oído de los tiburones es único entre los vertebrados.

TACTO

Poseen pequeños órganos receptivos en la piel llamados propiorreceptores, que responden al movimiento de piel y músculo. Se piensa que mandan información al cerebro acerca de pequeños movimientos en aletas y mandíbulas. Alrededor de las branquias y las aletas pectorales tienen poros que detectan temperatura.

MECANORRECEPTORES Y LÍNEA LATERAL

Amable lector: usted y yo carecemos de este sentido, así que apelemos a la imaginación. A lo largo del cuerpo de tiburón corre una línea lateral. Sus receptores nerviosos se llaman neuromastos y son grupos de neuronas ciliadas: al contacto con una onda, los cilios o kinocilios se mueven, mandando la señal al cerebro. Así detectan los peces la vibración del agua mientras nadan. La línea lateral provee información al tiburón sobre la ubicación de un objeto y su patrón de movimiento. Se ha especulado que movimientos caóticos generan ondas que atraen más fácilmente al tiburón, quizá relacionando estos movimientos con una probable presa herida.

Para algunos investigadores, la línea lateral y el oído deben considerarse como un sistema único que debe ser llamado acústico-lateral. En pocas palabras, los tiburones pueden escuchar por medio de todo su cuerpo al sentir las ondas. Me da envidia no poder escuchar un concierto de Berlioz con la piel, privilegio que puede tener un escualo al escuchar el canto de las ballenas con el cuerpo.

Los neuromastos de su sistema de línea lateral, sensibles a ondas electromagnéticas y sonidos de baja frecuencia, captan el latir de los corazones. Sus cabezas electroceptivas pueden detectar la más mínima variación en los campos magnéticos. Cuando se endurece la lava del fondo marino que brota de la corteza oceánica, se crean crestas y valles magnéticos. Estas diferencias pueden dar una orientación norte-sur, con lo que podría construirse un mapa magnético. Aunado a la información sobre profundidad, salinidad y temperatura —además de la variabilidad, la velocidad y la dirección de las corrientes—, el tiburón obtiene como resultado un completo y sorprendente sistema de navegación. Los que nos lleva a otro sentido prodigioso...

ELECTRORRECEPCIÓN

Al igual que las rayas y las quimeras, los tiburones reciben información eléctrica acerca de la ubicación de sus presas. Detectan las corrientes oceánicas y los campos magnéticos terrestres. Se ha observado que el tiburón azul responde mediante conductas de depredación a campos eléctricos dipolares. Éstos son campos de presas que se camuflan con el medio.

Observemos el morro de un tiburón. Está lleno de puntitos negros: son poros distribuidos por toda la cabeza. Son las ámpulas de Lorenzini, que detectan campos eléctricos. Stefano Lorenzini las describió en 1668 como ampollas glandulares con moco que secretan substancias lubricantes. Son extensiones de la línea lateral especializadas en detectar electricidad. Los cilios detectan cambios de polaridad en el agua marina, que es un buen conductor de campos eléctricos. Especies muy móviles tienen más de 1 500 ámpulas en el morro, mientras que especies más bentónicas, es decir las que viven en el fondo, poseen sólo un centenar.

Los movimientos musculares de los animales producen un gradiente voltaico de baja frecuencia. Los tiburones pueden detectar frecuencias menores a 8 Hz, incluso tan bajas como 0.1 Hz. A. J. Kalmijn descubrió que el tiburón azul *(Prionace glauca)* puede detectar campos muy débiles de hasta 5 nV/cm, casi el doble de la intensidad necesaria para detectar a un pez.

Los escualos de hábitos bentónicos, como los tiburones gata, leopardo y limón, son capaces de detectar presas enterradas en la arena sin verlas. Cuando se han colocado electrodos enterrados, los tiburones se dirigen a la zona y tratan de sacarlos. El gran tiburón martillo *(Sphyrna mokarran)* utiliza su cabeza plana como un detector de metales sobre el piso del fondo para detectar rayas enterradas y poder cazarlas. El que los morros de los tiburones martillos se comparen con detectores de metales puede ser más que una analogía; algunas especies como el cochito *(Heterodontus francisci)* posee sólo entre 140 y 160 ámpulas, mientras que el martillo *(Sphyrna lewini)* tiene más de 2 000.

Timothy C. Tricas y John McCosker demostraron que un tiburón blanco atacaba tres veces más una carnada que emitía campos eléctricos de pulsión que una carnada sin electrodos. En 1985 algunos trabajadores de las islas Canarias descubrieron

FIGURA II.12. *Un tiburón martillo* (Sphyrna lewini) *en las islas Revilla-gigedo, en México. La cabeza de los martillo, llena de ámpulas electro-rreceptoras, semeja un detector de metales (fotografía de Marcela Bejarano).*

que los tiburones atacaban los cables de fibra óptica sumergidos. Recolectando dientes que quedaban enganchados a los cables, reconocieron a los vándalos: el tiburón duende *(Mitsukurina owstoni)* y el tiburón cocodrilo *(Pseudocarcharias kamoharai).* Desde entonces se diseñaron cables con una capa externa de acero para que soportasen las mordidas de los visitantes.

Los tiburones se orientan con campos eléctricos uniformes producidos por las corrientes oceánicas. El campo magnético de la Tierra genera una corriente eléctrica que fluye sobre todo lo que se mueve, debido al fenómeno que se conoce como inducción. Cuando un ser vivo se mueve, sus iones son inducidos y una tenue corriente eléctrica fluye en su cuerpo. Al detectar el geomagnetismo, los tiburones pueden aprovecharlo. Pero ¿cómo? Detectando la variación magnética que es más intensa en algunos lugares y que cambia conforme los polos magnéticos

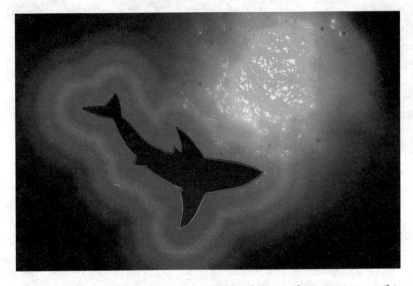

FIGURA II.13. *La electrorrecepción de los tiburones les permite percibir un mundo muy ajeno al que conocemos con nuestros sentidos (ilustración de Jorge Ortiz).*

norte y sur se desplazan. Es como si el tiburón poseyera una brújula integrada. Además, el campo magnético se incrementa con la latitud: la intensidad geomagnética en el Ecuador es de 30 000 nanoteslas [el tesla (t) es la unidad con que se mide la densidad del flujo magnético y se define así: 1 t = (1 V / s) / m²], mientras que la intensidad en los polos es de 70 000 nanoteslas. Además existen anomalías geomagnéticas que pueden ser utilizadas como señales por una criatura que sepa detectarlas.

Peter Klimley descubrió en 1993 que, para migrar, los tiburones martillo siguen rutas magnéticas del piso oceánico en el golfo de California.

OLFATO

La capacidad olfativa de los tiburones ha sido su característica más conspicua. El mismo nombre de "peces perros" puede derivar de ésta. Durante siglos, marineros y naturalistas los llamaron "las narices que nadan". Y es que la mayoría de las especies tienen un olfato muy fino, con el que pueden encontrar presas sin señales visuales en aguas muy turbias o en escondrijos. Es uno de sus sentidos principales.

Los órganos olfativos de los elasmobranquios son llamados rosetas y se componen de láminas con epitelios olfatorios llenas de neuronas quimiorreceptoras. Los elasmobranquios poseen umbrales muy finos de quimiorrecepción. Experimentos con rayas de la familia *Rajidae* demostraron que éstas pueden detectar entre 10 y 14 moles por litro de serina o una molécula de serina en 1 015 moléculas de agua. Resultaría como detectar una pelota de beisbol en el lago más profundo del planeta.

Figura II.14. *Morro de tiburón blanco en isla Guadalupe. Esta especie tiene el bulbo olfativo más grande de todos los tiburones. Nótense las ámpulas de Lorenzini en la nariz (fotografía de Gerardo del Villar).*

79

R. E. Sheldon bloqueó en 1911 las narinas de ciertos tiburones, lo cual ocasionó que perdieran interés en las presas que se les habían arrojado. Luego bloqueó sólo una y los tiburones dieron vueltas sobre sí mismos; esto indica que huelen comparando el olor de forma bilateral. A esto se le conoce como quimiotropotaxis.

Si ustedes arrojan carnada al agua —por ejemplo, una mezcla de trozos de pescado o aceite—, en pocos minutos atraerán tiburones. Edward S. Hodgson y Robert F. Mathewson presentaron en 1971 diversos estímulos olfativos al tiburón limón (*Negaprion brevirostris*) y observaron que el pez se dirigía hacia el foco del estímulo escogiendo siempre la corriente principal de la cual procede. Se presume que el olfato es el primer sentido del tiburón y le ayuda a orientarse para después corroborar los fenómenos mediante la visión y la electrorrecepción. Esto es debido a que los olores no tienen propiedades direccionales. Las "nubes" olorosas son estructuras complejas y dinámicas que se dispersan gracias a remolinos, turbulencias y corrientes. Experimentos realizados con el cazón (*Mustelus canis*) demostraron que estos animales requieren tanto del olfato como de la línea lateral para una eficiente localización de la fuente olfativa.

Los tiburones pueden oler fuera del agua. El tiburón puntas blancas (*Carcharhinus longimanus*) captura burbujas de aire mediante un órgano esférico llamado pliegue schneideriano. Este pliegue se compone de placas de epitelio que incrementan el tejido sensitivo, o sea el área superficial para detectar partículas químicas en un espacio compacto. Las burbujas atrapadas en este epitelio llevan un olor característico.

GUSTO

Las ámpulas de Lorenzini, gracias a la captación de salinidad entre otros factores, pueden informar acerca del "sabor" de lo que está en el entorno. En el revestimiento de la boca y la garganta los tiburones tienen pequeños poros en forma de varitas o bastones, ligados a células gustativas.

Se ha propuesto que algunos tiburones pudieran ser de paladar muy sensible. El que 80% de los ataques de tiburón blanco a los seres humanos no sean fatales ha provocado la especulación de que el hombre no sea apetecible para el escualo. Después de la primera mordida, el animal no regresa para devorar a su víctima; quizá detecte que un mamífero lleno de grasa no es una presa adecuada. Los tiburones blancos han escupido presas que no les agradan, como nutrias marinas o pingüinos.

¿QUÉ COMEN?

Ningún tiburón es herbívoro. Incluso los más grandes, el tiburón ballena y el tiburón peregrino, depredan sobre plancton; por lo tanto, representan un grupo de depredadores tope en los ecosistemas marinos. Su papel ecológico es importante en el intercambio de energía entre diversos niveles de las cadenas alimenticias. Desde mediados del siglo xx se han estudiado exhaustivamente sus hábitos alimenticios por medio de la inspección de contenidos estomacales, análisis de isótopos estables, experimentos de laboratorio para determinar la energía consumida, etcétera.

Lo que más depredan son peces óseos: más de 70% de las presas encontradas en tiburones adultos de los géneros *Prionace*, *Carcharhinus*, *Triaenodon*, *Negaprion*, *Sphyrna*, *Squalus* y *Dalatias* son teleósteos.

Pocas especies —entre ellas los adultos del tiburón blanco, el tiburón cigarro, el tiburón boreal y el tiburón tigre— consumen mamíferos marinos, como cetáceos y pinnípedos. Se ha reportado que los tiburones réquiem del género *Carcharhinus* depredan sobre cetáceos como ballenas o delfines, ya sea como carroña o como presas vivas. También lo hacen el de seis branquias (*Hexanchus griseus*) y el portugués (*Centrosymnus coelo-*

81

lepis). Depredan asimismo sobre otros tiburones más pequeños y, en particular, sobre rayas.

Las especies de tiburón más pequeñas que habitan el bentos, como los tiburones carpeta *(Orectolobus),* angelitos *(Squatina),* cochitos *(Heterodontus),* sierra y aquellos que tienen una dentición adecuada para macerar conchas y restos duros, se alimentan de equinodermos, crustáceos y moluscos, como estrellas de mar, erizos, pepinos, caracoles, langostas, jaibas, cangrejos, etc. En estos tiburones, 11% de su contenido estomacal consiste en plantas acuáticas y piedras, no porque sean herbívoros sino por sus hábitos al depredar en el fondo.

¿Son caníbales? Los pescadores de Nicaragua se negaban a usar carne de tiburón como carnada para pescarlos porque decían que los tiburones no gustaban de su propia carne. Sin embargo, M. M. Vorenberg reportó en 1962 que los tiburones limón y los tiburones toro a veces se atacaban entre sí cuando había carnada en el agua. Se sabe que el tiburón limón *(Negaprion brevirostris)* es caníbal. En la Florida se han encontrado dentro de estómagos de sus congéneres.

Por otro lado, existía la noción de que las hembras preñadas no se alimentaban y que su hígado gigante les proporcionaba los nutrientes necesarios para calmar el hambre y así, en el momento del parto, no se comieran a sus hijos. Aunque esta teoría hoy está descartada, S. Springer aventuró en 1960 una hipótesis surgida de la misma idea: según él, las hembras preñadas cesaban de alimentarse en áreas de alumbramiento y de crianza como medida protectora para las crías. Sin embargo, se han observado hembras preñadas de tiburón limón alimentarse del cazón *(Rhizoprionodon porosus)* en sus áreas de crianza en Bimini, en las Bahamas.

Se han encontrado muchos objetos metálicos en los estómagos de los tiburones. M. L. Moss sugirió que el campo eléctrico de los metales atrae a los escualos, que se tragan estos objetos. Otra explicación posible es el comportamiento conocido como "mordida de prospección": los tiburones muerden objetos no por el ansia de comerlos sino como un método de investigación. Eso explicaría la presencia de numerosos restos artificiales y basura inorgánica en su aparato digestivo.

La noción de que los tiburones son ávidos carniceros dispuestos a tragarse todo lo que encuentran no es del todo exacta. Muchas especies son oportunistas y comen presas disponibles en sus rutas, mientras que otras son más especialistas y prefieren presas que les otorgan el máximo de eficiencia energética.

La disponibilidad de presas cambia con la zona. Tiburones de una misma especie pueden alimentarse de diferentes presas según el lugar donde habiten. E. Cortés encontró que el tiburón limón de Bimini se alimenta principalmente de peces, mientras que T. W. Schmidt encontró que el tiburón limón de Florida se alimenta principalmente de camarones.

Algunos tiburones presentan un cambio ontogenético de dieta debido a sus habilidades de caza. Cuando son jóvenes se alimentan de presas distintas a las que consumen cuando son adultos. Por ejemplo, los tiburones leopardo *(Triakis)* comen cangrejos cuando son juveniles y cuando crecen comienzan a depredar sobre peces bentónicos. Los tiburones aleta de cartón *(Carcharhinus plumbeus)* se alimentan casi exclusivamente de cangrejos azules cuando son jóvenes y de adultos prefieren pulpos y peces. Los tiburones makos jóvenes comen langostillas y bucean para encontrar bancos de calamares; cuando los makos superan los 150 kg son lo suficientemente fuertes y veloces como para cazar marlines y peces espada.

También se ha observado un cambio estacional en la dieta dependiendo de la zona en que habiten los escualos. El tiburón azul se nutre de calamares oceánicos durante la temporada de apareamiento de estos moluscos. Los tiburones sedosos *(Carcharhinus falciformis)* siguen aguas cálidas en el verano, junto a la costa de Baja California, para alimentarse de las nubes de langostillas que forman verdaderas pirámides olorosas. L. G. Talent observó en 1976 que los tiburones leopardo de las costas

FIGURA II.15. *Tiburón zorro* (Alopias *sp.*) *en pleno salto. Los tiburones zorro utilizan su larga aleta caudal para golpear cardúmenes y aturdir a sus presas (fotografía de Carlos J. Navarro).*

de Norteamérica comen peces en el verano y en el invierno se alimentan de almejas.

Los tiburones no tienen horario de comida: se alimentan de forma asincrónica. Sin embargo, los estudios de laboratorio y las observaciones de campo indican que el metabolismo de los tiburones se incrementa por las noches. De forma general se puede decir que los tiburones son primordialmente depredadores oportunistas que se alimentan de un gran número de presas disponibles y prefieren a las presas más abundantes. No son bestias ávidas sino que pasan periodos de tiempo sin alimentarse y el tiempo de evacuación gástrica es mayor que en los teleósteos.

FISIOLOGÍA

No ponderaré a un grupo animal sobre los demás seres. Toda la vida, desde un seismosaurio hasta un prión, es una maravilla.

Cada sistema se autorregula y su constitución es un portento de ingeniería metabólica, potencialidad y posibilidades orgánicas.

Los tiburones no son la excepción.

En varios libros, documentales y artículos salta la frase "son máquinas perfectas de matar". Esta ignorante noción repetida *ad nauseam* forma un dogma conceptual equívoco. Desde un materialismo grosero y tautológico, todos los depredadores somos una maquinaria perfecta pues estamos vivos y matamos para sobrevivir. Los tiburones no son máquinas sino organismos y no sólo matan —igual que lo hacemos todos los animales—, sino que cumplen funciones biológicas y ecológicas diversas.

Poco a poco sus reacciones bioquímicas han evolucionado para convertirlo en un ser parsimonioso. La parsimonia es una cualidad zoológica por la cual los organismos gastan el mínimo de energía posible para realizar sus funciones. El metabolismo tiende a disminuir la entropía interior y a aumentar la exterior; digamos que forma caos para buscar un orden efímero.

Los tiburones guardan gran cantidad de energía en sus tejidos, pues deben esperar periodos de tiempo largos para poder alimentarse de nuevo, sobre todo las especies migratorias. Son sistemas de disipación que no están en equilibrio sino que buscan reducir las pérdidas energéticas lo más posible. El estómago de un tiburón ideal representa 10% de su peso total, así que, si es consumida una presa lo suficientemente grande, el animal no necesita alimentarse por dos semanas.

El mako llega a consumir 3% de su peso al día, mientras que tiburones toro en cautiverio han consumido 0.5% de su peso total al día. Los juveniles comen más que los adultos para obtener la energía que les ayuda a su rápido crecimiento. Los neonatos del tiburón tigre de arena consumen alrededor de 1.4% de su peso al día, mientras que los adultos sólo 0.9 por ciento.

Casi todos los tiburones son ectotérmicos o de sangre fría. Su distribución depende en cierta medida de las temperaturas oceánicas; aun así se han aclimatado tanto a las aguas árticas como a las tropicales. B. C. Jones y G. H. Geene, de la Universidad de Vancouver, reportaron que el cazón espinoso *(Squalus acanthias)*, que habita la Columbia Británica, consume el doble de alimento en el verano que en el invierno, cuando su metabolismo desciende a la par que la temperatura.

Sin embargo, existen siete especies endotérmicas que regulan su temperatura, todas agrupadas dentro del orden Lamniformes: los makos *(Isurus oxyrinchus* e *Isurus paucus)*, el tiburón zorro *(Alopias vulpinus* y *Alopias superciliosus)*, los marrajos *(Lamna nasus* y *Lamna ditropis)* y el tiburón blanco *(Carcharodon carcharias)*. Mientras sus branquias y su corazón se mantienen a la temperatura externa, sus vísceras se encuentran hasta 14 °C más calientes que su entorno. Reducen su pérdida de calor por medio de las *retia mirabilia,* o "redes maravillosas", una urdimbre de vasos sanguíneos que intercambian gases, iones y calor. Su eficacia radica en la distancia entre las arterias que llevan sangre fría y las venas que llevan sangre calentada en el estómago; cuando se cruzan, el intercambio energético se vuelve óptimo. Estas redes no sólo aparecen en los lámnidos, sino que las podemos encontrar en el cuello de los perros y las jirafas, los pies de los pingüinos y otras aves, así como en el atún y los cetáceos.

La endotermia es cara desde el punto de vista energético pero le ha permitido a esta familia de tiburones depredar de manera efectiva en aguas frías. Los makos persiguen presas muy veloces como atunes o peces vela en el Atlántico norte; los marrajos emboscan a los salmones del Pacífico mientras migran a través de las costas de Alaska y de Japón. El tiburón zorro *(Alopias superciliosus)* nada en aguas profundas mientras escanea la superficie en busca de siluetas de cardúmenes; los puede detectar gracias a sus enormes ojos, de los más grandes que posee un vertebrado.

Y los que no regulan su temperatura corporal, ¿cómo soportan los cambios bruscos cuando realizan migraciones del fondo hacia la superficie? Se ha reportado que el tiburón azul tolera temperaturas desde 7 hasta 26 °C; su temperatura muscular está restringida al intervalo de 14 a 21 °C, debido a que el músculo se calienta más rápido de lo que se enfría. Esta característica, llamada histéresis térmica, permite al tiburón permanecer por varias horas significativamente más cálido que el agua circundante en la profundidad, así como volverse a calentar rápidamente cuando sube a la superficie.

El aumento de la temperatura interna permite a un cazador ser más veloz. Por ejemplo, el mako *(Isurus oxyrinchus)* salta fuera del agua hasta seis metros de altura y puede nadar a una velocidad crucero de 50 km/h. En distancias cortas, y probablemente estresado, el mako puede alcanzar hasta 110 km/h: ¡es el animal marino más veloz, superando al pez espada y al pez vela! El tiburón blanco llega a una velocidad crucero de 5 km/h, pero puede llegar a 46 km/h. Para comprender estos datos tenga usted presente que el nadador humano más veloz —hasta el 2009—, el brasileño César Cielo, alcanzó una máxima de 8.4 km/h.

Los vertebrados sintetizamos células sanguíneas como los glóbulos blancos, rojos y plaquetas en la médula ósea o tuétano. Los tiburones, por carecer de hueso, sintetizan estas defensas en un órgano especial llamado de Leydig. En los últimos años, el interés biomédico se ha centrado en el sistema inmune de los escualos, aduciendo a su aparente capacidad de ralentizar el desarrollo de tumores; sin embargo, estas afirmaciones recaen más en la charlatanería pseudocientífica que busca la ganancia fácil.

Los peces óseos tienen un órgano de flotación; los selacios, no. Para flotar, el pequeño tiburón ventrudo *(Cephaloscyllium sufflans)* se infla casi al doble de su tamaño ingiriendo gran cantidad de agua. Pero su principal estrategia depende de los aceites que sintetiza su hígado. El hígado del peregrino *(Cetorhinus maximus)* puede representar hasta 22% de su peso total.

Gracias al hígado, un tiburón gasta menos energía mientras nada en pos de no hundirse. David Baldridge realizó una estimación de la disminución de la densidad debida al hígado. Al tener escualeno, que es menos denso que el agua ($861 \ kg/m^{-3}$), el aceite ayuda a disminuir el peso del animal dentro del agua. Un tiburón tigre de 461 kg pesa dentro del mar unos 3.3 kg.

En 1987 G. J. Rossouw descubrió en Sudáfrica que el aceite del hígado del pez guitarra *(Rhinobatos annulatus)* se incrementa en periodos de actividad sexual. Esto puede ayudar a la flotabilidad del tiburón durante la cópula.

El hígado es una fábrica y máquina metabólica fascinante: desintoxica el organismo, almacena glucógeno y vitaminas, secreta bilis, convierte sustancias dañinas en inocuas, limpia la sangre, ayuda al vaciamiento gástrico, metaboliza carbohidratos, transforma el amonio en urea, sintetiza proteínas, enzimas, colesterol, triglicéridos, factores de coagulación, etcétera.

A veces, la síntesis de toxinas del hígado de tiburón puede resultar mortal para el hombre. Los pescadores de Manakara, al sureste de Madagascar, no tenían problemas al capturar y comer tiburones toro. Sin embargo, en noviembre de 1993, cinco horas después de la ingesta, 188 personas fueron ingresadas en un hospital tras haber consumido un solo tiburón toro. Todos presentaban ataxia y 40 personas murieron. El análisis confirmó que el hígado del tiburón presentaba dos toxinas liposolubles desconocidas. Fueron bautizadas en honor al tiburón como carchatoxinas 1 y 2.

El hígado del tiburón dormilón del Pacífico *(Somniosus pacificus)* no contiene escualeno. Esta característica le permite habitar en las grandes profundidades, pues el escualeno se solidifica por la presión y las bajas temperaturas. El hígado almacena éteres de baja densidad que se mantienen fluidos en el frío y almacenan urea en la piel.

La salinidad es un problema más para las células. La falta de sales produce implosiones fatales, llamadas plasmólisis, mientras que un exceso produce implosiones. Los tiburones retienen la urea en su organismo como un mecanismo para controlar el exceso de sales que entran en su boca durante sus desplazamientos. La concentración de urea en la sangre de los elasmobranquios es de 2 000-2 500 mg/100 ml. El hígado de los tiburones, en lugar de expulsar la urea como sucede en nosotros, la reabsorbe. Estudios de microbiología han revelado que algunas bacterias podrían ayudar a los tiburones a conservar cierto equilibrio en sus niveles de urea.

Los tiburones poseen una glándula rectal unida al intestino, por medio de la cual desechan un líquido aún más salado que el agua de mar.

¿DUERMEN LOS TIBURONES?

Todos los animales caemos en un estado de sopor periódico en el que nuestro metabolismo baja. Antaño se presumía que todos los tiburones tenían que nadar constantemente para no asfixiarse. Pero algunas especies, como el tiburón nodriza, tienen espiráculos que fuerzan el agua a través de las branquias y les permiten reposar en los fondos.

En los años sesenta, Carlos García *El Válvula* descubrió unas cuevas submarinas donde grandes tiburones "dormían" con la panza pegada al suelo. El pescador de langostas guió al buzo Ramón Bravo a los cuevones entre Isla Mujeres y los arrecifes del Caribe mexicano. Allí filmaron un documental que difundió la televisión, titulado "Los tiburones dormidos". Eugenie Clark y un grupo de científicos estudiaron este fenómeno durante tres años. En las cuevas hay filtraciones de agua dulce provenientes de la península de Yucatán, y las corrientes pasan entre el hocico y las branquias llevando una gran cantidad de oxígeno. Los tiburones descansan sobre la roca dejándose oxigenar. Esta sobresaturación los pone en un estado de amodorramiento, drogados diríamos, sin dormir. Las rémoras aprovechan para limpiarlos y el espacio se convierte en un centro de placer para grandes depredadores como el tiburón tigre o el tiburón toro. Esto no significa que los tiburones se encuentren dormidos pues sus ojos siguen el movimiento de los buzos; más bien se encuentran sedados y descansando. No es el único lugar donde ocurre este fenómeno; también existen *spas* para tiburones en cuevas cerca de Japón y Australia.

Aún no se sabe si los tiburones duermen y, si sí, cómo lo hacen mientras siguen nadando. El sueño es un estado de bajo metabolismo, reposo y respuestas mínimas a los estímulos del medio. Algunos cetáceos como los delfines logran dormir mientras nadan "apagando" uno de sus hemisferios cerebrales. En los tiburones, el centro locomotor no está en el cerebro sino en la médula espinal; esto puede apoyar la hipótesis de que un tiburón nada mientras duerme, inconsciente mientras su locomoción continúa. Esto se ha demostrado en las mielgas *(Squalus acanthias)*.

Lo más probable es que sí duerman. Se sabe que los delfines duermen microsueños de tres o cuatro minutos y recientemente se ha demostrado que las medusas duermen en periodos de 15 horas. D. R. Nelson y R. H. Johnson publicaron en 1970 un estudio sobre los ritmos circadianos en *Heterodontus francisci* y *Cephaloscyllium ventriosum*, dos tiburones que descansan en los fondos. Los cambios de luminosidad incidían en su actividad: en condiciones de penumbra, los tiburones despertaban y en condiciones luminosas descansaban. Esto vale para muchas especies de tiburones que permanecen en baja actividad durante el día y aumentan su metabolismo por las noches.

¿SUEÑAN LOS TIBURONES?

Los primates soñamos igual que muchos otros mamíferos, como los felinos y los cánidos. También se ha inferido, por estudios de encefalogramas y movimientos oculares asociados al ensueño, que algunas aves sueñan. Es probable que los mamíferos marinos también lo hagan pero no hay estudios al respecto. El neurólogo Michel Jouvet descubrió que el sueño acompañado de ensoñaciones se genera en el *pons* o puente de Varolio, un arco neural que une la médula con el cerebro medio y forma parte del cerebro posterior. Sin embargo, esto puede ser un aporte evolutivo exclusivo de los mamíferos, acaecido en una fase tardía en la historia de la vida.

Carl Sagan desarrolló la teoría de que el ensueño en el estado onírico provocó un lenguaje simbólico generado por la neocorteza de los mamíferos, no compartido por otros animales con un cerebro más primitivo. Si esto es cierto, los tiburones soñarían de una manera tan enigmática y diferente de la nuestra, con señales que únicamente corresponderían a la sexualidad y la agresión. O, de plano, no sufren ningún ensueño.

III. Evolución: una historia de voluntad de poder

> La que evoluciona en su conjunto es la vida sobre los individuos y las especies. Pero si por una parte la vida evoluciona, por otra no, por eso vivimos al lado de las bacterias, las mismas, o casi las mismas desde hace millones de años
>
> FERNANDO VALLEJO, *La tautología darwinista*

Si analizamos la anatomía de un tiburón llegaremos a la conclusión de que ha evolucionado en medio de una guerra continua, pero que su diseño básico no ha cambiado mucho. Este diseño le ha ayudado a sobrevivir cambios climáticos, mutaciones, epidemias, superdepredadores, competencia brutal y ambientes violentos. Muchas especies de tiburones se han extinguido pero su grupo continúa habitando los mares. Existe una apreciación errónea en muchos escritos de divulgación, que se refieren a los tiburones como animales primitivos. Hagamos una precisión: los tiburones actuales no son primitivos, son antiguos.

Viajemos en la máquina del tiempo mental y retrocedamos unos 400 millones de años. Hay tres continentes: al norte Laurasia y Euramérica —una fusión de las porciones continentales, Laurentia y Báltica—, y al sur Gondwana. Estas masas terrestres están rodeadas de mares cálidos y poco profundos respecto de los actuales. Eso no quiere decir que no sean peligrosos, pues para nuestra escala seguirían siendo mortales.

La Luna brilla inmensa en el cielo —está más cerca de la Tierra—. Hay pantanos plagados de insectos y ciempiés gigantes. El calor es insoportable, así que vamos a zambullirnos. El mar es fuente inagotable, pero la vida se concentra en zonas de luz y ambientes costeros; los fondos son casi anóxicos —no hay

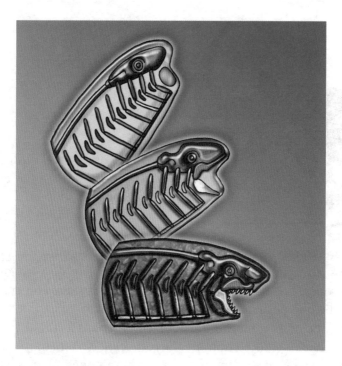

FIGURA III.1. *Evolución de la mandíbula (ilustración de Jorge Ortiz).*

oxígeno en ellos—. Abundan los arrecifes de coral, las esponjas, los crustáceos y los moluscos nectónicos. Tengamos cuidado: entre los placodermos y sobre la rugosa capa de crinoideos que cubre la arena ya hay poderosos animales con mandíbulas. El *Dunkleosteus* es un pez acorazado de seis metros y una tonelada que devasta las profundidades. Los trilobites descansan junto a largos escorpiones acuáticos. Éste es el reino de los tiburones. Aquí empieza una cadena de vida de uno de los grupos más extendidos en la historia natural. Desde hace millones de años, una nueva estructura anatómica derivada de las branquias les ha permitido a estos vertebrados colonizar diversos nichos a través de la matanza: la mandíbula.

Los fósiles de los tiburones más antiguos que se conservan hasta la fecha son de pequeños dentículos dérmicos. Su data-

FIGURA III.2. *Reconstrucción de* Dunkleosteus, *placodermo que vivió hace unos 400 millones de años (ilustración de Jorge Ortiz).*

ción los ubica en el Ordovícico, hace 455 millones de años, y fueron hallados en lo que hoy es Colorado, en los Estados Unidos. Anatómicamente difieren tanto de los dentículos actuales que algunos paleontólogos no están de acuerdo con que provengan de verdaderos tiburones. Los dentículos más antiguos de los que con certeza se sabe que pertenecieron a un tiburón datan de hace 420 millones de años y fueron hallados en Siberia. He ahí al primer tiburón conocido; su nombre: *Elegestolepis.* No tenemos idea de cómo haya sido físicamente. Hace 400 millones de años la diversidad de tiburones aumentó. El primer diente fósil encontrado pertenece al *Leonodus,* parecido al *Xenacanthus.* En 2003 se encontró el fósil de *Doliodus,* un pequeño tiburón de 50 cm. El cráneo, las espinas y las mandíbulas fosilizadas hacen pensar en una anatomía plana, parecida a la de las rayas.

Debido a que muchos fósiles, incluido el más antiguo que se conserva —de hace 380 millones de años—, provienen de estratos del continente antártico y de Australia, el paleontólogo John Long propuso la teoría de que los tiburones se originaron en el hemisferio sur del planeta. Hace 350 millones de años los procesos geológicos cambiaron la química de los mares. Aumentó la concentración de magnesio y deprimió la del calcio. Esto disparó la extinción de formas con conchas y exoesqueletos pesados, y favoreció a los tiburones por su estructura ligera sobre la de otros grupos de depredadores. La competencia disminuyó.

Los xenacántidos eran tiburones de agua dulce. Tenían una larga espina nacida justo detrás del cráneo. Su cuerpo era anguiliforme y sobre él se extendía por toda la espalda una aleta dorsal uniforme. Tenían una aleta caudal que disminuía gradualmente de tamaño hacia la punta. *Xenacanthus* vivió hace 280 millones de años, en el Pérmico.

Los tiburones y los placodermos pudieron tener ancestros comunes. Durante algunos años se pensó que el cartílago era una característica primitiva. Hoy se piensa que sus ancestros eran peces óseos y sufrieron una especie de neotenia. Estos primeros tiburones eran muy diferentes a la mayoría de los actuales. Su morro era redondo y la boca ubicada al frente de la cabeza. Las mandíbulas eran más largas, estructuralmente más débiles y estaban fijas al cráneo; en anatomía las llamamos *anfistílicas*. Sus vértebras no estaban calcificadas y sus aletas pectorales eran triangulares y rígidas. Su cerebro era pequeño respecto del actual, según se deduce de los cráneos fosilizados. Quizá su capacidad olfativa era menor, sus sentidos no tan desarrollados, sus interacciones sociales —suponemos— eran poco sofisticadas y su comportamiento menos flexible.

Estas características les permitían alimentarse de trilobites, escorpiones, peces que se enterraban en la arena o crustáceos: animales de los fondos. Había una especie en estas aguas devónicas que contradice dichas generalizaciones: el *Cladoselache*. Era un tiburón veloz, de aguas abiertas, con quillas en la aleta caudal. Tenía espinas con tejido óseo y su cuerpo carecía de dentículos dérmicos. Extrañamente, ningún fósil de este tiburón presenta claspers. Los xenacantos, 50 millones de años antes, ya presentaban estos órganos sexuales. O todos los fósiles del *Cladoselache* que se han encontrado fueron hembras o esta especie carecía de ellos. No sabemos si tenía reproducción externa como muchos peces teleósteos.

Junto a ellos nadaba el *Mcmurdodus,* quien podría ser el antepasado de los neoselacios, o sea las formas modernas de los tiburones. Se conservan sólo dientes fosilizados similares al

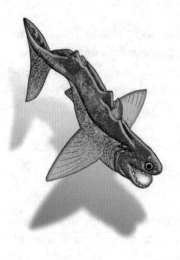

Figura iii.3. *Reconstrucción del* Cladoselache, *tiburón que vivió en el Devónico hace unos 450 millones de años (ilustración de Jorge Ortiz).*

actual tiburón de siete branquias, el *Notorynchus*.

En esa época evolucionó otro grupo llamado ctenacantos. A diferencia de sus contemporáneos, los ctenacantos tenían en la base de las aletas pectorales tres bloques de cartílago, lo que les permitía mayor flexibilidad. Poseían espinas largas y cilíndricas compuestas de un material denso, incrustadas profundamente junto al margen frontal de cada aleta dorsal. Modernos tiburones de las familias *Squalidae* y *Heterodontidae* comparten esta característica.

PRIMERA EXTINCIÓN MASIVA Y PRIMERA RADIACIÓN

Se llama primera gran radiación de los tiburones al desarrollo espectacular de su diversidad, que respondió a cambios ambientales y a extinciones de otros grupos que dejaban nichos ecológicos. Al final del Devónico se extinguió 75% de los peces, la mayoría de los corales y seres planctónicos como graptolites y tentaculites. Se calcula que hubo tres extinciones masivas escalonadas en un breve periodo de tres millones de años. Los habitantes de los mares tropicales sufrieron debido al hipotético enfriamiento que dio origen a una era glacial.

Algunos grupos de placodermos sobrevivieron pero fueron declinando en la siguiente era. Algunos tiburones resistentes a los cambios de la circulación marina y la temperatura pudieron sobrevivir, pero otras especies de tiburones se extinguieron. Los supervivientes encontraron nichos vacantes y le dieron la bienvenida al Carbonífero hace 360 millones de años. Se considera la Edad de Oro de los tiburones. Su diversidad alcanzó 45 familias; en la actualidad clasificamos 40.

Los xenacántidos nadaban en lagos de agua dulce junto a peces pulmonados. Los bosques de helechos comenzaron a expandirse y los anfibios colonizaron las tierras bajas. En el mar, la desaparición paulatina de los placodermos representó una oportunidad para un grupo de tiburones conocidos como stenacántidos, grupo con formas extravagantes y grotescas.

Stethacanthus fue un tiburón pequeño, de unos 60 cm de longitud, con una aleta dorsal enorme y chata; sus dentículos dérmicos crecían en forma de cerdas de cepillo y no se sabe la función de esta forma. Se han propuesto teorías atractivas como el mimetismo —la aleta asemejaría las mandíbulas de otro depredador—. Otras hipótesis sugieren que podría haber servido como la ventosa de una rémora para adherirse a un hospedero o como una característica sexual secundaria apta para el cortejo.

Hace 320 millones de años habitó esas aguas el *Falcatus,* un pequeño de 15 cm de longitud. El paleontólogo Richard Lund descubrió en la formación de Bear Gulch, en Montana, un par de *Falcatus* fosilizados en un aparente cortejo de apareamiento. El macho tenía un largo apéndice en forma de espetón, quizá

FIGURA III.4. *Reconstrucción de* Stethacanthus, *tiburón pequeño que habitó hace unos 320 millones de años. Se desconoce la función de su aleta dorsal enorme y chata (ilustración de Jorge Ortiz).*

FIGURA III.5. *Reconstrucción de un* Orthacanthus *cazando un anfibio primitivo. Estos tiburones, conocidos como "el terror de los pantanos", habitaron aguas dulces hace 350 millones de años, en el Carbonífero inferior (ilustración de Jorge Ortiz).*

una espina modificada; la hembra carecía de ese apéndice. En el estrato fósil se encuentra sobre el macho, mordiéndolo. Puede ser un comportamiento precopulatorio. La muerte los encontró enamorados. Este fósil es importante porque demuestra el dimorfismo sexual en una especie de tiburón. Los grupos modernos carecen de diferencias conspicuas entre sexos.

FIGURA III.6. *Reconstrucción de* Helicoprion, *que habitó en el Carbonífero hace unos 320 millones de años, en la llamada "edad de oro" de los tiburones. Su mandíbula espiral le permitía triturar conchas de ammonites (ilustración de Jorge Ortiz).*

Dos especies del Carbonífero fueron tiburones con dentaduras increíbles. Primero, el *Helicoprion,* que pudo llegar a medir hasta siete metros de largo. Sus restos fósiles conocidos son dientes ordenados en una fantástica espiral, semejante a una sierra circular. Esta sierra se encontraba en la mandíbula inferior y podría haber servido para triturar conchas de ammonites. Se han encontrado fósiles de este grotesco animal en Puebla y Coahuila, en México. El segundo fue *Edestus giganteus,* un gran pez con mandíbulas en forma de tijeras. Sus dientes crecían de manera continua dentro de las mandíbulas pero no se caían sino que se movilizaban hacia la parte frontal mientras otros dientes crecían más adentro. Su aspecto debió ser aterrador con las mandíbulas erizadas. Era un depredador formidable

FIGURA III.7. *Reconstrucción de* Edestus giganteus, *con mandíbulas en forma de tijeras. Es otro megadepredador del Carbonífero (ilustración de Jorge Ortiz).*

FIGURA III.8. *Reconstrucción de* Iniopterix. *Considerado una quimera fósil del Carbonífero, este animal podía planear sobre el agua como lo hacen los actuales peces voladores (ilustración de Jorge Ortiz).*

que alcanzó longitudes de hasta cinco metros. Ambos sobrevivieron la extinción masiva del Pérmico y sólo desaparecieron durante el Triásico.

SEGUNDA EXTINCIÓN MASIVA

Hace 250 millones de años sucedió un evento devastador conocido como "la madre de las extinciones masivas". En menos de un millón de años desapareció 70% de los vertebrados terrestres y 96% de las especies marinas. Las hipótesis actuales versan sobre movimientos de las placas terrestres y erupciones volcánicas en Siberia, que habrían depositado cuatro millones de km³ de lava, lo que aumentó hasta en 5 °C la temperatura global. Otras aventuran una liberación de sulfuro de hidrógeno en los océanos, que volvió tóxica la atmósfera y destruyó la capa de ozono. El descongelamiento de depósitos de hidratos de metano también podría explicar el calentamiento global —algo que podría estar sucediendo en la actualidad en los fondos marinos del Ártico—. Fuera lo que fuera, sólo 10% de las especies sobrevivió. Y otra vez un grupo de tiburones pudo escapar y dar origen a las formas que conocemos hoy.

Durante el Triásico superior, los mares comenzaban a recuperarse y ya tenían una cierta diversidad. En los siguientes millones de años los reptiles se diversificaron hasta alcanzar formas gigantescas. En el mar evolucionaron los ictiosaurios y muy pronto, geológicamente hablando, los nuevos tiburones se enfrentarían a una rivalidad colosal.

El periodo Jurásico, 208 a 144 millones de años atrás, fue la época de los titanes. La Tierra era un coliseo de gigantescos reptiles, desde la atmósfera hasta los abismos: pterosaurios, ictiosaurios y dinosaurios dominaban los ecosistemas. El mar de Tetis era cuna de monstruos reales. Pliosaurios de 15 m de potencia y 45 toneladas de peso, como el *Liopleurodon,* coexistían con ictiosaurios de ocho metros, cocodrilos como el *Dakosaurus* de cuatro metros y el *Metriorhynchus.* Áreas de buceo mortales.

En estas temibles aguas evolucionaron los modernos tiburones. Entonces se dio un suceso anatómico extraordinario: la mandíbula se separó del cráneo abriendo posibilidades óptimas para una depredación más eficaz.

Uno los grupos ancestrales de los escualos fueron los hibodontes. Eran pequeños como el *Lissodus,* qué vivió desde el Pérmico en aguas dulces; medía unos 15 cm de longitud total. Otro ejemplo fue el *Paleospinax,* de un metro de longitud, similar a los cazones de la familia *Squalidae.* La especie de este grupo más conocida por los paleontólogos es *Hybodus,* pequeño animal que medía unos dos metros y tenía "cuernos" detrás de los ojos. Superficialmente, se parecía a los modernos tiburones cabeza de toro o cochinos, de la familia *Heterodontidae.* Surgieron asimismo nuevas formas anatómicas como los batoideos, tiburones aplanados y rayas. Los fósiles más antiguos corresponden a peces guitarra de la familia *Rhinobatidae.* Los depredadores tope en las cadenas alimenticias jurásicas no fueron estos pequeñines, pero sobrevivieron millones de años a la sombra y quizá como presas también de los megarreptiles.

Hace 100 millones de años, ya en el Cretácico, aparecieron los grupos modernos de tiburones conocidos como neoselacios. La fractura de Gondwana y la apertura del sur del océano Atlántico, junto con el desarrollo de rutas epicontinentales a través de Brasil y África, abrieron espacios para que los habitantes del este (Europa) y del oeste (Caribe) colonizaran las nuevas cuencas oceánicas.

Uno de los más antiguos tiburones que aún viven en las profundidades es uno en forma de anguila con siete branquias *(Chlamydoselachus anguineus)*. Otro linaje superviviente es el de los Hexanchiformes, escualos de seis branquias. Estos grupos habitan aguas muy profundas aunque algunos realizan migraciones verticales hacia la superficie, como *Hexanchus griseus*. También los tiburones sierra aparecieron en el mar de Tetis en esta época.

Los lámnidos, el grupo más popular de tiburones que incluye al blanco y al mako, aparecieron en esta era. *Scapanorhynchus lewisii* probablemente fue un ancestro directo del moderno tiburón duende *(Mitsukurina)*. Ya desde el Jurásico se encuentran huellas de este grupo, como *Paleocarcharias*, parecido al pez carpeta. Los lámnidos conquistaron ambientes pelágicos y compitieron con los grandes saurios marinos. Nuevas especies de tiburones se adaptaron a las formidables condiciones mesozoicas, como el *Cretoxyrhina mantelli*, que ocupó un nicho parecido al que hoy ocupa el tiburón blanco. Se han encontrado esqueletos fósiles de este depredador, que alcanzaba los cinco metros de longitud. K. Shimada sugirió que *Cretoxyrhina* pudo haberse enfrentado a enormes reptiles como los mosasaurios. Este animal se extinguiría 30 millones de años antes que los dinosaurios.

Otro tiburón, conocido como "el cuervo", fue descrito por David Schwimmer cual carroñero que se alimentaba de restos de hadrosaurios —dinosaurios pico de pato— y que depredaba sobre mosasaurios y tortugas. Su nombre: *Squalicorax*. El problema es que la mayoría de los fósiles de este grupo son dientes, lo que lleva a los especialistas a especular con una imaginación basada en la ecología actual.

Hace 65 millones de años se extinguió 85% de las especies que habitaban el planeta. Desaparecieron grupos bióticos como los belemnites, los amonites, la mayoría de los reptiles marinos, los pterosaurios y los últimos dinosaurios. Otros grupos perdieron gran diversidad. La mayoría de las plantas del hemisferio norte murieron, excepto los helechos, algunas gimnospermas y angiospermas. En el mar, desaparecieron diatomeas, moluscos, equinodermos y braquiópodos. Algunos tiburones sobrevivieron y dieron origen a líneas evolutivas actuales.

Cambios climáticos debidos al intenso vulcanismo e incluso el choque de un meteorito se han propuesto como hipótesis del desastre. Sin embargo, algunos paleontólogos como John G. Maisey piensan que los hibodontes no se extinguieron por las mismas razones que los dinosaurios sino que fueron desapareciendo gradualmente al perder la competencia ecológica contra nuevas formas de tiburones que se diversificaron en esta era. En los siguientes 60 millones de años, los tiburones alcanzaron los nichos ecológicos tope que ocupan en la actualidad.

LOS SUPERVIVIENTES APROVECHAN NUEVAS POSIBILIDADES

Millones de especies pueden extinguirse; la vida, no. Mientras el planeta albergue condiciones aceptables, los organismos seguirán. Después del holocausto, la recuperación se dio gracias a la resiliencia. La Tierra en su conjunto era más seca y fría. Poco a poco comenzó a calentarse. Los helechos fueron los primeros en colonizar la zona devastada. A lo largo del Paleoceno, hace 50 millones de años, aparecieron las palmeras. Europa y Groenlandia aún no se separaban cuando en esa zona los bosques cálidos renacieron. Los cocodrilos habían sobrevivido a los dinosaurios y ahí pudieron diversificarse. Los mamíferos amniotas con glándulas mamarias llevaban 140 millones de años en madrigueras, pero ahora sin dinosaurios y con un planeta en recuperación se diversificaron aprovechando las posibilidades y pudieron crecer. Surgió el ornitorrinco y los hyaenodontes, parecidos a hienas tan corpulentas como un rinoceronte, los cuales cazaban entre las selvas. Las aves se diversificaron y muchas conservaban el diseño del dinosaurio corredor como la inmensa ave del horror: *Gastornis*.

En los mares fluyeron corrientes cálidas, los polos eran templados y prosperaron los arrecifes coralinos. Escualos de siete branquias continuaban en los fondos. Los mamíferos regresaban al mar, los ancestros de las ballenas como el *Basilosaurus* aún conservaban sus patas posteriores disfuncionales en un cuerpo hidrodinámico de 18 m. Este depredador era temible pero le rondaban enormes tiburones, como el *Otodus obliquus,* que probablemente semejaba a un actual tiburón tigre de arena, pero de nueve metros de largo. En esta época apareció el abuelo del tiburón blanco, en aguas al sur de Rusia, Marruecos, Angola y los Estados Unidos.

En tierra, los enormes titanotéridos se extinguieron hace 30 millones de años cuando los pastizales sustituyeron a las selvas tropicales. Un cambio climático importante se debió a la separación de Sudamérica y la Antártica. Esta catástrofe dejó libre la corriente circumpolar, que provocó un intenso enfriamiento. Los arqueocetáceos disminuyeron dejando paso a las nuevas ballenas, y hace 20 millones de años ya chapoteaban los primeros pinnípedos. Es en este ambiente donde una nueva familia de tiburones emerge: los réquiem o carcharínidos. *Carcharhinus* apareció en el Eoceno en el norte de África. Con su forma hidrodinámica devinieron en raudos cazadores y ensancharon las estrategias de supervivencia. La inversión de la polaridad terrestre coincidió con la aparición de los ancestros del tiburón martillo, con su cabeza en forma de alerón, aplanada por extensiones laterales en cuyos extremos descansan los ojos. Esta testa plagada de ámpulas es un detector infalible de flujos electromagnéticos.

Viajemos a esa época. Mientras nuestros tatarabuelos —los primeros homínidos, como el *Sahelanthropus*— chapotean en los pantanos africanos, el gigantismo continúa en el mar. Enormes ancestros del cachalote —aún con dientes en la mandíbula superior— vagan en manadas; focas monje de tres metros se asolean en las rompientes; acechan cocodrilos de cuatro metros como el *Thecachampsa sericodon;* cruzan el cielo aves marinas gigantes con pseudodientes como *Pelagornis chilensis* y *Osteodontornis orri,* de más de cinco metros de envergadura; surcan las aguas el marlín azul de cuatro metros *(Makaira)* y uno de los cetáceos más formidables de todos los tiempos, el cachalote gigante *(Leviathan nevillei),* descubierto en Perú.

Los tiburones planctófagos como el *Megachasma* ya filtran en esos lares; por allí caza el abuelo del tiburón tigre *(Galeocerdo adancus)* y el abuelo del tiburón blanco *(Isurus hastalis).* Pero no es el más poderoso de los tiburones. Esta distinción pertenece al *Carcharocles megalodon.* A su lado, el tiburón blanco actual es un menudo animalillo. El megalodon promedio medía 15 m de largo —quizá pudo llegar a los 25—, con dientes de hasta 18 cm. No conocemos su anatomía, sólo se han encontrado dientes fósiles. Tal vez fue un gigante robusto con un morro redondeado parecido al tiburón tigre; se le suele dibujar como un lámnido y Richard Martin lo compara con un tiburón blanco que se inyectó esteroides.

Buceemos en estas aguas temibles. (Hago una paráfrasis de una reconstrucción ficticia que hizo el paleontólogo Jorge Ortiz.) Vemos en la superficie un *Cetoterium,* pequeña ballena de seis metros. Un *Carcharocles megalodon* la atisba desde el fondo. La ballena se sumerge y emerge ajena a su destino. De pronto se percata de un cambio en la corriente, trata de virar. Muy tarde. Los cuchillos sagitales de 18 cm hacen mella en su carne. Súbitamente todo cae en la cruenta realidad para el *Cetoterium,* todo es muy rápido. Su aleta caudal ha sido cortada de tajo.

Figura iii.9. *Reconstrucción de* Carcharochles megalodon, *de 18 metros y 60 toneladas de poder, que cazaba ballenas primitivas hace unos cinco millones de años (ilustración de Jorge Ortiz).*

Ubica a su verdugo y lo mira a los ojos, pero en los ojos del megalodon se percibe una mirada vacía, de cierta manera siniestra; sus negras lentes no muestran expresión alguna. Sólo el reflejo del cetáceo herido. El tiburón abre la boca proyectando y expandiendo sus implacables mandíbulas. Los gigantescos dientes apuntan hacia el frente, atrapando a la ballena por el vientre. Tras un brutal impacto, el megalodon sacude violentamente a la ballena, los dientes penetran aún más. El *Cetoterium* es sacudido cual piltrafa. Las entrañas aún palpitantes son arrancadas de su cuerpo. La ballena entra en shock debido al terrible ataque. Su corazón emite un latido largo y pausado para finalmente dejar de latir.

He ahí un momento en la vida de *Carcharocles megalodon*.

El diente más largo del megalodon que se ha encontrado mide 18.15 cm. Las estimaciones de biomasa indican que un individuo de unos 15 m pesaba cerca de 47 toneladas, uno de 17 m pesaba 59 toneladas y uno de 20 m pesaba 103 toneladas. Ha sido el pez más grande que ha existido.

S. Wroe calculó en 2008 la fuerza de la mordida de este animal utilizando mandíbulas reconstruidas. Un megalodon de

16 m ejercía una presión de 108 514 newtons, o sea de 11 toneladas; uno de 20 m habría ejercido una presión de 182 201 newtons, o 18 toneladas. Para que tengamos una idea de qué significa esto, el megalodon tenía una presión de mordida 10 veces más fuerte que el moderno tiburón blanco, que como ya se dijo alcanza hasta 1.8 toneladas, una presión cinco veces más grande que la del tiranosaurio, que alcanzaba hasta 3.1 toneladas, e incluso más fuerte que la del *Liopleurodon,* que teóricamente alcanzó una presión de 15 toneladas.

LA MODERNIDAD

El megalodon reinó todavía hasta el Plioceno, hace cinco millones de años. En esos tiempos Sudamérica y Norteamérica se unieron formando un istmo. La solidez de esta frontera cerró el paso al flujo de las corrientes cálidas, lo que ocasionó un nuevo cambio climático. Los marsupiales americanos se extinguieron, con excepción de las zarigüeyas *(Didelphis).* El océano Atlántico se enfrió mientras que África colisionaba con Europa, formando el Mediterráneo. El mar Ártico comenzó a congelarse y la Antártica continuó su enfriamiento. Las selvas quedaron confinadas al Ecuador. Europa se volvió selva fría y se extinguieron sus cocodrilos. Los hielos bajaron del Polo Norte hasta la actual Alemania. Los Andes, los Alpes y el Himalaya se congelaron. Los camellos cruzaron Asia y penetraron en Norteamérica por un puente de roca que había emergido en el estrecho de Bering. Los australopitecos caminaban en los pastizales del centro de África. El tiburón blanco ya cazaba focas desde hacía unos siete millones de años. Ciertas regiones de España estaban sumergidas y sobre sus fondos cazaban los makos, los tiburones grises, el recién aparecido tiburón blanco y el *Carcharocles megalodon.*

Hace dos millones de años se extinguieron muchos depredadores marinos gigantes. Las glaciaciones imperaron, el frío aceleró la presión evolutiva. El megalodon no soportó la época.

107

Sin presas adecuadas, actuó contra él un nuevo superdepredador, un delfín enorme que nadaba en manadas y podía perseguir sin descanso a las ballenas hasta los polos helados: la orca (*Orcinus orca*). El megalodon desapareció para siempre y la orca se afianzó como el máximo carnívoro de los mares.

En las tundras, los tigres dientes de sable devoraban ciervos gigantes; prosperaron los osos de las cavernas, los rinocerontes lanudos, los litopternos como *Macrauchenia,* mastodontes y mamuts. Desde hace un millón de años hasta hace tan sólo 11 000 años, los humanos proliferaron, inaugurando la prehistoria. El hombre de Neanderthal enterraba a sus muertos y el *Homo sapiens* fabricaba lámparas de aceite. Luego el nivel del mar aumentó casi 120 m, con lo que las planicies sufrieron inmensas inundaciones. En la memoria cultural quedaron como mitos religiosos sobre un diluvio. El mar separó a Siberia de Alaska y Japón, a Tasmania de Australia y Nueva Guinea, a Indochina de Indonesia. La tierra se calentó de nuevo, la glaciación se detuvo.

Otra extinción masiva siguió a este evento. Se extinguieron todos los homínidos excepto el *Homo sapiens,* que se disparó por todo el mundo domesticando al lobo y seleccionando al perro. Murieron todos los mamuts, los canguros gigantes, los caballos y los camellos de Norteamérica, donde se extinguió 73% de los mamíferos. En Sudamérica lo mismo pasó con 80% de los mamíferos y en Europa murieron los hipopótamos y los megaterios. El hermoso león de América (*Panthera leo atrox*) quizá haya sido una de las primeras víctimas del hombre.

En el mar, los tiburones continuaron ajenos a lo que se les venía encima.

Como hemos visto, los tiburones nunca han sido los depredadores más gigantescos ni poderosos de su época. Incluso ahora las orcas y los cachalotes les superan en tamaño; sin embargo —soportando evos de guerra contra el caos— su diseño, su fisiología, su plasticidad y su voracidad los hacen supervivientes junto con cientos de otras formas exitosas, como bacte-

rias, hongos, protozoarios, moluscos, algas, gusanos, artrópodos, cnidarios…

En el río del tiempo, donde lo que hay no es un eterno re-
torno sino un horizonte de puntos infinitos, los tiburones son
astros que ligan millones de anécdotas, hechos y una historia
medular de esta incoherente pero maravillosa pugna por el ser.

IV. Ataques a humanos

La tierra engendra muchas cosas: dolor, terror y sufrimientos horrorosos y las profundidades del mar están repletas de monstruos asesinos, enemigos de los hombres

Esquilo, *Las coéforas*

De mi niñez recuerdo a un anciano, mi tío Felipe, hablándome sobre pescadores de Veracruz mutilados por tiburones, tipos desdentados sin brazos y sin piernas ramoneando anécdotas. Era un hombre casi centenario y sus palabras tenían una sordidez antigua, de un océano virgen y terrible. No sé si exageraba, si como todo recuerdo era inexacto o si trataba de asustarme. Pero lo logró. Desde entonces tuve pesadillas con escualos negros, dientes agudos, y busqué con afán fotografías fascinantes.

Sé que éste será el capítulo más leído del libro. El morbo es una condición intrínseca de nuestra especie, la lóbrega hermana de nuestra curiosidad.

Los tiburones han matado y devorado seres humanos. Es un hecho. El encuentro de estos dos depredadores ha sido, las más de las veces, horripilante. El hombre merma de forma continua las poblaciones de escualos; los escualos —a veces— sesgan la vida de los hombres.

Pocas especies de tiburones han atacado a seres humanos. De éstas, tres son las más peligrosas. El tiburón blanco (*Carcharodon carcharias*), el tiburón tigre (*Galeocerdo cuvier*) y el tiburón toro (*Carcharhinus leucas*) son los principales protagonistas de incidentes fatales. Tríada de peces robustos, habitantes de aguas tropicales y templadas, su forma de vida los acerca a donde el humano ha invadido.

El tiburón blanco es un cazador temible. Ha atacado nadadores, kayakistas, buzos, náufragos y surfistas, a los que confunde con pinnípedos. Su forma de atacar a los mamíferos resulta formidable. Vaga por el fondo y cuando divisa una presa potencial se lanza verticalmente para dar el primer golpe. Mutilada, la presa comienza a desangrarse; el tiburón a veces se retira por unos instantes y después regresa a comer. Este comportamiento ha provocado muchas mutilaciones humanas pero también ha propiciado que los heridos puedan salvarse, ya que el tiburón paladea algo extraño y no regresa a matarlo. Sin embargo, esto no es necesariamente cierto: existen registros que indican que el tiburón blanco ha devorado seres humanos.

El tiburón tigre es un animal voraz, que no desprecia ningún alimento. Agresivo y curioso, se le atribuye la mayoría de los ataques a seres humanos en aguas de Hawái y Australia.

El tiburón toro nada en los fondos, se introduce en los ríos, habita lagos, estuarios, manglares, playas rocosas, esteros, aguas bajas y contaminadas, lugares que frecuentan los hombres. Es muy agresivo; algunos biólogos comparan su forma de morder con la de un pitbull.

Luego siguen especies que han mordido a nadadores y buzos, principalmente el tiburón mako *(Isurus oxyrinchus)* y el tiburón limón *(Negaprion brevirostris)*, que se acerca a las costas y se introduce en los esteros. El puntas blancas oceánico *(Carcharhinus longimanus)* y el tiburón azul *(Prionace glauca)* han sido relacionados con naufragios. El tiburón del Ganges *(Glyphis gangeticus)* ha matado peregrinos y santones en la India. El tiburón de Galápagos *(Carcharhinus galapagensis)*, el tiburón de arrecife *(Carcharhinus perezi)*, el tiburón oscuro *(Carcharhinus obscurus)*, el tiburón puntas negras *(Carcharhinus limbatus)*, el tiburón sedoso *(Carcharhinus falciformis)*, el tiburón gris de arrecife *(Carcharhinus amblyrhynchos)*, el gran tiburón martillo *(Sphyrna mokarran)* y el tiburón puntas negras de arrecife *(Carcharhinus melanopterus)*: de la mayoría se han documentado ataques no fatales, mordidas a pescadores o bañistas.

Relatar los ataques necesita una selección. Antología macabra: he escogido ejemplos únicos, interesantes o clave para comprender esta sangrienta historia.

De 1 500 casos estudiados, 75% no tuvo nada que ver con un comportamiento de caza y alimentación. Esto indica que la mayoría fueron contingentes. El hombre no es su presa habitual pues no pertenece al ecosistema marino. Sin embargo, los incidentes no pasan inadvertidos, pues la prensa alardea y se esparce el pánico. Tradicionalmente, el morbo ha hecho que se publiquen más documentos sobre sus ataques que sobre su biología.

El archivo global sobre ataques de tiburón (Global Shark Attack File) reporta cerca de 4 700 ataques documentados desde el siglo VIII a. n. e. hasta 2012. Evidentemente, los más antiguos se basan en dibujos de vasijas, leyendas, mitos, bitácoras y testimonios escritos.

Los primeros datos que se obtuvieron de estos animales fueron anécdotas sangrientas. A partir del siglo XVIII se obtuvieron datos provenientes de bitácoras pero su confiabilidad seguía envuelta en la sazón de los relatos marineros. Según el historiador Marcus Redliker, si tuviéramos, como ahora, registros confiables de ataques de tiburones del siglo XVIII, cuando las poblaciones de escualos eran mucho mayores, las estadísticas modernas serían despreciables en comparación.

La investigación científica se disparó después de la segunda Guerra Mundial con el objetivo de minimizar los riesgos en caso de naufragio. El problema es que los reportes provienen de los países imperialistas, como Inglaterra y los Estados Unidos, que llevan cuenta de lo que sucede en sus territorios y colonias. No existen registros confiables en otros lugares del mundo, lo que no significa que esos incidentes nunca hayan ocurrido. Las estadísticas están sesgadas por la política y la falsa consideración de lo que llamamos civilización occidental. ¿Cuántos pescadores o buceadores han sido atacados en la historia de la humanidad? Incontables.

Un aspecto a considerar es la falacia numérica que he leído en varios libros. La probabilidad de sufrir un ataque de tiburón es de 1 / 12 000 000. ¿Y la de morir por esta causa?: 1 / 264 000 000. Otro artículo da esta cifra: 1 / 300 000 000 ¿Cómo calculan esta probabilidad? Se pueden encontrar frases como: la probabilidad de que te ataque un tiburón es menor que la probabilidad de que te caiga un relámpago. ¿Se mide el número de fatalidades por ataque de tiburón contra fatalidades por rayo? Si la premisa original no tiene relación con la subsecuente, ¿cómo relacionarlas?

Esto es un error de silogismo. Planteo estas preguntas: ¿cuál es la probabilidad de sufrir un ataque de tiburón si habito un departamento en Caracas?, ¿cuál es la probabilidad de sufrir un ataque de tiburón si naufrago de noche en alta mar y quedo a la deriva por cinco días?[1]

Los acontecimientos raros que son fruto del azar —dice el matemático John Allen Paulos en su libro *El hombre anumérico*— no se pueden predecir individualmente. No hablamos de números solamente sino de hechos en un planeta peligroso. El hombre minimiza o maximiza el riesgo en su trato con un animal dependiendo de las actividades que realiza y de los lugares donde las realice.

La primera representación de un ataque del cual se tiene noticia es la figura en un vaso desenterrado en Ischia, isla del mar Tirreno. El vaso muestra a un hombre llevado por un pez parecido a un tiburón. Los análisis demuestran que data del 725 a. n. e. Esta época aún abunda en mitos, por lo que no sabemos si es una representación de facto o una representación poética.

Los últimos casos (hasta la redacción de este libro) de ataques fatales se refieren a un hombre de 29 años, muerto por un

[1] Se antoja un chiste: un hombre nada entre un cardumen de tiburones tigre mientras arponea bagres. Cuando emerge, su piloto le pregunta: "¿No tienes miedo de que te muerdan?" Y el pescador deportivo responde: "No, según las estadísticas sólo una persona entre once millones que van al mar muere por ataque de tiburón. Y la semana pasada murió un amigo aquí mismo, así que la probabilidad de que me muerdan es nula".

FIGURA IV.1. *Figura en un vaso desenterrado en la isla Ischia, cercana a Nápoles, en Italia. En ella un hombre es devorado por un pez gigante; el vaso data del 725 a. n. e.*

tiburón blanco en Sudáfrica, en septiembre de 2010. Khanyisile Momoza nadaba con 11 compañeros entre la isla Dyer y Pearly Beach, en busca de conchas, cuando vieron una gran sombra que emergía debajo de ellos. El gran blanco saltó llevándose a Momoza entre sus mandíbulas.

Otro caso: el 23 de julio de 2012, Alexandre Rassiga, de 21 años, practicaba surf en aguas de la isla Reunión cuando un tiburón no identificado lo mordió dos veces ocasionándole un desangramiento fatal.

Y es que en los últimos 20 años el número de ataques de tiburones ha sido mayor que en toda la historia de la humanidad. Esto no significa que los tiburones se hayan vuelto más agresivos, sino que nunca antes la comunicación había sido global: hoy cualquier incidente se reporta inmediatamente. Por otro lado, la superpoblación mundial es de tal magnitud que nunca antes el hombre había utilizado tanto el mar para sus actividades lúdicas y económicas. Simplemente la probabilidad de ataques se incrementa en cuanto más personas se meten al agua.

Aun así, los encuentros son raros en relación con la población. Por ejemplo, la bahía de Mossel Bay, en Sudáfrica, alberga una población residente de más 300 tiburones blancos que atacan a las focas de Seal Island frente a playas que se colman de turistas en verano (casi dos millones de visitantes anuales). Y no ha habido un ataque fatal frente a la bahía en más de dos décadas.

Buceemos por el tiempo en busca de anécdotas horrorosas. Durante siglos sólo se conservaron testimonios de las crónicas de viaje o libros históricos. "Sepultado estoy tanto en la tierra como en el mar" es el primer verso de un epigrama de Leónidas de Tarento, poeta griego del siglo III a. n. e. El poema evoca a Tarsis, un joven pescador de esponjas partido en dos por un tiburón mientras ascendía. La metáfora se refiere a que la mitad del cadáver fue enterrado y la otra mitad encontró un túmulo en el sistema digestivo del monstruo.

Plutarco, cronista y sacerdote que murió en el año 125, relata un posible ataque de tiburón en el capítulo XXVIII del *Foción*, en sus célebres *Vidas paralelas*. En el puerto la gente murmuraba acerca de los prodigios que auguraban fatalidades a la Hélade. Entre ellos, un iniciado lavaba un lechón en el mar, cuando un animal emergió, mutilándolo. Presento una traducción de este pasaje: "Además, a un iniciado que estaba lavando un lechoncito en lo más claro y despejado del puerto le arrebató un ballenato, y se le comió todos los miembros inferiores del cuerpo hasta el vientre: significándoles claramente el dios que, privados del territorio bajo y marítimo, conservarían el superior y de la ciudad."

En Australia se conservan rocas talladas que representan a un hombre siendo atacado por un tiburón. Esa figura data del siglo V.

Bernal Díaz del Castillo documentó en su *Historia verdadera de la conquista de la Nueva España* el ataque a un marinero en una situación dramática. Cerca del arrecife Alacranes en el mar Caribe, una carabela española encalló y el capitán ordenó aliviar el barco lanzando lastre. El cronista escribe:

> echaron muchos tocinos al agua, y otras cosas que traían para matalotaje, para aliviar el navío, para poder ir sin tocar en tierra hasta la isleta, y cargaron tantos tiburones a los tocinos, que a unos marineros que se echaron al agua a más de la cinta, los tiburones, encarnizados en los tocinos, apañaron a un marinero dellos y le despedazaron y tragaron, y si de presto no se volvieran los demás marineros a la carabela, todos perecieran, según andaban los tiburones encarnizados en la sangre del marinero que mataron...

Una carta fechada el 10 de enero de 1580 describe el ataque fatal a un hombre que cayó al mar durante una tormenta, en un viaje entre Portugal y la India:

> He visto muchas clases de peces... me sorprenden los grandes peces oceánicos que comen hombres vivos. Yo mismo he sido testigo. Cuando un hombre cayó al mar en nuestra travesía debido a un viento intenso. Le arrojamos una cuerda con un madero flotante. Cuando la tripulación jalaba la cuerda y el hombre se encontraba a un tiro de mosquete, apareció por debajo de la superficie un monstruo gigante llamado Tiburón [en español en el original], se lanzó hacia el hombre y lo despedazó ante nuestros ojos. Ésa fue una muerte dolorosa.

Jan Huyghen van Linschoten fue un mercader holandés, espía e historiador que dio cuenta de sus viajes en *El viaje de Jan Huyghen van Linschoten*. Ahí cuenta cómo un "tubarón" o "hayen" le cortó una pierna, un brazo y un pedazo de glúteo a un hombre que trabajaba reparando el timón de un barco anclado en el río Cochín, en la India, durante 1595.

Daniel Defoe cuenta en su *Historia de los piratas* (1709) el destino de los marineros del *Nieuwstadt*, apresado por las fuerzas del pirata Misson. Uno de ellos fue atrapado por un tiburón al saltar al agua en una calma.

Una obra de arte refleja la historia de un ataque a un hombre célebre. Bien trajeado, luciendo coleta bajo el tricornio, rengueaba utilizando un bastón. Un palo de madera sustituía su pierna derecha. Su nombre, Brook Watson; su oficio, alcalde de Londres. En su mente todavía bullían ciertos versos satíricos con los que sus enemigos políticos le zaherían: "¡Oh! Tenga el monstruo, quien desayunó / ese miembro sin suerte, su más noble comida conoció / al mejor trabajador, no a la mejor madera / que escasamente le nutriera con una cabeza tan buena".[2] La cancioncilla hacía referencia a un ataque de tiburón al que Brook sobrevivió cuatro décadas antes. En 1749, cuando era un mozo de 14 años, Brook nadaba solitario en las aguas de La Habana. Un gran pez mordió su talón. Despavoridos, sus compañeros remaron para salvarlo, cuando el tiburón emergió y le arrancó la pantorrilla. Brook presumió esta aventura durante toda su vida. En 1794 encargó al pintor de Boston John Singleton Copley inmortalizar el incidente. Copley pintó la célebre obra *Watson and the Shark,* pero como modelo utilizó sólo una mandíbula, por lo que el tiburón de la pintura es un híbrido negro con labios y ojos felinos.

Todo el siglo XIX está lleno de reportes fatales, desde la India hasta América. Marineros, pescadores, nadadores, gente que se bañaba en los ríos, soldados, etc. El problema es que casi ninguna crónica reporta la especie o el tipo del agresor.

El 26 de febrero de 1852, el *Birkenhead,* uno de los primeros buques de hierro de la marina inglesa, transportaba tropas al sur de África. A las dos de la mañana chocó con un arrecife y el agua penetró rápidamente, ahogando a cien hombres. La mar era gruesa. A un kilómetro de Danger Point, ése era el lugar menos adecuado para naufragar: sitio de agregación y caza de

---

[2] "Oh! Had the monster, who for breakfast ate / That luckless limb, his noblest noddle met, / The best of workmen, nor the best of wood, / Had scarce supply'd him with a head so good".

FIGURA IV.2. Watson and the Shark, *pintura de John Singleton Copley realizada en 1794. Representa el ataque de un tiburón a Brook Watson, futuro alcalde de Londres, en las aguas de Cuba, en 1749.*

tiburones blancos. Los botes eran insuficientes; las mujeres y los niños los ocuparon. Los hombres se lanzaron al agua. Murieron 455 personas. Los tiburones hicieron una masacre.

A finales del siglo XIX y principios del XX, los periódicos se convirtieron en medios masivos de comunicación. Llegaban reportes de las colonias europeas e historias cada vez más documentadas y exageradas para tener atento a un público ignorante. Por esos años existía un debate sobre si los tiburones realmente eran antropófagos o limpiadores ciegos. Parece que en los Estados Unidos imperaba la segunda opinión. "¿Los tiburones son comedores de hombres?" es el título de un libro publicado en 1881 por un autor anónimo. El escritor alega que tenía cientos de testimonios de marineros, buceadores y pescadores que confirmaban el hecho de que ningún escualo jamás había devorado a un hombre. Según él, había llevado a cabo un experimento en el cual arrojó diversos perros por la borda —incluyendo un cachorro— hacia cinco hambrientos tiburones y éstos ignoraron a los canes por completo. Concluía que los tiburones son meros carroñeros que nunca cazan presas vivas. Parece que el autor no leyó o no creyó la noticia de que George Sedgwick, un joven de 20 años que fue atacado fatalmente mientras se aferraba a un remo, o el caso de los 20 peregrinos hindús severamente mordidos en diversas provincias de la India aquel mismo año.

En Europa, por el contrario, imperaba la primera opinión. El suplemento ilustrado *Le Petit Parisien* era una publicación amarillista. A finales del siglo XIX, algunos de sus artículos ponderaban la infamia. Se recuerda uno muy especial en el que aparecía un tiburón gigante que había devorado a toda una familia. El número 646, correspondiente a junio de 1901, rezaba: "Marinos italianos devorados por los tiburones" y hacía referencia a tres marineros del crucero *Calabria* en los mares de China. El número 1 055, de abril de 1909, publicó el artículo "Tiburón arranca la pierna a un pescador de esponjas". El número 1 115, de junio de 1910, rezaba "Un trágico naufragio. Los pasajeros de un vapor son devorados por tiburones". Como vemos, *devorado* era un vocablo común en la sintaxis.

En la década de 1870, el banquero norteamericano Herman Oelrichs ofreció 500 dólares a quién le demostrara que un tiburón podía atacar a un ser humano al norte de cabo Hatteras, en la costa del Atlántico. Quizá compartía la creencia de que los tiburones sólo merodeaban en aguas cálidas. El banquero murió antes de los famosos ataques de 1916, así que nadie pudo reclamar el premio.

En mayo de 1916 tres científicos publicaron un artículo en el que negaban que los tiburones pudieran dañar a un ser humano. Su teoría se vino abajo tres meses después. El 1 de julio de ese año Charles Vansant nadaba en una zona con menos de dos metros de profundidad en la bahía de Beach Heaven, Nueva Jersey, cuando un tiburón le mordió la pierna. Murió desangrado. Cinco días después, a poca distancia del primer incidente, en Spring Lake, Charles Bruder, un botones de hotel, fue mordido. Al igual que la anterior víctima, murió desangrado. El 8 de julio, en Asbury Park, la gente fue a la playa a disfrutar su verano. Un salvavidas recorría la costa sobre su bote cuando vio la sombra del escualo a pocos metros de la playa. Logró ahuyentarlo con el remo. El tiburón se desplazaba hacia el norte. Por la tarde algunos niños nadaban frente a Bayonne cuando un policía que vigilaba desde una plataforma divisó al escualo que iba hacia ellos. Disparó tres veces apuntándole a la cabeza. El tiburón se fue. Ese mismo día, el ictiólogo John Nichols declaró a la prensa que el asesino de Bruden y de Vansant era un selacio.

El 11 de julio el horror alcanzó las aguas dulces. En el río Matawan, un niño de 14 años sufrió escoriaciones en la piel atribuidas a un pez que lo rozó. Al otro día, Thomas Cottrell vio la silueta de un gran escualo desde un puente. El animal se dirigía hacia el pueblo. Se rieron de él. Cottrell decidió recorrer el río en su lancha para alertar a los nadadores. A las dos de la tarde el tiburón alcanzó a un grupo de niños. Lester Stilwell desapareció. Los niños salieron del agua y los adultos llegaron creyendo que Stilwell se había ahogado por su epilepsia. Stanley Fisher decidió buscar el cuerpo. Se zambulló varias veces. Cuando salía llevando el cuerpo de Stilwell, el tiburón lo alcanzó. El joven pudo desasirse pero sus heridas lo mataron horas después en el hospital.

Mientras tanto Cottrell seguía patrullando el río y por eso divisó a tres jóvenes en pánico. Logró salvar a Joseph Dunn. El alcalde ofreció 100 dólares a quien matara al tiburón. El presidente Wilson ordenó que se exterminara a todos los tiburones de Nueva Jersey. La gente dinamitó el río y lo cercó con mallas para que el monstruo no regresara al mar.

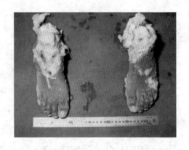

FIGURA IV.3. *En 1983, en Natal, Sudáfrica, se capturó un formidable tiburón toro, de 116 kg. En su estómago se encontraron 2.3 kg de carne humana y estos pies mutilados (fotografía tomada de www.sharkattacks.com).*

El 14 de julio recuperaron los restos de Stilwell. Ese día Michael Schleisser mató a un tiburón blanco juvenil en la bahía de Raritan. En su estómago se encontraron siete kilogramos de carne y huesos humanos. Fueron analizados por el biólogo Frederic Lucas, quien aseguró que los huesos pertenecían a un hombre que se había ahogado y ese tiburón blanco no era el responsable de los ataques. Por la tarde la gente de Matawan descubrió que las mallas habían sido destrozadas por el tiburón, que se había largado a mar abierto. Los hoteles de la costa quedaron desiertos. Se capturaron cientos de tiburones para buscar restos humanos en sus estómagos.

Esta serie de ataques ha sido la más famosa en Occidente y, gracias a su difusión en la prensa, logró crear un nuevo paradigma sobre los devoradores de hombres. Dio como consecuencia la teoría del "comehombres": cuando un tiburón se alimenta de carne humana, se queda rondando en la zona para buscar otros. Fue propuesta por el doctor Victor Copelson en la década de los cuarenta del siglo XX y fue creída hasta los años setenta. En Latinoamérica los hombres de mar se refieren a este hecho como "tiburón cebado".

El gobierno de los Estados Unidos y los científicos intentaron cambiar esta noción generalizada en los años posteriores introduciendo la versión contraria, que los escualos eran cobardes, débiles y no representaban ningún peligro. Fuera de ese país, los ataques eran frecuentes en las islas del Pacífico, pero sólo se documentaban aquellos que habían sido presenciados por hombres blancos. En 1925, en la isla Viti en Fiyi, un niño nativo se arrojaba al mar para bucear por las monedas que los pasajeros de un barco le arrojaban cuando el agua enrojeció. Lograron sacar al muchacho que perdió los dos brazos, amputados en una cirugía posterior.

En 1937 un pescador de perlas nativo se sumergía en el estrecho de Torres. Su nombre era Iona Asai, quizá predestinado según el antiguo adagio de que *nomen est omen*. Iona es el apelativo de Jonás, el profeta tragado por un pez. Buceaba a unos tres metros cuando un tiburón tigre *(Galeocerdo cuvier)*, abrió sus fauces y le mordió la cabeza. Asai, al sentir los colmillos alrededor de su cuello, adelantó los brazos y, tanteando los ojos del pez, hundió sus dedos en ellos hasta que el animal se alejó. Recogido por el capitán de su embarcación, fue atendido en la isla Jarvis, donde se le aplicaron 200 puntos para cerrar sus heridas. Iona había sido atacado por un tiburón 19 años antes de su casi decapitación. Un buzo afortunado.

A partir de 1939 los hombres de todo el mundo vuelven a masacrarse en todos los rincones posibles. La segunda Guerra Mundial estalla. La nueva tecnología naval les permite morir en lugares donde antes no había tantos incidentes: el mar abierto. Los soldados y marinos estaban aterrorizados ante la posibilidad de caer al mar infestado de tiburones. Es por eso que en 1942 el Buró de Aeronáutica de la Marina de los Estados Unidos publicó una nota técnica para la protección de personal a la deriva. En ésta se consideraba a los tiburones como un "peligro despreciable para el personal de la marina". Entre sus argumentos destacaban creencias populares. Tres ejemplos: el tiburón no ataca nadadores, el aceite de motor es un buen repelente y las explosiones submarinas matarían o ahuyentarían al tiburón.

Pronto, la realidad refutaría esas suposiciones.

El 28 de noviembre de 1942 un submarino alemán U-177 torpedeó la fragata *Nova Scotia*. Murieron 750 soldados. En medio de la noche, los náufragos se ahogaban cuando un cardumen de tiburones puntas blancas se metió entre ellos, llevándose a varios. Los testigos vieron a Sammy Levine tratando de salvar a su loro antes de desaparecer en las fauces de un puntas blancas. El "peligro despreciable" cobraba vidas.

En 1944 se publicó *Shark Sense,* librito cuyo objetivo era levantar la moral y quitar la aprehensión. En la revista *Colliers* se publicó con el título de "El tiburón es un cobarde". Dichos manuales costaron la vida de no pocos náufragos durante las acciones bélicas que contradijeron las afirmaciones oficiales.

Los náufragos fueron víctimas de tiburones en varias acciones bélicas. Es el caso del buque japonés *Arisan Maru,* que transportaba 1 800 prisioneros estadunidenses rumbo a campos de trabajo y fue torpedeado por un submarino aliado; del USS *Hoel DD533* hundido en la batalla de Samar en las Filipinas; del buque *Cape San Juan* torpedeado por un submarino japonés I-27, cerca de Fiyi; del buque hospital *Centaur,* torpedeado por el buque japonés I-177 cerca de Australia; del barco brasileño *Alfonso Penna,* hundido por el submarino italiano *Barbarigo;* del *City of Cairo,* hundido por el submarino alemán U-68 en el Índico; del buque inglés *Empire Avocet,* hundido por el submarino alemán U-125…

Destaca la triste historia de George Sullivan, tripulante del USS *Juneau* en crucero al norte de Guadalcanal, en las islas Salomón, en 1942. Un submarino enemigo I-85 disparó un torpedo. La explosión mató a cuatro hermanos de Sullivan. Cerca de 150 hombres sobrevivieron al hundimiento pero quedaron a la deriva. Un error de información hizo creer a los altos mandos que no hubo supervivientes. Durante una semana los náufragos murieron de sed, hambre e insolación. George soportó cinco días. Tres tiburones lo despedazaron.

Quizá el naufragio más famoso ligado a los ataques sea el del USS *Indianapolis.* Cuando navegaba rumbo al atolón de Tinian, su capitán y la tripulación ignoraban que en la bodega había uranio enriquecido para armar las dos bombas atómicas que serían lanzadas sobre Japón. Cuatro días después regresaba con su misión cumplida. Era el 30 de julio de 1945. A medianoche el submarino japonés I-58 lo torpedeó. En 12 minutos el crucero se hundió. 880 tripulantes se lanzaron al mar. Los supervivientes flotaban gracias a sus chalecos y algunos pudieron subirse a lanchas de goma. Formaron pequeños grupos para defenderse de los tiburones que se acercaron en gran número. Siguiendo el protocolo de la marina antes descrito, exacerbaban a los peces. Deshidratados, los hombres sobre las lanchas deseaban refrescarse en el mar, pero cada vez que lo hacían las mutilaciones comenzaban. El horror duró hasta el 2 de agosto. Woody James relata: "Entonces los tiburones se mostraron de nuevo. Estaban alrededor, en todos lados, acercándose y nosotros aullábamos y hacíamos toda la conmoción posible para asustarlos. Sabíamos que íbamos a ser llevados y aquel día otro compañero desaparecería. Fue uno de los días más largos de mi vida; al atardecer los tiburones se volvieron malignos otra vez. Fue realmente terrible."

Harlan Twible, otro superviviente, relata:

Al segundo día, después del amanecer, llegó el primer tiburón. Esto provocó un pánico increíble en el grupo. Ninguno de nosotros había peleado contra tiburones. Todos sabíamos que no eran los mejores amigos del hombre. Durante la mañana, mucha gente fue llevada por la corriente más allá de las redes de protección. Se cortaban y eran los que los tiburones se llevaban primero. [...] Esto duró por días. Teníamos hombres muriendo por sus heridas, por deshidratación, por escoriaciones. Caímos al agua 325, sobrevivimos 171.

Es justo a raíz de estos incidentes que la investigación sobre los tiburones se disparó con un objetivo: conseguir el repelente eficaz. El principal impulsor de este avance fue el capitán Harold J. Coolidge. El parteaguas fue la Conferencia sobre Tiburones en Nueva Orleans en 1958, donde 34 científicos de cuatro continentes revisaron y discutieron sobre la biología de estos animales. Los estudios sobre ataques se volvieron recurrentes y destacaron los primeros intentos por establecer patrones de comportamiento gracias a investigadores como Whitley, Coppleson, Llano, Arias, Gilbert, etc. Gilbert y otros diseñaron el repelente Shark Chaser, un paquete con tinte de nigrosina y acetato de cobre que flotaba junto al náufrago y duraba tres horas. En los años subsiguientes se reportaría la ineficacia de este repelente.

A los 13 años Rodney Fox era el campeón de pesca con arpón en Australia. En 1953 un tiburón blanco lo sumergió de mala forma. Rodney alcanzó a picarle los ojos y el animal lo soltó. Cuando el buzo intentaba salir, el escualo volvió y le mordió el torso. La víctima golpeó el vientre del escualo y terminó por zafarse. Pero el pez estaba furioso, volvió por tercera vez y llevó al adolescente al fondo. A punto de ahogarse, pudo escapar. A bordo del bote de rescate, Rodney llevaba expuesta la caja torácica, los pulmones y el estómago. Ninguna arteria se cortó. La cirugía y 360 puntadas salvaron su vida. Entonces el pescador se convirtió en una leyenda y en un furioso vengador. Asesino de tiburones blancos, pasó cerca de dos décadas masacrándolos. Pero en los años setenta cambió de opinión y fue uno de los primeros servidores turísticos que llevaron a la gente dentro de una jaula a retratar al tiburón.

En la región de Nueva Irlanda, en las islas de Rabaul, dos niñas nativas de Butliwan nadaban cuando un tiburón no identificado se llevó a la de siete años y le cercenó la pierna a la de 13 años, que murió poco después. Esto ocurrió el 21 de agosto de 1966. El 29 de octubre, una niña llamada Dakel fue partida por la mitad mientras nadaba en una playa de isla Lambom. Al día siguiente, a 25 km de este ataque, otra niña llamada Rigel Tokias fue mordida fatalmente. Días después un tiburón se llevó a una niña mientras su padre la sostenía para bañarla en aguas bajas.

El 1º de marzo de 1967, también cerca de Rabaul, un niño sobrevivió a un mordisco en la pierna. El 23 de septiembre Tony Kamage estaba pescando en Lamassa cuando el tiburón lo mordió fatalmente. Después de cada ataque los nativos informaban de la presencia de un gran tiburón oscuro. Todos los incidentes ocurrieron en un radio de 120 km y Brown los atribuye a un solo tiburón que patrullaba la zona desde las islas del Duque de York hasta las costas de Nueva Irlanda.

Se ha asumido que algunos tiburones como el gran blanco no devoran a los humanos sino que sólo los muerden para después asquearse. No siempre es así. En 1985 Shirley Ann Durdin se sumergía en busca de ostiones en Peake Bay, Australia. Su esposo y sus cuatro hijos la miraban desde la playa. De pronto, un enorme tiburón blanco la partió en dos. La familia suplicó ayuda. Los rescatistas encontraron el torso decapitado flotando. El tiburón regresó y engulló los restos. Aquí, tenemos un ejemplo de un tiburón que no sólo atacó a la víctima, sino que la consumió.

El único hombre del que se sabe que ha sobrevivido a dos ataques de tiburón blanco es Rodeny Orr. Fue atacado en la costa de San Francisco en 1961 mientras buceaba buscando abulón; el animal desgarró su traje. En 1990 Rodney flotaba en un bote cuando un gran blanco lo embistió, arrojándolo al agua. El animal mordió su cabeza y se fue. Lo único grave fueron laceraciones en el rostro y el cuello.

A veces, los titulares de los periódicos contribuyen a la satanización. En 1993 Teresa Cartwright buceaba cerca de una colonia de focas en King Island, en el mar de Tasmania, cuando un tiburón blanco de cinco metros la mató. Sus hijos la esperaban en el bote. Al día siguiente el titular del periódico expelía: "Un tiburón devora viva a una madre mientras sus dos hijos observan".

Algunos ataques han sido filmados. En 1964 Henri Bource filmaba osos marinos en la isla Lady Julia Percy cuando observó que los pinnípedos huían. De pronto sintió el impacto de una fuerza tremenda que le arrancó el visor y el esnórquel. Le dio un golpe en el ojo al tiburón blanco que se revolvía a su lado y cuando emergió se horrorizó al descubrir que había perdido

FIGURA IV.4. *El ataque a Henri Bource fue uno de los primeros en ser filmados (fotograma de esa filmación).*

una pierna. Bource no sólo sobrevivió sino que continuó buceando durante años.

Un ejemplo de la clásica arrogancia humana acallada de inmediato por la realidad natural fue lo ocurrido a Erich Ritter, "experto" en el comportamiento de los tiburones, mientras filmaba un documental en las Bahamas. El doctor Ritter pontificaba frente a las cámaras sus argumentos sobre la imposibilidad de un ataque mientras se hallaba sumergido. A su alrededor pululaban tiburones toro en una zona turbulenta y llena de carnada. Un macho de 160 kg le mordió la pierna. Otra advertencia más de que no podemos predecir ni condicionar la conducta de otros seres vivos. El lector puede hallar la filmación en la red.

En 1994 un grupo de investigación del barco *Discoverer* de la National Oceanic and Atmospheric Administration decidió tomarse un descanso y meterse a nadar en aguas prístinas en alta mar, a 600 km al sureste de la isla de Pascua. Un tiburón blanco emergió y mordió la pierna de un marino, luego viró hacia Heather Boswell, una muchacha de 19 años que estaba de voluntaria en el buque. La chica nadó con pánico hacia el barco pero el tiburón mordió sus piernas y movió la cabeza de un lado para el otro tratando de desgarrar. Ella logró subir a cubierta dándose cuenta de que le faltaba una de sus piernas. La tripulación golpeó al escualo con palos y le disparó con armas de fuego. El tiburón huyó y Heather sobrevivió. Este ataque también fue filmado y el lector puede verlo en la red.

En México no existe un archivo confiable sobre ataques. Sin embargo, se tienen datos provenientes de notas periodísticas o crónicas. Recojo algunas de las más significativas.

La primera es la descrita anteriormente, narrada por Bernal Díaz del Castillo en 1575 cerca del arrecife Alacranes, hoy en las aguas de Quintana Roo.

En 1846 el uss *Sommers* era protagonista de la conflagración que azotaba a México. Su misión era bloquear el puerto de Veracruz. La guerra con los Estados Unidos continuaba. El 8 de diciembre esta nave perseguía a una embarcación que intentó romper el bloqueo cuando una borrasca la hizo naufragar. Siete infantes de marina fueron atacados por tiburones.

En junio de 1894 un tripulante cayó desde el buque británico *Rover* frente a Campeche; una tintorera de seis metros lo mató mordiéndole el torso.

Tres hombres nadaban frente a Coatzacoalcos en mayo de 1903 cuando fueron devorados por tiburones. Quizá fueran mexicanos, pues *The Chicago Tribune* no consignó sus nombres.

El coronel Harry J. Earle nadaba desesperadamente frente a las costas de Quintana Roo el 16 de diciembre de 1908, pues su bote se había volteado. A pocos metros de la playa un tiburón lo partió en dos.

En marzo de 1915, el capitán Thaxton y J. Mcdonald fueron atacados fatalmente frente a Tampico. El capitán caminaba en aguas bajas.

El 25 de noviembre de 1924, a bordo del *Esperanza*, frente a Tampico, Ofelia Rivas miró cómo una ola se llevaba a su perrito. La muchacha saltó al mar para salvarlo cuando un tiburón de dos metros la mató.

El documentalista, atleta, escritor e investigador Ramón Bravo fue uno de los hombres con más experiencia buceando con tiburones. Uno de sus mejores amigos fue muerto en las islas del Pacífico; otro fue partido en dos frente a Cozumel por un tiburón tigre. Bravo escribió un reportaje sobre Néstor Valenzuela, un hombre que perdió el brazo en un estero de Veracruz, en 1962. Ramón Bravo también mató muchos tiburones con arpón y pistola. Sufrió una mordida en el antebrazo cuando intentaba filmar demasiado cerca a un tiburón limón. Dio a conocer el fenómeno de los tiburones durmientes en el área de Cuevones, entre isla Contoy e isla Mujeres; sus cenizas fueron esparcidas allí.

Una serie de ataques continuos en el área de Mocambo, Veracruz, recuerda al horror de Nueva Jersey. Casi no existe información y los hechos no trascendieron, pero el misterio es interesante. En mayo de 1965 el sacerdote católico José de Jesús Gómez nadaba a unos metros de la playa cuando le arrancaron el brazo derecho. Días después, el 28 de mayo, en el mismo lugar, Fidel García nadaba cuando un tiburón le sesgó el brazo y la pierna. El ataque fue fatal. Al día siguiente, Ignacio Millán sufrió la misma suerte en la misma área; su cadáver carecía de brazos y una pierna. El 9 junio otro sacerdote, el padre Miguel de Jesús Chávez, fue mutilado del antebrazo derecho y sufrió mordeduras en la pierna; días después se la amputarían. Luego, el 26 de julio, Héctor Trillio moriría de la misma manera. El último ataque se registró el 8 de septiembre en la playa Villa del Mar cuando un tiburón de 300 kg mordió la pierna y el brazo a Miguel Salas.

En 2008 frente a playa Troncones, Guerrero, Adrián Ruiz surfeaba cuando un tiburón tigre le mordió la cadera. El turista murió desangrado. Días después murió Osvaldo Mata frente a la playa de Pantla, de idéntica manera. ¿Habrá sido el mismo tiburón?

Cada vez que ocurre un ataque de tiburón surge la negación del hecho o se desea restarle importancia en una atmósfera de gazmoñería y escrúpulos mojigatos.

¿Por qué tres científicos norteamericanos en 1916 defendían la idea de que un tiburón era incapaz de matar a un hombre cuando en su época existían numerosos registros, reportes médicos y testimonios de ataques en todo el mundo? Algo así ocurrió en la segunda Guerra Mundial cuando los oficiales de la Armada de los Estados Unidos publicaron el infame manual para la supervivencia de los náufragos al que nos referimos arriba. Según este manual los tiburones eran: "lentos, cobardes y fácilmente se pueden ahuyentar golpeando el agua". En el manual se recomienda montar al tiburón y matarlo abriéndole el vientre a cuchilladas. Según un reporte de Gilbert de 1973, el manual de la Fuerza Aérea fue redactado cuando ya habían sucedido varios incidentes y los oficiales tenían conciencia del comportamiento de frenesí de los tiburones cuando atacaban a los pilotos que flotaban en alta mar.

En 1959, después del ataque a Robert Pamperin en La Joya, dos periódicos locales se negaron a reportar el incidente pues dependían de la corporación hotelera. Empresarios, reporteros, editores y oficiales de policía niegan o tratan de minimizar la importancia después de un ataque para no darle mala fama a la localidad.

Es que, después de un ataque, el pánico se apodera de las masas y la ignorancia fluye sin control. Después del ataque en Zihuatanejo, en 2008, los surfistas veían aletas por todos lados y las autoridades locales buscaban a expertos para que les explicaran por qué había ataques en esa zona.

Muchas personas ven sus intereses económicos afectados cuando cunde el pánico en zonas turísticas. En enero de 2011, después de que un tiburón toro le arrancase el brazo a una mujer canadiense en Cancún, frente al Hotel Park Royal, los perió-

Figura iv.5. *En junio del 2010 se capturó este ejemplar de tiburón tigre en las Bahamas. Dentro de su estómago se encontraron los restos de un hombre (fotografía tomada de www.sharkattacksurvivors.com).*

dicos plagaron sus titulares de adjetivos como "inusual" y algunos voceros de los hoteles clamaban que los tiburones iban de paso rumbo a Florida, como si las costas de Quintana Roo no fueran área de crianza del tiburón toro, como si una región determinada estuviera exenta del azar y sus criaturas.

DEFENSAS

El ser devorado o asesinado por un animal salvaje es un terror atávico que nos concierne como parte de la biosfera. No existe otra defensa contra el azar de la vida que la no acción, pero ésta es absurda pues somos móviles. Únicamente podemos minimizar los riesgos al meternos al mar. Algunos consejos son:

- Evitar nadar o bucear cerca de colonias de pinnípedos.
- Nunca nadar ni bucear solo.
- Certificarse en técnicas de primeros auxilios.
- Llevar botiquines a las expediciones.
- Si se recolectan o capturan animales marinos, sacarlos inmediatamente del agua.
- Observar el comportamiento de los animales marinos en el área.

- Antes de emerger, echar un vistazo al fondo.
- Evitar bucear o nadar de noche.
- Evitar nadar en la superficie de forma ruidosa.
- Evitar nadar en áreas donde haya habido ataques de tiburón.

Y, sobre todo, esperar que la suerte nos sea benévola.

El horror hizo que en algunos lugares donde los ataques eran frecuentes se instalara una barrera física. Se colocaron redes a lo largo de kilómetros entre la playa y el mar, una trampa asesina de nylon que se mantiene a flote por medio de boyas. En Sudáfrica se colocaron en 1952 y aún hoy existen y atrapan toda clase de fauna: tortugas, delfines, peces de varios tamaños, tiburones y rayas que se enmallan hasta agonizar en la asfixia desesperante. Desde 1964 toda la costa de Natal, Sudáfrica, fue enmallada; además de innumerables especies de peces, tortugas, rayas, focas y delfines que han muerto ahí, hasta 1989 se habían enmallado 45 tiburones tigre por año, 61 tiburones toro por año y 49 tiburones blancos por año.

En Australia comenzaron a enmallar desde 1960 y aún hoy hay más de 51 playas con redes. En Hong Kong el gobierno ordenó enmallar 32 playas desde 1995. El argumento retorcido detrás de la estrategia es que "controlando" la población de tiburones se minimiza el riesgo de ataque, sin tomar en cuenta la crueldad y la matanza que se ejerce contra otras especies, además de ignorar que el hábitat marino no es nuestro sino de ellos. Típico ejemplo de la frialdad humana.

La investigación sobre los repelentes ha sido continua desde la ineficacia del Shark Chaser. Se han desarrollado algunos repelentes que parecen ser efectivos contra ciertas especies, como el acetato de amonio, con un olor similar a la carne descompuesta de tiburón. Asimismo se utilizan magnetos de bario y ferrita, los cuales asustan o perturban a los tiburones que pueden detectar campos electromagnéticos.

En los años sesenta del siglo pasado la armada de los Estados Unidos llevó a cabo un programa de entrenamiento con delfines nariz de botella (*Tursiops* sp.) condicionados para atacar tiburones. Los delfines atacaron las agallas del tiburón aleta de cartón, tiburones nodriza y tiburones limón. Pero al enfrentarse con un tiburón toro se retiraron espantados. Recordaron que los tiburones que los depredan en la naturaleza son peligrosos.

En enero de 1960, Theo Brown esnorqueleaba en aguas turbias en Middle Harbor, Sidney, cuando un tiburón toro mordió la pierna de su mejor amigo, Kenneth Murray, de 13 años de edad. Ken murió nueve días después de habérsele amputado la pierna. Entonces Brown, que era policía y buzo, decidió dedicar su vida a encontrar un repelente eficaz contra tiburones. Se convirtió en uno de los mejores investigadores y muchos conocimientos sobre los tiburones se los debemos a sus investigaciones, llevadas a cabo en las islas del Pacífico por más de una década.

Recordando el ataque, atribuyó al chapoteo de Ken la atracción del depredador. En Papúa observó que los pescadores atraían a los tiburones con una sonaja y en las islas Salomón con cocos llenos de piedrecitas. Puso a prueba su teoría experimentando con emisores sónicos. Gracias a sus trabajos se demostró que diversas ondas acústicas excitan a los tiburones hasta el frenesí: ondas que se asemejan a un pez en problemas, ondas erráticas, mientras que algunas frecuencias pueden repeler a los escualos.

Algunas frecuencias que atraen al tiburón tigre rechazan a otros tiburones réquiem. Se dio cuenta de que los chillidos de dolor de los delfines cuando eran cazados por los nativos de Nueva Guinea no atraían a los tiburones; por lo contrario, dichas frecuencias los aterrorizan. Si el lugar de la fuente sónica cambia, los tiburones de inmediato se dirigen hacia el área; si se deja la señal por mucho tiempo, los tiburones atacan el aparato emisor y después comienzan a morderse entre ellos debido a la frustración.

Desgraciadamente, Brown interrumpió sus trabajos a finales de los años setenta, pero sus investigaciones ayudaron a demoler la noción de que podemos aterrorizar a los tiburones gritando y chapoteando. Al contrario, es probable que esto sea el umbral de un ataque.

Los científicos buscan ictiotoxinas —es decir, sustancias que les resultan tóxicas a los peces—, como las saponinas secretadas por los pepinos de mar *(Actinopyga agassizi)*. En 1965 Harry Sobotka utilizó una toxina secretada por el pepino de mar y reportó que 1 g/ml de este veneno mató a un tiburón limón de 22 kg en 50 minutos.

En 1970 la doctora Clark descubrió un repelente natural: el fluido lechoso excretado por el lenguado de Moisés *(Pardachirus marmoratus)* del mar Rojo. Esta sustancia es venenosa debido a la paradaxina que afecta el transporte de iones en las células de los peces.

En 1992 L. E. L. Rasmussen y M. J. Schmidt propusieron la semioquímica, teoría que propone que un animal detecta secreciones de un posible depredador y es ahuyentado por éstas. Demostraron que al tiburón limón le repugnan tres exudados del cocodrilo americano *(Crocodylus acutus)*, secretados de una glándula submaxilar, las heces y la sangre.

Existe una bolsa de protección para náufragos. La víctima se introduce en ella y tres flotadores la mantienen a la deriva; los olores y la sangre quedan dentro de la bolsa y las piernas ocultas para evitar cualquier mordida.

Jeremiah Sullivan patentó un "traje armadura" contra tiburones en 1978. Consiste en una malla ligera de acero o titanio que se coloca sobre el neopreno. Actualmente se fabrican con polímeros de cristal líquido y se conocen como trajes neptúnicos. Los dientes resbalan sobre los anillos metálicos del traje y se ha demostrado que sirve contra tiburones medianos como los carcharhínidos.

Se han desarrollado también repelentes eléctricos como el Shark POD (Protective Oceanic Device). Este aparato lanza ondas y crea un campo magnético de ocho metros de diámetro alrededor del buzo. Si el tiburón penetra el campo, las ondas golpean sus ámpulas de Lorenzini y lo ahuyentan. Hay al menos un caso de un buzo comercial muerto por un tiburón mientras usaba este aparato: Paul Buckland murió desangrado por la mutilación de su pierna izquierda en Smoky Bay, Australia, en 2003. Los fabricantes alegan que Buckland utilizó incorrectamente el aparato, mientras que los testigos afirman que era un experto. Aun así, este repelente eléctrico es uno de los más usados por buzos comerciales en Sudáfrica y Australia.

Desde 1979 se han fabricado jaulas móviles, donde se introducen los buzos que pescan abulón. Las jaulas se propulsan mediante una hélice y han demostrado ser muy confiables. Asimismo, las jaulas para turistas son muy populares. Las personas se introducen en jaulas de aluminio o acero mientras atraen a los peces con carnada. Desde ahí toman fotografías o

FIGURA IV.6. *Esta hembra de cinco metros nada en aguas de menos de dos metros de profundidad en Fish Hoek, Sudáfrica. Los bañistas son advertidos por voluntarios que tocan alarmas en la playa (fotografía de Enrico Gennari).*

video. Parece ser una barrera más bien psicológica para el hombre que una barrera física para el animal. En 2005 un tiburón blanco arremetió contra una jaula en Sudáfrica hasta cortar el cable que la unía a la embarcación, los buzos pudieron escapar mientras algunos miembros del barco le daban bastonazos en la cabeza al animal. Otro incidente sucedió en isla Guadalupe en 2007, cuando un tiburón blanco quedo atrapado entre los barrotes y en su desesperación por liberarse destrozó la jaula. El biólogo Craig Bovim piensa que el uso de las jaulas turísticas representa un peligro, pues condicionan al pez en un medio de frenesí y excitación.

Como un sistema que intenta suplir las mortíferas redes de protección que aniquilan la vida marina, desde 2004 se ha implementado un programa de avistamiento de tiburones peligrosos en Sudáfrica. Los avistadores colocados en puntos altos dan la voz de alarma cuando detectan tiburones grandes acercarse a los bañistas, tocan silbatos, colocan banderas de alarma y cierran las playas. Lo interesante es que las personas no abandonan la playa sino que esperan a que los avistadores den la señal de que el tiburón se ha ido y la gente vuelve a entrar al agua. Esto indica un cambio de percepción en las personas.

El respeto por el mar y sus criaturas se extiende como un manto de conciencia. Somos partículas humildes, enanas, átomos en un caos ingente que nos aplasta.

V. Comportamientos y conductas

> Los animales, en lo principal y en lo esencial, son
> totalmente lo mismo que lo que somos nosotros, y la
> diferencia reside sólo en el grado de inteligencia, es
> decir, en la actividad cerebral, que admite igualmente
> grandes diferencias entre las distintas especies anima-
> les; esto es para que los animales tengan un trato más
> humano.
>
> ARTHUR SCHOPENHAUER

Edward Osborne Wilson escribió que los tiburones son "cues-
tionadores de la importancia darwinista de la inteligencia".
O sea, estúpidos. Dicho por un hombre que posee 27 doctora-
dos, es curador zoológico en Harvard, acuñó el concepto de
biodiversidad y ha ganado el premio Pulitzer, su punto de vista
parece convincente. Claro: el cerebro de Wilson y quizá también
el suyo, amable lector, posee 238 veces más masa cerebral que
el de un tiburón blanco.

Para mí es una frase penosa. Comparar la inteligencia entre
especies resulta estéril. Evolucionamos en medio de distintos
ambientes y distintas presiones selectivas; nuestra percepción
es diferente, no sólo en matices sensoriales sino en la misma
base anatómica. Los llamados recursos cognitivos son variables
y ayudan a un animal a sobrevivir en su medio particular. Pon-
derar sobre inteligencia es un tema muy espinoso, que fluctúa
entre la filosofía y el materialismo neurológico.

Según el filósofo Daniel Dennett, hay tres etapas en la evolución cerebral. La primera es una fase de organismos cuyos
comportamientos están determinados genéticamente. La segunda es la fase en la cual los organismos disponen de varios
comportamientos pero desarrollan alguno al azar. La última
fase implica imaginación, se despliega un comportamiento pero
dentro del cerebro, imaginando las consecuencias.

La diferencia entre conducta y comportamiento tiene tintes oscuros, filosóficos, leguleyos, prejuiciosos y etimológicos. Según el diccionario de la Real Academia Española, *conducta* es el conjunto de las acciones con que un ser vivo responde a una situación, mientras que *comportamiento* es la forma de conducirse. En términos etológicos, la conducta deriva de factores genéticos, mientras que el comportamiento deriva de la conducta al modificarse por la experiencia o el aprendizaje y puede producir el carácter. Es decir, los genes no predeterminan, más bien predisponen el desarrollo de capacidades conductuales que darán lugar a comportamientos. ¿Es esto cierto? Es discutible. Los genes codifican para realizar estructuras anatómicas, no para "programar" organismos. Ésta es una visión propia de nuestra era cibernética, cuando la molécula del ADN suple el concepto de Dios de otras épocas.

Por supuesto, éstas son ideas filosóficas. En terrenos más empíricos, algunos investigadores piensan que la variación en el tamaño del cerebro, su morfología y complejidad se ligan a la filogenia, aunque no del todo. Es decir, grupos considerados *primitivos* tendrían una complejidad neuronal menor. Sin embargo, las correlaciones ecológicas sugieren que el desarrollo cerebral refleja las dimensiones del ambiente y la capacidad para atrapar presas ágiles.

Estos mismos investigadores relacionan el tamaño del cerebro con el comportamiento, algo bastante discutible, pero interesante. Por ejemplo, K. E. Yopak y L. R. Frank compararon en 2009 el cerebro de un tiburón ballena con otras 60 especies de condrictios y demostraron que aquél tiene un cerebro muy pequeño en relación con su tamaño corporal, comparado con tiburones robustos como el peregrino, el blanco o el tigre de arena. Atribuyen su comportamiento social moderado a un pequeño telencéfalo con el *pallium* muy desarrollado, seguido de un larguísimo cerebelo.

Para entender esto, revisemos el cerebro, que en los tiburones tiene una forma de Y. El encéfalo consta de varias partes.

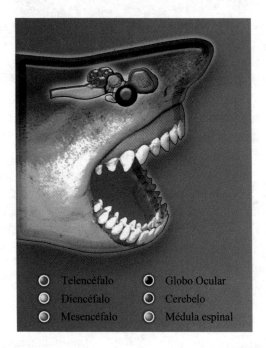

FIGURA v.1. *Anatomía del cerebro de un tiburón (ilustración de Jorge Ortiz).*

En el mesencéfalo se ubican varios núcleos de neuronas que controlan los sistemas oculares y el sistema motor. El diencéfalo consta de varias estructuras, como el hipotálamo y la pituitaria, responsables de las funciones hormonales. El telencéfalo posee dos bulbos olfativos muy desarrollados y un cerebro posterior, con dos pequeños hemisferios cerebrales; es la parte del cerebro donde radica el aprendizaje y la memoria, por lo que se considera el nivel más alto de la integración somática. Esta estructura es mucho mayor en los tiburones pelágicos que en los peces óseos.

El elasmobranquio con el cerebro más pequeño respecto a su tamaño no es el tiburón cigarro, sino el tiburón ángel *(Squatina squatina)*, en peligro de extinción. El angelito se la pasa en el fondo saboreando crustáceos. Parece que las especies que

139

habitan las áreas arrecifales, como los tiburones tigre, los puntas negras y los grandes martillos tienen el cerebro y el telencéfalo más grandes en escala dentro de los condrictios.

En general, según un estudio de R. G. Northcutt publicado en 1977, los elasmobranquios se caracterizan por una alta masa cerebral respecto de la masa corporal. Esto puede ser un indicador potencial para desarrollar y mantener comportamientos complejos y sociales que impliquen jerarquías de dominancia. Este investigador, junto con L. S. Demski, sugirió que el tiburón blanco no posee comportamientos de defensa territorial y jerarquización debido a la ausencia de un núcleo central en el pallium dorsal de su telencéfalo. Sin embargo, modernos estudios etológicos sugieren lo contrario (véase la sección sobre tiburón blanco).

Dice Carl Sagan en *Los dragones del Edén:*

> Si nos atenemos al criterio de la proporción entre masa cerebral y masa corporal, los tiburones son los más inteligentes especímenes de la fauna piscícola, circunstancia congruente con el papel que la naturaleza asigna a estos elasmobranquios, ya que los depredadores del mar deben ser más inteligentes que los comedores de plancton. Tanto por lo que respecta al progresivo aumento de la masa cerebral en proporción al peso del cuerpo como en lo concerniente a la formación de centros coordinadores en los tres principales componentes de su cerebro, la evolución de los tiburones se ha desarrollado, curiosamente, de forma paralela a la evolución de los vertebrados superiores en tierra firme.

La idea sobre la conciencia ligada al desarrollo cerebral implica un modelo de la realidad muy discutible. Pensemos en los grandes titanoterios, los dinosaurios corpulentos con cerebros diminutos que —probablemente— tenían estructuras sociales jerarquizadas para migrar por las llanuras.

Los tiburones no son estúpidos. Marcela Bejarano trabajó con tiburones gata en un acuario de Colombia. Ahí estudió sus patrones de comportamiento y aprendizaje. Los tiburones identificaban la hora de su espectáculo, obedecían al guía cuando les ordenaba subir a la plataforma para mostrar a la gente el movimiento de sus branquias. Cuando comen frenéticamente, el grito del guía los hace formarse. Un condicionamiento refleja la capacidad para aprender.

La capacidad de ciertos tiburones para aprender fue demostrada por Eugenie Clark en los años cincuenta del siglo xx. Dos tiburones limón fueron condicionados para golpear un blanco sumergido cuando escuchaban el sonido de una campana submarina y así obtener comida como recompensa. Fueron entrenados durante seis semanas y retuvieron la condición por diez semanas más en ausencia del estímulo. El mismo experimento se llevó a cabo con tres tiburones toro *(Carcharhinus leucas)*. Los limones aprendieron más rápido que los toros.

L. R. Aronson y sus colaboradores compararon en 1967 las curvas de aprendizaje de tres vertebrados: pez óseo, tiburón nodriza *(Ginglymostoma cirratum)* y ratón, que debían escoger un objeto de color blanco y descartar un objeto negro. Los tiburones mostraron una velocidad de aprendizaje semejante a la de los ratones.

S. H. Gruber y N. Schneiderman en 1975 expusieron a 20 tiburones limón jóvenes a un estímulo de condicionamiento que consistía en una emisión de luz y un choque eléctrico como estímulo negativo. Registraron el condicionamiento clásico en la respuesta de la membrana nictitante. Los resultados también indicaron características de aprendizaje semejantes a las de los mamíferos.

En 1982 A. Beulig experimentó con 13 tiburones limón recién nacidos. Expuso a los tiburoncitos a sonidos mecánicos que semejaban una posible presa. Los pequeños no respondieron al estímulo. Luego los expuso a un pez herido junto con los sonidos mecánicos. Después, cuando volvían a escuchar los sonidos, los tiburoncitos se excitaban y exhibían comportamientos de caza.

Cuando en los años sesenta se comenzó a experimentar con la audición de los tiburones mediante sonidos de baja frecuencia, los científicos se percataron de que los escualos no respondían a un estímulo neutro como resultado de su exposición constante. Esto quiere decir que aprendieron.

Por supuesto, los animales aprenden y tienen que conservar en su memoria los lugares que han visitado en pos de volver a ellos durante sus migraciones periódicas. Adquieren experiencia. Aún no se sabe exactamente cómo es que los tiburones aprenden y afinan su experiencia migratoria a partir de sus muy desarrollados sentidos electromagnéticos. Pueden reconocer y rastrear cambios bióticos y abióticos del medio con precisión. Por ejemplo, el tiburón peregrino *(Cetorhinus maximus)* rastrea cambios en la distribución de sus presas, seleccionando activamente áreas con alta abundancia de zooplancton.

Algunas especies presentan cambios ontogenéticos de dieta. Es decir, cambian de dieta mientras crecen. Por ejemplo, el tiburón blanco juvenil depreda principalmente peces y crustáceos mientras que los adultos prefieren focas y los adultos muy grandes pueden buscar elefantes marinos robustos. Algunos científicos sugieren que estos cambios en la dieta podrían ser facilitados por una optimización de la habilidad para cazar. Por ejemplo, los tiburones tigre jóvenes, al intentar cazar a los polluelos de gaviota que flotan sobre las olas, fallan más que los adultos.

J. L. Ciaccio cuantificó en 2008 los efectos de la madurez y la experiencia sobre la eficiencia de caza en los tiburones bamboo manchados *(Chiloscyllium plagiosum)*, registrando cuánto tiempo tardaban en devorar dos presas, el poliqueto *(Nereis virens)* y el camarón del género *Palaeomonetes;* los resultados mostraron que la madurez y la experiencia actúan al unísono al mejorar las habilidades de un cazador.

El tiburón de siete branquias *(Notorynchus cepedianus)* es un megadepredador. Los adultos depredan sobre focas grandes y otros tiburones, e incluso se han encontrado restos humanos en sus estómagos. Realizan una estrategia de caza introduciéndose en aguas turbias para camuflarse. Cazan en grupos, rodean a las focas impidiendo su escape y, uno a uno, dan tarascadas para terminar con la presa. No es el único que se agrupa para comer. Los tigres de arena *(Carcharias taurus)* persiguen y reúnen grupos de peces hasta cercarlos.

Se ha visto flotar en la superficie a un tiburón puercoespín *(Echinorhinus brucus)*, casi inmóvil. Como se le encuentra en aguas muy profundas, este comportamiento se considera extraño y aún no es entendido del todo.

El tiburón tigre de arena saca la boca del agua y aspira aire que mete al estómago, luego saca un poco de ese aire por la cloaca como un buzo que juega con su chaleco para alcanzar una flotación neutra.

Los cochinos del género *Heterodontus* se introducen en las trampas para langosta, devastando a los crustáceos. Por eso, muchos pescadores los matan considerándolos enemigos.

Martin reportó la conducta de algunos cazones *(Mustelus mustelus)* que se lanzaban fuera del agua en las zonas pantanosas para intentar zamparse cangrejos. Cuando el tiburoncito caía sobre el lodo, chapoteaba de regreso al mar.

Los cardúmenes de tiburón martillo *(Sphyrna lewini)* despliegan una actitud conocida como de tirabuzón. Algunos individuos desplazan a otros del centro del cardumen, quizá por impulsos jerárquicos. Este comportamiento se ha observado en cardúmenes de tiburones grises de arrecife *(Carcharhinus amblyrhynchos)*.

Guttridge y sus colaboradores registraron en 2009 que los tiburones limón se agrupan por edades. No son los únicos como a continuación leeremos.

COMPORTAMIENTO SOCIAL

La noción común de que el tiburón es un depredador solitario es válida para algunas especies, pero existen otras cuyas poblaciones se agregan en grupos sociales establecidos. La formación de grupos sociales involucra procesos activos y pasivos.

Muchos tiburones se juntan sólo con los de su mismo sexo y tamaño, excepto en época reproductiva. Esto se conoce como segregación sexual y la exhiben los cazones espinosos *(Squalus acanthias)*, los escualos gatos *(Scyliorhinus canicula)* y un sinúmero de tiburones hembras. Quizá la agrupación de hembras tenga como objetivo el refugiarse de los machos lo más que puedan debido a la violenta cópula que se da entre los tiburones. Las hembras de los escualos gato se refugian de los machos tendiéndose sobre las rocas; debido a la capacidad que tienen para acumular esperma, evitan a los machos en la época de la gestación y el desove.

Los martillo normalmente son solitarios, pero en el golfo de California y otros lugares forman cardúmenes cuando nadan cerca de las montañas submarinas. Estos grupos están compuestos por hembras que buscan agresivamente la posición jerárquica.

Los tiburones peregrinos frecuentemente son solitarios, pero cuando encuentran agregaciones de plancton se juntan. Entonces los machos comienzan a seguir a las hembras e incluso saltan para impresionarlas. Es como una comilona en la hedonista decadencia romana.

También el tiburón volador forma grupos durante el día y se separa por la noche.

Los machos de tiburón azul se alejan de las costas de crianza cuando son muy pequeños —alrededor de los 70 cm de longitud— rumbo a zonas oceánicas. Ahí forman densos grupos sobre las montañas submarinas. En contraparte, las hembras se quedan en zonas costeras hasta que alcanzan los dos metros de longitud.

El tiburón blanco exhibe numerosos comportamientos sociales que se detallan en la sección correspondiente a ese legendario depredador.

Aún falta mucho por entender sobre los comportamientos

sociales de estas criaturas. Los agrupamientos emergen de complejos costos energéticos; los individuos buscan beneficios ecológicos en pos de la supervivencia.

FRENESÍ ALIMENTICIO

En el célebre film de animación *Buscando a Nemo*, un tiburón blanco llamado Bruce percibe el olor de la sangre de un pez. Inmediatamente pierde el juicio y se exacerba hasta tal punto que se convierte en una potencia ciega de aniquilación. De manera caricaturesca, los realizadores retratan el frenesí alimenticio. Éste implica que los tiburones devoran lo que encuentran a su paso, excitados por la sangre en el agua, se destripan entre ellos y no sienten sus heridas. ¿Qué certeza hay detrás de este concepto?

En un viaje lleno de masacres, S. Leatherwood y otros investigadores reportaron el comportamiento de varios tiburones que atacaban delfines junto a las redes de los barcos atuneros del Pacífico. Los delfines heridos que los pescadores arrojaban por la borda eran embestidos por tiburones no identificados; algunos de los cetáceos eran partidos en dos. Otros delfines sanos también eran atacados. Y aún más: otros depredadores llegaban a cebarse con los cetáceos y escualos atrapados en las redes. En medio de este espectáculo dantesco, los científicos notaron la ausencia del frenesí alimenticio aun cuando las condiciones eran propicias para dispararlo: el agua llena de sangre de delfín y de atún, desechos descargados por los barcos, la carne flotante, y no obstante cada delfín era atacado de manera deliberada y a un tiempo por varios tiburones.

Los experimentos sónicos de Brown en las islas del Pacífico demostraron que ciertas frecuencias de ondas erráticas excitan a algunas especies de carcharínidos hasta el frenesí.

En 1981 Valerie Taylor filmaba un frenesí de tiburones grises de arrecife que se cebaban sin ningún control alrededor de una perca arponeada, cuando dos tiburones la atacaron. Uno le mordió la pierna y el otro la cara. Valerie escapó ilesa gracias a su traje de malla metálica. Se especula que, en medio de la excitación, la mujer fue atacada porque los tiburones la consideraron una probable competidora.

Ahora se considera que el frenesí alimenticio es el resultado de la perturbación humana que atiborra el mar de sangre, aceite o peces muertos, y desquicia los sistemas sensoriales del tiburón. Sin embargo, se ha dado en condiciones naturales. En un trabajo clásico conducido por D. R. Nelson y publicado en 1986, tiburones grises de arrecife atacaron un minisubmarino utilizado por los investigadores. A partir de eso, se describieron los movimientos agónicos de dichos tiburones, un baile tenso en el que el cuerpo se arquea exageradamente como señal de agresión. Los tiburones grises se consideran muy agresivos y dominan sobre otros en los arrecifes coralinos. Los ataques, sin ningún estímulo alimenticio en el agua, pueden corresponder a una defensa territorial o una agresión contra un posible depredador competitivo.

Algunos lámnidos como el tiburón mako o el tiburón blanco presentan profundas laceraciones en la cabeza y en las branquias. Estas cicatrices son resultado de furiosas mordidas por parte de sus congéneres. Como se han visto en animales que no parecen haber tenido contacto sexual reciente, se ha especulado que más que mordidas amorosas pueden ser una cuestión jerárquica. Pleitos por comida, interacción social o conflictos de poder.

INMOVILIDAD TÓNICA

Algunos tiburones pueden caer en un estado de parálisis llamado inmovilidad tónica. El pez se inmoviliza en un estado de embriaguez paradisiaca. Pueden durar así hasta 15 minutos y algunos buzos han logrado inducir este fenómeno acariciando el morro de los escualos.

A veces la inversión física del animal le hace caer en la inmovilidad tónica. Esta respuesta podría ser un método defensivo. La respiración se debilita y las contracciones del músculo se relajan. Algunos investigadores inducen a los tiburones a esta hipnosis para reducir el estrés.

En julio de 2011 me encontraba en Mossel Bay, Sudáfrica, cuando una hembra de tiburón blanco de tres metros y 300 kg cayó sobre la cubierta de la embarcación *Cheetah*. El animal quedó boca arriba y pasó casi una hora hasta que logramos devolverla al mar sana y salva. Quizá al quedar boca arriba entró en inmovilidad tónica y la relajación de su metabolismo contribuyó a su supervivencia.

No obstante, otro hecho provocó que un tiburón blanco se sofocara en menos de 15 minutos. En 1997 una orca embistió a un tiburón blanco carca de las islas Farallón, California. Con su cabeza, la orca situó al tiburón boca abajo en posición vertical y la indujo a una aparente inmovilidad tónica que le provocó la muerte. Acto seguido la orca devoró al tiburón. Se ha re-

FIGURA V.2. *Esta hembra de tiburón blanco de tres metros saltó y cayó sobre un bote de investigación en Mossel Bay, Sudáfrica. Pasó cerca de una hora fuera del agua y sobrevivió quizá gracias a la inmovilidad tónica que bajó su metabolismo (fotografía de Jerome Cock).*

gistrado que las orcas inducen inmovilidad tónica en rayas para poder devorarlas más fácilmente, cerca de Nueva Zelandia.

A tiburones tigre de tres metros se les ha inmovilizado colocando las manos abiertas a los lados del morro, alrededor de los ojos y también invirtiéndolos. Esta técnica es utilizada como una atracción en el negocio del ecoturismo para que los buzos puedan interactuar con los tiburones.

COMUNICACIÓN

Parece que muchas especies de tiburones se comunican entre sí mediante un lenguaje corporal que incluye aletazos y arqueamiento. Los tiburones grises de arrecife *(Carcharhinus amblyrhynchos)*, los tiburones sedosos *(Carcharhinus falciformis)* y el tiburón de Galápagos *(Carcharhinus galapagensis)* muestran su descontento cuando otro individuo se acerca demasiado a ellos mediante movimientos exagerados; su lomo se arquea, las aletas pectorales apuntan hacia abajo y su morro se realza mostrando las mandíbulas. Nada de una forma ondulatoria y, si la amenaza no se retira, ataca de inmediato.

¿INCIDE EL SER HUMANO EN EL COMPORTAMIENTO DE LOS TIBURONES?

Se presume que el ecoturismo altera el comportamiento de las especies de diversas maneras. R. L. Johnson y A. Kock registraron en 2006 que, en los viajes turísticos para fotografiar tiburones blancos en Sudáfrica, algunos individuos reducían su tiempo de respuesta ante la carnada arrojada conforme aumentaba su experiencia, y C. A. Manire y S. H. Gruber encontraron en 1993 que el tiburón limón aprende a evitar las redes de pesca. Aun así, los estudios sobre este tema son insuficientes para entender de qué manera la intromisión humana en los ecosistemas marinos afecta el comportamiento de sus habitantes.

VI. Estrategias para perpetuarse

> Esos monstruos tan peligrosos, el tiburón y su hembra, están obligados a acercarse el uno al otro. [...] Entremezclados, los monstruos furiosos ruedan así durante semanas enteras, sin poder, a pesar de su hambre, resignarse al divorcio, ni arrancarse el uno del otro, e incluso en plena tempestad siguen invencibles, invariables en su abrazo salvaje.
>
> JULES MICHELET, *El mar*

REPRODUCCIÓN Y GENÉTICA

Si los organismos no somos más que meros aparatos de supervivencia para ciertos genes, máquinas que replican información durante millones de años en un camino interminable, como sostiene el zoólogo evolucionista Richard Dawkins, entonces la reproducción es el evento principal en la historia de la vida, pues permite la duración de los fenotipos y los cambios del genotipo, es decir, la evolución.

Por otro lado, si según Empédocles sólo existen dos fuerzas en el Universo: el amor y el odio, entonces la reproducción es una mera consecuencia de la potencia que hace mover las esferas. Después de la alimentación, la vida nos hace pensar en sexo. Los organismos gastamos gran cantidad de energía en lograrlo.

El ecólogo Robert McArthur propuso dos estrategias de reproducción: la K y la r. Los seres vivos que utilizan la estrategia r tienen muchos hijos, cientos, miles, millones; los lanzan al planeta indiscriminadamente sin ningún cuidado parental. La probabilidad de supervivencia para cada uno de los descendientes es baja, la tasa de depredación sobre ellos muy alta. Un azar: a ver quién se salva. La cantidad sobre la calidad. Ejemplos: los pinos, los pastos, casi todos los peces óseos, la mayoría de los invertebrados, etc. Imagine el lector la tenia intestinal, que pone 70 000 huevos cada día. En sus 15 años de vida pondrá cerca de 400 millones.

Por el contrario, los seres vivos que utilizan la estrategia *K* tienen pocos hijos, algunos presentan cuidado parental incluso durante muchos años, como los seres humanos. Los padres invierten gran cantidad de tiempo y energía en sus descendientes. En las plantas, por ejemplo, las semillas conllevan mecanismos de defensa elaborados, como venenos o espinas. La tasa de depredación sobre ellos es baja, pero son tan pocos que pueden extinguirse fácilmente. Su crecimiento es lento. La calidad sobre la cantidad. Ejemplos: los mamíferos, las aves, el árbol de aguacate, la palmera de coco, los tiburones, etc. Imagine el lector a un elefante que tiene una cría en un periodo de gestación de 22 meses. La madre la amamantará hasta los cinco años y probablemente, si el cachorro es hembra, se quede siempre junto a su madre. A lo largo de sus 70 años de vida, una hembra tendrá unas seis crías.

El tiburón abisal *(Centrophorus uyato)*, que habita las trincheras oceánicas, tiene una sola cría cada tres años. El tiburón blanco y el tiburón zorro ojón *(Alopias superciliosus)* tienen de una a dos crías. El tiburón azul y el tiburón tigre tal vez sean los de más alta fecundidad: pueden dar a luz más de 40 crías. Algunos estudios sugieren que la fecundidad de ciertos tiburones aumenta cuando la población es pescada con intensidad. Se desconoce el porqué de este fenómeno.

Ya sea que eclosione o que sea parido, desde su nacimiento el tiburón está solo. No será criado. No estará el padre para enseñarle ni su madre para cuidarlo. Quizá su primera visión del mundo sea la sombra huidiza de su madre. Pronto, el infinito mar se cierne sobre él y, si no aprende la hostilidad, no sobrevivirá.

La no disponibilidad de alimento es la principal causa de mortalidad en tiburones recién nacidos. Los neonatos deben ser precoces y nacer de un tamaño suficiente para depredar y tener la velocidad adecuada para huir de otros depredadores. Sus principales enemigos son tiburones más grandes. Por ejemplo, en los estómagos del tiburón toro (*Carcharhinus leucas*) se han encontrado comúnmente restos de tiburones martillo neonatos y juveniles de tiburones aleta de cartón (*Carcharhinus plumbeus*) y otros pequeños tiburones réquiem como *C. limbatus, C. acronotus, C. isodon* y *C. porosus*.

Tardará años en alcanzar su madurez sexual. Por ejemplo, el marrajo sardinero (*Lamna nasus*) tarda 13 años, el blanco (*Carcharodon carcharias*) de ocho a 10 años, el tiburón espinoso (*Squalus acanthias*) de 10 a 23 años y el aleta de cartón (*Carcharhinus plumbeus*) madura hasta los 30 años de edad.

Algunos serán solitarios siempre, nadarán sin descanso. Los machos, buscando desparramar lo más posible sus genes; las hembras, esperando a los machos que puedan servirles. Otros se unirán, como el espinoso, cuyas hembras forman grupos enormes, el sedoso (*Carcharhinus falciformis*) o el gran martillo (*Sphyrna mokarran*) que se agrupa cuando es joven.

Algunos forman grupos o cardúmenes de puros machos o de puras hembras: *Galeorhinus galeus, Sphyrna tiburo, Carcharhinus amblyrhynchus, Prionace glauca* y *Sphyrna* sp. se segregan sexualmente. Que las hembras se junten puede ser una estrategia para evitar a los machos. En el golfo de California se ven hembras de tiburón martillo reñir por una posición en el centro del cardumen. Quizá detesten copular frecuentemente debido a las laceraciones y pérdida de sangre, pero también esta estrategia les permitiría escoger a un macho de su gusto.

Lo poco que sabemos de su comportamiento copulatorio es por observaciones en animales encerrados en acuarios, aunque se han estudiado cópulas en el mar de los tiburones puntas blancas (*Triaenodon obesus*) y los nodriza (*Ginglymostoma cirratum*).

Los genitales de los machos son dos estructuras calcificadas conocidas como gonopterigios, pterigópodos o claspers (abrazaderas). En la punta poseen un rifiodón, especie de ancla que les permite engancharse cuando se introducen en la hembra.

Los claspers pueden girar sobre su base. Aunque su calcificación se incrementa con los años, existe una especie de erección cuando están dispuestos. Para eyacular utilizan unos sifones que expelen el semen. Según el paleontólogo Jorge Ortiz, el tamaño de los claspers podría aumentar evolutivamente, es decir, los tiburones primitivos poseían claspers más pequeños en escala que los tiburones actuales. Esta hipótesis sugiere que el tamaño sí importa para optimizar el éxito reproductivo.

Las hembras no poseen una vagina como tal sino una abertura llamada cloaca, donde desembocan tanto el uréter como el oviducto. Sin embargo, algunos autores se refieran a la vagina como el conducto donde se introduce el clasper o la parte anterior de la cloaca. En el tiburón azul, la vagina puede medir hasta 30 cm y se bifurca para unirse con el útero.

El macho debe introducir su clasper o a veces los dos en la cloaca de la hembra. El problema es que no tiene brazos y, en un medio como el agua, el apareamiento resulta una danza erótica algo ruda. El cortejo es un asalto donde el macho muerde a su amada en los flancos, las aletas, el vientre y la cabeza. Dependiendo de la especie, la hembra sufre abrasiones por la culpa de dientes, espinas, dentículos y cuernos. Es por eso que la dermis de las hembras suele ser muy gruesa. En el tiburón blanco, la dermis de *madame* es hasta cuatro centímetros más gruesa que la de *monsieur*.

Para sostenerla, él la muerde, ella gira, él introduce su clasper, ella gira, él la sostiene a mordiscos pero su clasper se dobla y rota para no perder la posición. Los dos giran y caen en medio de un amor turbulento. En algunas ocasiones el clasper sangra llegando a mostrar una apariencia tumefacta y las paredes de la cloaca femenina presentan heridas o abrasiones sangrientas. A veces se requieren muchas cópulas para lograr la fertilización. La cloaca de las hembras del tiburón azul tiene un revestimiento para soportar la fricción y el enganche de los rifiodones del macho. Hacer el amor como los tiburones resulta una experiencia sadomasoquista no apta para la ternura.

FIGURA VI.1. *Representación del comportamiento copulatorio del tiburón blanco (ilustración de Jorge Ortiz).*

A veces las hembras de tiburón pueden escoger a sus machos. Se ha visto a las del tiburón gata refugiarse en los fondos o entre las rocas cuando se les acercan machos de piel clara, es decir jóvenes, débiles o inexpertos, mientras que a la vista de machos grandes, de piel oscura, las hembras responden y no huyen. A veces los machos pueden forzar a una hembra. La hembra del tiburón puntas blancas de arrecife *(Triaenodon obesus)* acepta a un macho para la cópula arqueándose frente a él y levantando sus aletas pélvicas. Cuando lo rechaza se arquea en dirección contraria y rueda apartándose.

Aunque se desconoce cómo detectan los machos a las hembras receptivas, se ha observado a machos de tiburón puntas negras *(Carcharhinus melanopterus)* tocar con sus narinas la cloaca de la hembra. Un estudio neuroendocrino de 1990 reveló áreas cerebrales sensibles a esteroides. Esto implica que los signos químicos podrían jugar un papel en el reconocimiento sexual.

Algunas hembras retienen el semen durante meses en sus glándulas oviducales. Se ha encontrado semen fresco y empaquetado en el útero de algunas hembras del tiburón dentiliso *(Carcharhinus isodon).* El almacenamiento de esperma ha sido comprobado en tiburón azul, el cazón *(Rhizoprionodon terranovae),* el oscuro *(Carcharhinus obscurus)* y el martillo *(Sphyrna lewini).*

Los machos empaquetan su semen en estructuras llamada espermatóforos. En algunos tiburones, las hembras copulan con varios machos en un solo evento reproductivo (poliandria) y guardan diversos espermas provenientes de varios individuos. Por lo tanto, la selección sexual continúa aun después de la cópula. ¿Cuál esperma es el que fecundará a los óvulos? La paternidad múltiple se ha encontrado en especies como el tiburón narigón *(Carcharhinus altimus),* el tiburón de las Galápagos *(Carcharhinus galapagensis),* el leopardo *(Triakis scyllium),* el tiburón blanco, el mako, el tigre de arena, entre otros.

Los machos desarrollan diversas estrategias para competir de manera poscopulatoria contra el esperma de otros machos. Por ejemplo, el tamaño de los testículos es importante y varía entre los individuos. Testículos más grandes permiten eyacular una mayor cantidad de esperma, lo que representa una ventaja para fertilizar los óvulos de la hembra. La calidad y la morfología del esperma y de los espermatozoides compiten entre sí.

Los tiburones que nacen a partir de huevos son considerados como primitivos respecto a los vivíparos. Los huevos de los tiburones son hermosos y llevan zarcillos o filamentos para que se enganchen en las algas, los corales o las rocas. Se les ha conocido como "monederos de sirena".

Algunas especies desovan dos huevos, uno por cada oviducto. Los embriones se alimentan de la yema fuera del saco vitelino y, una vez que la hembra pone el huevo, el embrión se desarrolla solo. La membrana del huevo está esclerotizada y forma una cubierta de colágeno rica en sulfuro que tiene pro-

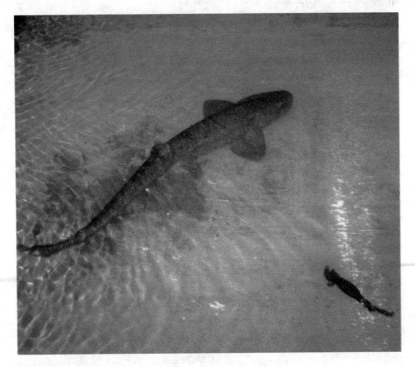

FIGURA VI.2. *Una hembra de tiburón tímido* (Haploblepharus edwardisii) *que ha puesto su cápsula de huevos, o "monedero de sirena", en un tanque de investigación (fotografía de Mario Jaime).*

piedades contra las infecciones. Las evidencias sugieren que, después del desove, las hembras de los cochitos (*Heterodontus* sp.) introducen los huevos en las grietas como si fueran cuñas. Este tipo de oviparismo se encuentra en los cochitos, heterodontiformes y los tiburones gata pertenecientes a la familia *Scyliorhinidae*.

Otras especies acumulan muchos huevos en cada oviducto y los retienen por meses. Cuando las hembras desovan, los embriones se encuentran en distintas fases de desarrollo. En algunas especies, los huevos son retenidos dentro del oviducto hasta que el embrión se desarrolla por completo; esto ocurre en los tiburones nodriza de la familia *Ginglymostomatidae* y los del género *Halaelurus*.

El tiburón cabeza de toro (*Heterodontus japonicus*) deposita sus huevos en nidos comunales. Debido a la forma de los monederos, su expulsión tarda horas. Es un parto muy doloroso en el cual el monedero rota en la cloaca de la hembra.

OVOVIVIPARISMO O VIVIPARISMO APLACENTARIO

Los tiburones ovovivíparos se distinguen porque sus fetos se nutren dentro del útero a partir de huevos no fertilizados. Los lámnidos son ovovivíparos. También los tres titanes del mar: el *megamouth*, el tiburón peregrino y el tiburón ballena.

En la estrategia llamada viviparismo lecitrotrófico, la hembra retiene los huevos, que son muy frágiles, hasta que el embrión se desarrolla por completo; luego sucede el parto. Los embriones se alimentan de la yema del saco vitelino externo. Esta estrategia la presentan los chlamydoselachiformes, los hexanchiformes, los echinorhiniformes, los squaliformes, los squatiniformes, los pristiophoriformes, algunas especies del género *Galeus*, los rhynchobatiformes, los rhiniformes y los sierra de la familia *Pristidae*.

De todas las especies de tiburones, 60% son vivíparas. Esta estrategia reproductiva es muy similar a la de los mamíferos y se considera "moderna" desde una escala evolutiva. Es por esto que algunos científicos piensan que los tiburones no deben ser considerados como peces —en la generalidad de los peces óseos— sino como un grupo zoológico independiente.

En el viviparismo placentario, los embriones se alimentan de la yema del saco vitelino. Cuando el nutriente se agota, el saco se integra con tejidos endometriales para formar una placenta; entonces el embrión queda ligado a ella alimentándose por medio de la sangre materna. Esta estrategia la presentan los tiburones de las familias *Triakidae, Hemigaleidae, Carcharhinidae* y *Sphyrnidae*.

Canibalismo intrauterino

Les voy a contar un cuento.

Éste era un feto de tiburón mako que crecía en el útero de su mamá. Junto a él lo hacían también sus hermanitos. Ya tenía dientes sumamente afilados y comenzó a desarrollar la capacidad de nadar. El pequeño saco de yema que lo alimentaba se agotó, el hambre hizo mella y el tiburón comenzó a ver a sus hermanos menores de distinta manera. Un día se acercó cauteloso al más pequeño y sin aviso ni misericordia alguna le propinó una poderosa mordida. La sangre enloqueció a todos los hermanos dentro del útero. El pequeño embrión aún vivo fue devorado por su propio hermano. La digestión tardó unos días pero su apetito era furioso. Un segundo hermano cayó victima del caníbal intrauterino. Tras satisfacer su hambre desesperada, regresó la calma y el silencio al útero, pero el hambre volvió una y otra vez y uno a uno los hermanos sucumbieron. Hecho similares acontecieron en el otro útero. Cuando ya no hubo crías

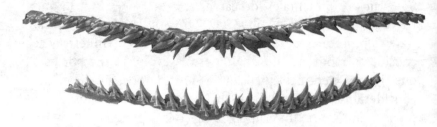

FIGURA VI.3. *Dentición de embrión de tiburón azul con tres series dentales en la mandíbula superior. Desde que nacen, los tiburones están equipados para sobrevivir cazando (fotografía de Oscar Uriel Mendoza Vargas).*

que comer, comenzó a nutrirse con pequeños huevos no fertilizados. Al final estuvo listo para nacer.

Esta forma extrema de nutrición embrionaria es conocida como adelfofagia (literalmente "comerse a un hermano") u oofagia ("alimentarse de los óvulos de la madre"). Originalmente se descubrió en 1948 en el tiburón tigre de arena *(Carcharias taurus).* Existe evidencia histológica de que el canibalismo intrauterino en alguna de estas dos formas puede ocurrir en el tiburón nodriza *(Nebrius ferrigineus),* en la mayoría de los lámnidos como los tiburones salmoneros (*Lamna* sp.), en las dos especies de makos: los tiburones zorro y el peregrino. Dentro de los carcharínidos ocurre en los pseudotriákidos como el tiburón perro *(Gollum attenuatus)* y el falso tiburón gato *(Pseudotriakis microdon).*

PARTENOGÉNESIS

El descubrimiento de que algunas especies de tiburones se han podido reproducir asexualmente en cautiverio es un hecho muy interesante. Muestra la potestad y el alcance de la vida. La partenogénesis (nacimiento a partir de una virgen) es el desarrollo embrionario de óvulos no fecundados por factores aún no bien entendidos: ambientales, descargas eléctricas o estímulos químicos.

En organismos como ciertos insectos, moluscos y arácnidos, donde la determinación del sexo depende del número de cromosomas y no del tipo de ellos, la partenogénesis puede dar lugar a machos. Esto sucede en insectos como los fásmidos (insectos palo), las hormigas, las abejas, las avispas y otros invertebrados como rotíferos (microscópicos), caracoles, escorpiones y cladóceros (pulgas de agua).

En los vertebrados, la hembra se preña sin tener contacto sexual con algún macho y su cría resulta un clon de la madre. Se ha registrado en la naturaleza en lagartos geckos, algunas serpientes, varanos, pavos, gallinas, gansos, codornices y peces. Entre éstos, los tiburones.

En Nha Trang, Vietnam, los investigadores de un acuario colocaron dos huevos de una hembra de tiburón cebra *(Stegostoma fasciatum)* en una incubadora. Después de cinco meses nació una bebita. Lo interesante es que la madre de 2.5 m de longitud habitaba el tanque sólo con otra hembra

Durante 2001, investigadores del zoológico Henry Doorly en Nebraska asistieron al nacimiento de una hembra de cazón pech o martillo bonete *(Sphyrna tiburo)* en un tanque que sólo contenía tres hembras. Una raya mató a la bebita a los pocos días de nacida. En un posterior análisis de ADN se corroboró que no era un clon de la madre sino que contenía sólo la mitad de su genoma. Este tipo de partenogénesis se conoce como automíctica o automixis, en la cual se fusionan dos productos en la misma meiosis. Si esta fusión ocurre antes de que los productos maduren en gametos, se considera una partenogénesis en la cual la cría es sólo un medio clon. Ésa fue la primera vez que se registró este tipo de fenómeno en un tiburón.

En 2002, en el acuario de Belle Isle, Detroit, una hembra de tiburón bamboo manchado *(Chiloscyllium plagiosum)* que había estado aislada de los machos durante seis años desovó un paquete de cápsulas de las cuales nacieron tres hembras idénticas.

En 2008 murió una hembra de tiburón puntas negras en un acuario de Virginia, después de haber vivido en un tanque sola durante ocho años. En la necropsia los investigadores encontraron en su útero un embrión a punto de nacer.

Como estrategia reproductiva, la partenogénesis parece ser un mecanismo de emergencia que puede activarse en áreas donde hay poca disponibilidad de machos, debido a la sobrepesca o las condiciones ambientales no favorables. Sin embargo, aunque puede ayudar a la especie a no extinguirse, reduce la diversidad genética.

ÁREAS DE NACIMIENTO Y CRIANZA

Los tiburones utilizan bahías específicas o áreas protegidas para desovar o dar a luz, áreas donde puedan reproducirse y zonas

FIGURA VI.4. *Embrión de tiburón azul de 12 cm (fotografía de Óscar Uriel Mendoza Vargas).*

donde las crías pueden crecer ajenas a grandes depredadores. Comúnmente, las áreas de nacimiento son las mismas que las de crianza. Por ejemplo, lagunas costeras, esteros, caletas, manglares inundados, deltas y bahías someras.

Ecológicamente cumplen dos funciones principales. La primera es salvaguardar a los recién nacidos de los depredadores que podrían encontrar en áreas menos protegidas. La segunda es asegurar un aporte de nutrientes mayor, debido a la alta productividad primaria en estas zonas. Aquí los pequeños pueden desarrollarse mejor.

Se han identificado muchos lugares en el mundo como áreas de nacimiento y crianza, entre ellos: los manglares de Bimini, en las Bahamas, y Turcos y Caicos, para el tiburón limón; el golfo Dulce en Costa Rica, para el tiburón martillo; Tampa Bay, para el tiburón limón y el tiburón martillo bonete; el golfo de Arabia, la costa de Taiwán y la bahía de La Paz en el golfo de California, para el tiburón ballena; Chesapeake Bay, para el tiburón tigre de arena; el canal de Sicilia en el Mediterráneo, Mossel Bay en Sudáfrica, Port Stephens y Corner Inlet, Victoria, en Australia, Okinawa en Japón, para el tiburón blanco; bahía Delaware y la laguna de Yalahau, en Quintana Roo, para el tiburón puntas negras *(Carcharhinus limbatus);* el archipiélago Fernando de Noronha en Brasil, para el tiburón de arrecife *(Carcharhinus perezi);* la laguna Nichupté en Yucatán, Pine Rivers en Australia y el lago de Nicaragua, para el tiburón toro; las costas de Sudáfrica, para el tiburón azul y muchísimas más. Se aventura incluso que cada estuario o laguna con las condiciones óptimas son áreas de crianza para innumerables especies marinas.

Siendo así, la preservación y el cuidado de estas zonas respecto de los impactos que genera la humanidad son esenciales para perturbar lo menos posible el kindergarten de los tiburones.

La unidad fundamental de vida es el replicador.

RICHARD DAWKINS, *El gen egoísta*

El gen es un concepto muy manido en nuestra época y su historia representa un cambio de enfoque sobre la vida.

Gregor Mendel propuso en su tratado *Experimentos sobre hibridación de plantas,* de 1866, sus resultados sobre la herencia en guisantes; llamó a las hipotéticas entidades hereditarias "factores" responsables de la transmisión de los caracteres de una generación a otra. En 1869 Friedrich Miescher estudiaba la composición química del pus cuando aisló el ADN, al que llamó *nucleína*. En 1909 el botánico Wilhelm Ludwig Johannsen bautizó como *gen* a esa unidad física que nadie había visto. Fue hasta 1944 cuando los trabajos de Oswald Avery, Colin Munro MacLeod y Maclyn McCarty determinaron que la nucleína era "una forma viscosa de ácido desoxirribonucleico altamente polimerizado". En 1953 James Watson y Francis Crick propusieron el modelo de la doble hélice y poco a poco se descubrieron las funciones biológicas del ADN, como la codificación de proteínas y el almacenamiento del gen que contiene la información hereditaria.

La función principal de la herencia es la especificación de las proteínas. El ADN —organizado en cromosomas a partir de los genes— es un mapa de información, una especie de fórmula para sintetizarlas. Las proteínas son moléculas que construyen los cuerpos de los seres vivos; las diferencias estructurales entre ellas generan la diferencia material entre un tigre y un roble. O sea, usted, amable lector, es diferente de un hongo simple y llanamente porque tiene proteínas estructuradas de forma diferente a las del hongo.

Entonces el gen es un pedacito de ADN en que cuatro tipos de nucleótidos, formados por las basas nitrogenadas adenina, guanina, timina y citocina, un fosfato y un azúcar, "dan" instrucciones para el ensamble de un polipéptido (proteína) en los ribosomas.

La genética puede describir la distribución de los alelos para explicar la evolución. La población se define como un grupo de individuos de una misma especie, aislados reproductivamente de otros grupos. Los alelos son formas alternas de un gen dado que difieren de éste en alguna función o que presentan diferencias en su ADN. La evolución, desde una perspectiva genética, es el cambio en la frecuencia relativa de los alelos de una población. Estos cambios se dan por mutaciones, quizá selección natural y deriva génica.

Tradicionalmente se han utilizado a los tiburones como modelos ancestrales para realizar seguimientos sobre diversos genes que se han conservado durante evos. Filogenéticamente los peces cartilaginosos —tiburones, rayas y quimeras— son el grupo más antiguo de los vertebrados mandibulados vivientes. Divergieron de ancestros comunes a otros peces hace unos 530 millones de años. Debido a esto, son un grupo importante para entender la evolución de los vertebrados con huesos, como los seres humanos y los peces óseos.

Para los arrogantes que creen que el ser humano es una creación especial en el Universo, la genética nos ayuda a entender que todos los seres vivos compartimos ancestros comunes y somos básicamente lo mismo.

B. Venkatesh y sus colaboradores en 2006 completaron la secuencia genómica del tiburón elefante *(Callorhinchus mili)*. En realidad, no es un tiburón sino un primo suyo, una quimera. Los investigadores compararon el genoma de la quimera con el genoma del ser humano para identificar los elementos conservados que no codifican, es decir no "traducen" el ARN para formar proteínas. La secuencia de la quimera tiene el doble de

163

elementos conservados que cualquier pez óseo. Estas secuencias ancestrales o primitivas juegan un papel clave en la expresión genética de los vertebrados.

V. S. Hohman y sus colaboradores clonaron en 1992 una secuencia del ADN nuclear que codifica la inmunoglobulina del tiburón aleta de cartón *(Carcharhinus plumbeus)*. Entre un 40 y 50% de su secuencia resultó idéntica a la del ser humano, que codifica para la misma proteína.

M. Freitas y sus colaboradores en 2006 encontraron que los neuromastos se desarrollan de las crestas neurales. Las crestas son agregados de células totipotenciales[1] de los vertebrados que migran en el embrión para formar el sistema nervioso periférico y muchas estructuras orgánicas. Identificaron dos genes como los responsables del desarrollo embrionario de los mecanorreceptores. Como son dos genes que compartimos la gran mayoría de los vertebrados, se puede seguir su codificación y expresión durante la evolución de los sistemas sensoriales de los vertebrados.

Andrew Martin usó secuencias de ADN mitocondrial para explorar el origen morfológico de la cabeza de siete especies de tiburones martillo. El resultado sugiere que este tipo de tiburones son grupos monofiléticos (que comparten un ancestro común) y que han reducido su tamaño a lo largo del tiempo. Quizá los ancestros del tiburón martillo vivieron hace 20 millones de años, dato interesante que coincide con el cambio de polaridad de la Tierra y los campos electromagnéticos hace unos 16 millones de años. ¿Es su cabeza y la distribución de sus ámpulas electrosensitivas una respuesta a dichos cambios o es sólo coincidencia?

Gracias a ciertos estudios genéticos se pueden estimar divergencias evolutivas y tiempos de origen para los linajes biológicos. Por ejemplo, Martin estimó por este método que el

---

[1] Células que pueden originar otros tipos de células distintas. Confieren gran capacidad de regeneración de tejidos.

género del tiburón blanco *(Carcharodon)* divergió de un ancestro común con el género *Isurus* al menos hace 43 millones de años.

Los estudios genéticos ayudan a identificar las características de una población dada. Por ejemplo, en 2007 Ramírez-Macías y sus colaboradores utilizaron fragmentos de ADN mitocondrial del tiburón ballena para descubrir que su población en el golfo de California era única, altamente migratoria, y que las hembras mostraban una filopatría natal. Es decir, regresaban para parir en esta zona.

También proporcionan claves para diferenciar una especie de otra que anatómicamente sería difícil de discernir. Por ejemplo, Moore y sus colaboradores "redescubrieron" en 2011 a un tiburón réquiem que se creía extinto en el golfo Pérsico: el diente liso puntas negras *(Carcharhinus leiodon)*. Este animal sólo se conocía por un holotipo descrito en 1912 en Yemen. De organismos encontrados en un mercado de Kuwait, los investigadores usaron secuencias del genoma mitocondrial para esclarecer la identidad de ese escualo y así separarlo de otros tiburones con puntas negras que anatómicamente se le parecen mucho, como *C. limbatus*, *C. amblyrhynchoides* y *C. tilstoni*.

En los carcharínidos se han caracterizado secuencias de ciertos genes que codifican para receptores de células T, las cuales funcionan en el sistema inmune de los vertebrados. Otras comparaciones entre mamíferos y tiburones muestran que las tasas mutacionales de los tiburones son menores que los de los mamíferos para genes nucleares como mitocondriales. ¿Por qué? ¿Por el polimorfismo?

POLIMORFISMO

Cuando en una población hay varios alelos de un solo gen se dice que existe polimorfismo genético. Hay una tendencia en los vertebrados a que las especies más pequeñas incrementan sus niveles de polimorfismo respecto de las más grandes. Se ha sugerido que este fenómeno se debe a que los animales pequeños tienen una reproducción más veloz y altos rangos de cambios generacionales, aumentan su población y acumulan rápidamente más variabilidad genética.

A un individuo que, para un gen dado, tiene en cada uno de los cromosomas homólogos un alelo parecido a otro, o que posee dos formas diferentes de un gen en particular, se le conoce como heterocigoto. Por ejemplo, supongamos que usted, amable lector, ha heredado en un par de cromosomas dos variantes de un gen que codifica para el color de los ojos: un gen de su madre que codifica para ojos verdes y otro gen diferente de su padre que codifica para ojos pardos. Usted es heterocigoto para ese gen, es decir tiene información genética para ojos verdes y para ojos pardos, aunque sólo presente uno de estos colores. (Esto es en rigor una simplificación teórica, pues varios genes están implicados en el color del ojo.)

Entonces la variación genética puede medirse mediante la heterocigosidad, es decir la frecuencia media de individuos heterocigóticos en una población. La variación genética de los tiburones es menor a la de los peces óseos. Se ha registrado que, en dos especies de tiburones angelitos de la familia *Squatinidae*, su heterocigosidad es cercana a 0. Smith realizó en 1986 un estudio de variación genética en ocho especies encontradas en Nueva Zelandia y encontró que su heterocigosidad estaba entre 0.1 y 3.7%, mientras que en peces óseos ésta varía entre 4 y 5%. ¿Qué significa esto? Una alta heterocigosidad refleja poblaciones abundantes, ancestrales y que evolucionan lentamente. Paradójicamente, los tiburones cumplen con estas condiciones pero su heterocigosidad es baja. La hipótesis más viable es que existe una baja variación genética en especies que son generalistas y ocupan muchos hábitats.

El análisis genético de aletas que se venden en los mercados ayuda a identificar a qué especie pertenecen. Algunos investigadores han realizado estos análisis para denunciar la pesca ilegal de especies protegidas. Por ejemplo, en 2003 S. Mahmood y su equipo analizaron 900 kg de aletas confiscadas por la estadunidense Office of Law Enforcement que iban a ser exportadas a Asia. Según la etiqueta, pertenecían al tiburón salmón *(Lamna nasus)*, pero los investigadores dudaron de ello pues las aletas eran demasiado grandes. Utilizaron un marcador genético de una muestra de un tiburón blanco del Atlántico e identificaron las muestras mediante una técnica que multiplica el fragmento de ADN. Resultó que 21 de esas aletas pertenecían a tiburones blancos y provenían de áreas de los Estados Unidos donde la ley protege a dichos tiburones.

El análisis puede ayudar a discriminar entre dos especies distintas. Por ejemplo, S. Lavery y J. B. Shaklee demostraron en 1990 que los dos grupos morfológicamente distintos de los que se creían tiburones puntas negras, de Australia, en realidad eran dos especies diferentes: *Carcharhinus limbatus* y *Carcharhinus tilstoni*.

Malformaciones y mutaciones

Se han documentado anormalidades morfológicas en diversos elasmobranquios. Dentro de los tiburones, H. Bornatowski y V. Abilhoa registraron en 2009 a un individuo con dos cabezas del pez guitarra *(Rhinobatos percellens)* en la costa sur de Brasil. También se han documentado albinismos, momificación embrionaria y deformidades de la médula espinal como escoliosis.

Galván y sus colaboradores encontraron en 2011 varios embriones de tiburón azul en el golfo de California con anomalías. Uno de ellos presentaba dos cabezas, dos corazones —uno pobremente desarrollado—, dos estómagos y dos hígados. Otro

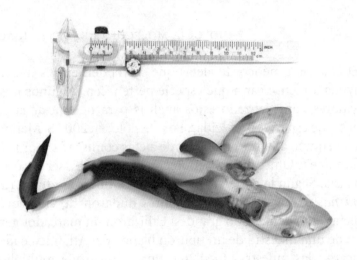

FIGURA VI.5. *Embrión de tiburón azul* (Prionace glauca) *con dos cabezas (ejemplar propiedad de Leonardo Castillo, fotografía de Octavio Mellón).*

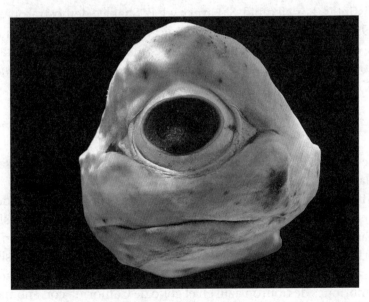

FIGURA VI.6. *Un embrión albino de tiburón arenero con un solo ojo* (Carcharhinus obscurus) *(fotografía de Marcela Bejarano).*

era bicéfalo, con sólo un hígado, dos estómagos y dos hígados. En una hembra preñada con 40 embriones, encontraron dos con cabezas deformadas, sin ojos. Quizá estos animales Jano, por el dios romano de dos caras, provengan de un solo óvulo fecundado por un espermatozoide, el cual no se separa a tiempo dejando a un individuo siamés.

En 2011 Felipe Galván y Marcela Bejarano registraron un tiburón cíclope. Un pescador evisceró una hembra de tiburón arenero o lobo *(Carcharhinus obscurus)* cerca de la isla Jaques Costeau, en el golfo de California; halló dentro del útero nueve embriones pero uno de ellos era monstruoso. Un embrión macho albino con un sólo ojo que se encontraba a la altura de la nariz, sin narinas y con una espina dorsal deforme. Esta condición se conoce como ciclopia y se ha registrado en muchos vertebrados, incluyendo a los humanos. El que sólo se haya encontrado en embriones parece indicar que estos no sobreviven en estado silvestre. En mamíferos la ciclopia puede deberse a la falta de vitamina A, pero en tiburones carnívoros es difícil saber la causa. Algunas hipótesis tratan de explicar estas anormalidades mediante factores ambientales como la contaminación, internos como el parasitismo e incluso anormalidades congénitas que implican mutaciones.

SINGLADURAS

"Viajad a donde gustéis" fue la divisa de los poetas románticos que ansiaban ideales inalcanzables y lugares exóticos. "Viajar hacia lo desconocido" fue la divisa de aventureros renacentistas y ladrones con la esperanza de colonizar nuevas tierras y adquirir riquezas, fama y esclavos. "Viajar más allá de los límites" es la divisa del piloto espacial que busca un anhelo en las estrellas. Viajar, viajar, viajar, moverse como un drama que nos asegura la existencia. Los seres vivos viajan todo el tiempo —incluso la semilla voladora, rastrera—; viajamos en el tiempo y en el espacio.

Los tiburones migran, peregrinan, vagan, recorren distancias, se sumergen y emergen sin miramientos geográficos. Hoy entendemos sus movimientos como ciertos patrones de supervivencia y búsqueda menos ligados al azar. ¿Por qué migran los tiburones?

Los comportamientos exhibidos durante la reproducción, la competencia y el juego depredador-presa requieren que un animal se mueva de un lugar a otro. Los rangos de estos movimientos varían: pueden ser de miles de kilómetros durante muchos meses hasta distancias mínimas, de pocos metros diarios, en busca de alimento.

¿Cómo encuentran el camino? ¿De qué forma recuerdan los lugares que visitaron en el pasado? Los tiburones se orientan cuando navegan. Los procesos neuronales aprovechan la información sensorial para determinar la dirección y, quizá, la distancia. Dependen de la memoria espacial, que les permite visitar varias veces sitios que han conocido en el pasado. Algunos estudios indican que el tiburón blanco navega siguiendo la posición del Sol, mientras que otras especies como el tiburón martillo pueden seguir rutas electromagnéticas del fondo.

Los tiburones recuerdan el lugar de su crianza o nacimiento y regresan a él. También vuelven a su territorio habitual tras haberlo abandonado. Este fenómeno se conoce como filopatría o fidelidad al sitio. S. M. C. Edrén y S. H. Gruber demostraron en 2005 que existe filopatría en tiburones limón que fueron alejados 16 km de su área de Bimini y encontraron el camino de regreso. A. K. O'Gower observó en 1995 que los tiburones cochinos (*Heterodontus portusjacksoni*) utilizan lugares específicos de descanso en Sydney, Australia. Alejó tres kilómetros a algunos individuos de su sitio de descanso y dos días después los encontró exactamente en el área inicial. La filopatría ha sido demostrada también mediante estudios genéticos y técnicas telemétricas.

Tradicionalmente, se ha intentado relacionar la distribución horizontal y vertical de los tiburones con la temperatura del agua, bajo el argumento de que son animales poiquilotermos, o sea que la temperatura de su sangre depende del entorno. Esta tendencia comenzó con la justificación de encontrar señales ambientales que disminuyeran la probabilidad de ataques a bañistas.

Por medio de sensores remotos y telemetría se han realizado este tipo de investigaciones sobre tiburones de diversas especies. K. C. Stick y su equipo encontraron en 1990 que, en apariencia, el tiburón zorro *(Alopias pelagicus)* realiza migraciones siguiendo isotermas cálidas. F. G. Carey y J. V. Scharold siguieron los movimientos del tiburón azul *(Prionace glacua)* en el Atlántico occidental por medio de telemetría acústica. Describieron migraciones verticales de cientos de metros y determinaron que el tiburón azul migra siguiendo el campo magnético terrestre y los campos eléctricos oceánicos. Por me-

FIGURA VI.7. *Cardumen de tiburones martillo navegando en el golfo de California. Se guían por medio de la electrorrecepción, que les permite detectar el campo magnético terrestre (fotografía de James Ketchum).*

171

dio de estudios de marcaje con tiburón mako *(Isurus oxyrinchus)* en el Atlántico norte, J. G. Casey y N. E. Kohler observaron en 1992 que el animal se desplazaba dentro de la plataforma continental hacia el norte cuando la temperatura aumentaba en verano. Por su parte, en 1995 B. K. Choy y D. H. Adams relacionaron, mediante imágenes de satélite, la presencia del tiburón peregrino *(Cetorhinus maximus)* en un frente termal donde la temperatura superficial del mar era más cálida. Utilizando telemetría, A. E. Economakis y P. S. Lobel observaron en 1998 que las agregaciones del tiburón gris de arrecife *(Carcharhinus amblyrhynchos)* coincidían con el valor máximo de temperatura diaria pero el número de tiburones agregados no necesariamente aumentaban durante los días de temperaturas altas. C. L. Brenes, A. Hernández y J. Campos determinaron en 2000 una clara dependencia entre la temperatura superficial del mar y la presencia del tiburón azul *(Prionace glauca)*, el zorro *(Alopias vulpinus)*, el piloto *(Carcharhinus falciformis)* y el martillo *(Sphyrna lewini)* en el Pacífico nicaragüense.

Se presume que muchas especies pelágicas se acercan a la superficie en la noche y nadan en las profundidades durante el día. Por ejemplo, el tiburón zorro *(Alopias superciliosus)* permanece a 600 m de profundidad durante el día y sube a 80 m durante la noche. Esto no sólo indica que, para ciertos tiburones, las tinieblas son su constante sino que éstos pueden seguir las migraciones verticales de pequeños depredadores, como peces y cefalópodos, que siguen al zooplancton.

K. Nakumara y su equipo colocaron un acelerómetro y una cámara submarina en la primera aleta dorsal de cuatro tiburones tigre *(Galeocerdo cuvier)* en Hawái durante 2011. Registraron su comportamiento de migraciones verticales en forma de yo-yo. La velocidad del buceo fue mayor en el descenso que en el ascenso debido a la flotabilidad negativa, de lo que se infirió que el tiburón tigre no realiza migraciones verticales como una estrategia para conservar energía sino como una estrategia óptima para la búsqueda tridimensional de posibles presas.

Para el mundo animal no existen fronteras políticas ni pasaportes. Los tiburones pelágicos realizan grandes viajes a través de los océanos, por lo que las regulaciones para protegerlos deben ser internacionales.

Las rutas migratorias se han dilucidado mediante estudios de marcaje y recaptura, y mediante marcaje satelital. El tiburón ballena puede realizar largos viajes de más de 2 000 km desde Australia hasta Asia, cubriendo 550 km en pocas semanas; viajes de 2 000 km desde Filipinas hasta el sur de Vietnam y de 13 000 km en 37 meses desde el golfo de California hasta Tonga en medio del Pacífico. En 2002 Rowart marcó tres tiburones ballena cerca de las islas Seychelles, en el Índico, los cuales cubrieron cerca de 5 000 km hacia las costas de Tailandia. Los tiburones ballena estudiados en Sudáfrica se mueven cientos de kilómetros rumbo a Mozambique.

El tiburón azul es quizá la especie de tiburón más abundante en los mares. Son conocidos como "lobos de mar" debido a que forman cardúmenes segregados por sexos y tallas. En 2001

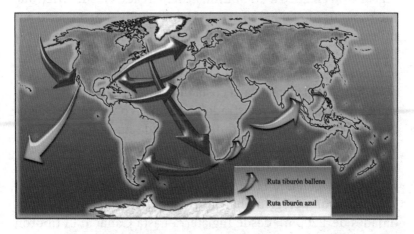

Figura vi.8. *Rutas migratorias del tiburón ballena y el tiburón azul (ilustración de Jorge Ortiz).*

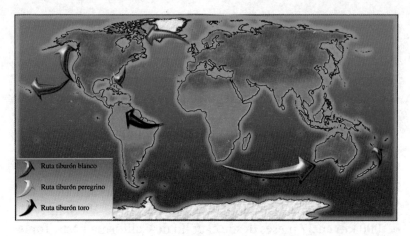

FIGURA VI.9. *Rutas migratorias del tiburón blanco, tiburón peregrino y el tiburón toro (ilustración de Jorge Ortiz).*

se llevó a cabo un programa de marcaje en las costas de Portugal, para lo cual se marcaron 168 individuos para conocer sus migraciones. Los resultados demostraron que algunos viajan de Portugal a América realizando una migración trasatlántica de más de 3 000 km; por otro lado, Sivla y sus colaboradores registraron en 2010 a un tiburón azul marcado en Sudáfrica que fue recapturado en las costas de Uruguay. En el hemisferio sur utilizan la corriente de Benguela; en el hemisferio norte, la cálida corriente del golfo de México como carretera invisible que le ayuda a llegar a Inglaterra desde el mar Caribe, luego al oeste de Europa, al sur hacia la costa del norte africano y de regreso. Asimismo se han registrado viajes intercontinentales: algunos individuos han viajado desde Canadá hasta las costas del sur de África, o sea unos 5 400 km. En el Pacífico, esta especie viaja más de 2 800 km desde el Ártico hasta la costa de Baja California siguiendo la corriente de Alaska.

El tiburón peregrino ha viajado más de 9 500 km a profundidades de 1 200 m, desde Inglaterra hasta Canadá. El tiburón toro realiza migraciones de agua salada a agua dulce y de regreso. Se han encontrado especímenes a 4 000 km del océano

Atlántico en el río Amazonas. El tiburón mako migra desde la costa occidental de Norteamérica hasta las costas españolas cubriendo cerca de 3 900 km. El tiburón tigre viaja desde la costa Atlántica de los Estados Unidos hasta Centroamérica y el Caribe, cubriendo más de 3 200 km. El tiburón tigre de arena viaja desde la costa occidental de Norteamérica hasta el golfo de México en las costas de Veracruz y Tamaulipas, es decir casi 3 300 km.

El tiburón blanco es un gran viajero. Se mueve de Sudáfrica a Australia, y de regreso: más de 20 000 km; de Australia a Nueva Zelandia: unos 2 800 km; de Nueva Zelandia hacia Nueva Caledonia y Vanuatu: más de 3 000 km. En el Pacífico oriental viaja de la costa de California hacia la costa de Alaska, desde las islas Farallón, La Joya, isla Año Nuevo e isla Guadalupe hasta el centro del Pacífico y las islas hawaianas; de regreso se interna en el golfo de California. En el Atlántico, el gran blanco migra desde Cape Cod, Massachusetts, hasta el norte de Florida.

PARÁSITOS, SIMBIONTES
Y OTRAS SOCIEDADES

Nadie vive aislado. Quizá los seres multicelulares no somos sino trillones de organismos en sociedad que nos conforman como una ilusión de individuo.

Los tiburones comparten su cuerpo con amigos y enemigos. El cuerpo es un sistema pero también un sustrato, y por lo tanto espacio, hábitat y posibilidad.

El horror también conforma la naturaleza. Cierto día, en un campamento pesquero de la costa de Baja California Sur, los pescadores arrojaron una cabeza de tiburón martillo a la arena. Al examinarla miré desde la abertura vertebral hacia dentro. En el tejido todavía vivo pululaban criaturitas que se retorcían; eran blancas y babosas. Una colonia de isópodos había colonizado el cerebro. Sinnúmero de entes parasitan a estos navegantes.

Los monogéneos son gusanos planos hermafroditas con numerosas ventosas y aparatos de fijación. Se han encontrado monogéneos como *Triloculotrema* dentro de la nariz de tiburones de aguas profundas, como el escualo cola negra *(Squalus melanurus)*. Estos gusanos arrojan sus huevos al mar. Después de eclosionar, las larvas con cuatro ojos nadan desesperadas para encontrar un hospedero. Cuando hallan un tiburón, se posan en la piel y se introducen a las branquias o las narinas, donde vivirán hasta hacerse adultos.

Las sanguijuelas o hirudineos son el único grupo de anélidos conocidos que viven en los elasmobranquios. Son gusanos segmentados, hermafroditas, con una ventosa ventral y hasta tres mandíbulas. Algunas succionan sangre; la mayoría se alimentan de otros gusanos, copépodos, caracoles, larvas, etc. Se han registrado más de 20 especies de sanguijuelas que parasitan tiburones. Han sido encontradas en los tiburones toro, tigre, sedoso, broncíneo *(Carcharhinus brachyurus),* en el cazón *(Rhizoprionodon porosus),* los angelitos *(Squatina argentina, S. guggenheim* y *S. punctata)* y en el tiburón tigre de arena *(Carcharias taurus).*

Los nemátodos son el cuarto *phylum* con mayor biodiversidad del reino animal. Son gusanos cilíndricos con una piel fina, muy resistente a los ácidos y a las radiaciones. Algunos nemátodos parásitos son fascinantes y provocan horror. Una hembra puede desovar hasta 200 000 huevos al día para asegurar una continuidad específica. Esos huevos, si no llegan hasta un hospedero adecuado, pueden pasar miles de años en estado de latencia. Se han encontrado huevos de nematodos intestinales en momias egipcias a los que el contacto con solución salina provoca que el gusanito emerja. Los nemátodos viven en el recto, el útero, los ovarios, los tejidos dérmicos, el estómago, la válvula espiral y el ducto pancreático de los tiburones.

Los céstodos se consideran animales muy primitivos: gusanos planos sin aparato respiratorio ni digestivo que poseen acuciosas adaptaciones al endoparasitismo. La mayoría habita el intestino de los vertebrados en la fase adulta. Randhawa y Poulin estiman que hay unas 3 600 especies de céstodos que viven en los intestinos de los elasmobranquios y que aún no han sido identificadas.

Se han encontrado numerosos parásitos en las válvulas espirales del cazón *(Mustelus canis)*. En 49 individuos estudiados se encontraron céstodos y se agruparon específicamente en diversas regiones del sistema digestivo del hospedero. Por ejemplo, el céstodo *Calliobothrium verticillatum* prefiere la cuarta cámara de la válvula espiral, mientras que *Prochristianella tumidula* y *Lacistorhynchus tenuis* parasitan las otras cámaras; ningún parásito habitó la cámara posterior de la válvula. Esto evidencia la especificidad por regiones determinadas. Recordemos que los parásitos coevolucionan con sus hospederos, por lo que la especificidad del sitio puede ser filogenética.

En 2002 S. Klimpel y su equipo revisaron 37 tiburones linterna *(Etmopterus spinax)*, capturados a 200 m de profundidad en aguas de Noruega. Encontraron siete especies diferentes de parásitos monogéneos en branquias y nariz, céstodos en la cavidad corporal y larvas de nemátodos en el estómago.

Los copépodos son una subclase de crustáceos sin caparazón, transparentes o bioluminiscentes. Son organismos muy abundantes en el zooplancton. Cerca de mil especies son parásitas y se conocen vulgarmente como "piojos de mar". Algunos son parásitos solamente en algún momento de su ciclo vital. Cuando son larvas, se les conoce como nauplios de vida libre que buscan un hospedero y se aferran a él; después de cierto tiempo vuelven a liberarse.

El copépodo *Nemesis lamna* vive en las branquias del tiburón blanco. Casi todos los individuos revisados tienen parasitadas sus branquias por este copépodo, cuyo nombre en latín significa "venganza de lamnia", siendo el azote de estos depredadores. A veces las diferentes especies de copépodos que parasitan las branquias no compiten entre ellas. Se han encontrado copépodos *Kroyeria dispar, Kroyeria papillipes* y *Eudactylina pusilla* en las branquias del tiburón tigre, cada especie ocupando un sitio diferente.

Existe un copépodo parecido a un collar blancuzco, alargado como un relicario, que se aferra a los tejidos dejándose arrastrar por las aguas heladas mientras destroza el ojo de su hospedero y rutila en la oscuridad. *Ommatokoita elongata* infecta la córnea de tiburones árticos como el tiburón de Groenlandia *(Somniosus microcephalus)* y el tiburón dormilón del Pacífico *(Somniosus pacificus)*. Algunos investigadores han sugerido que es un simbionte debido a que su bioluminiscencia podría atraer peces y calamares como carnada. Sin embargo, los estudios indican que es más un temible parásito que infecta casi 90% de los tiburones del Ártico. Tanto la larva como las hembras adultas se fijan a la córnea de su hospedero, provocando edemas, erosiones en la conjuntiva, úlceras, conjuntivitis, degeneración de los lentes y otras lesiones que dejan ciegos a los tiburones.

A veces se encuentran agregaciones de copépodos, como los de la familia *Pandaridae,* que semejan pequeñas cacerolitas con cola, en la base de las aletas pectorales y pélvicas de muchos tiburones. Se desconoce si son nocivos o simplemente utilizan a su hospedero como transporte.

Los parásitos también pueden ser bioindicadores de metales pesados. Por ejemplo, M. Malek y sus colaboradores compararon en 2007 las concentraciones de cadmio y plomo en hígado, músculo y gónadas del tiburón del golfo Pérsico *(Carcharhinus*

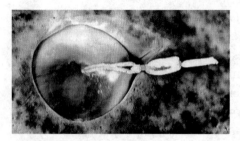

FIGURA VI.10. *El copépodo* Ommatokoita elongata *puede parasitar el ojo del tiburón de Groenlandia (fotografía tomada de fiatlux.egloos. com).*

dussumieri), con concentraciones de los mismos metales en sus céstodos parásitos (*Anthobothrium* sp. y *Paraorigmatobothrium* sp.). Encontraron que las concentraciones de los gusanos son mucho mayores que las del tiburón. Esto apoya la hipótesis de que algunos parásitos pueden actuar como filtradores de metales pesados, ayudando involuntariamente a su hospedero. Una de cal.

Los análisis genéticos pueden ayudar a identificar el ciclo de vida de ciertos parásitos. Por ejemplo, en 2011 H. S. Randhawa empleó una técnica genética para ligar las tenias adultas *(Clistobothrium carcharodoni)* que viven en el intestino del tiburón blanco con las larvas. Encontró que las secuencias de las tenias adultas eran idénticas a otras tenias *(Scolex pleuronectis)* que se han encontrado en los intestinos del delfín manchado (*Stenella coeruleoalba*) y del calderón gris *(Grampus griseus)*. Esto es una evidencia empírica que liga las interacciones tróficas o la ecología alimenticia entre los tiburones blancos y algunos cetáceos. El organismo estudiado por Randhawa fue una hembra de tiburón blanco de 3.2 m que se asfixió en una red de protección en Nueva Zelandia. Usando la intensidad de la infección como un indicador, este investigador estimó que la hembra podría haber devorado entre 9 y 83 calderones durante su vida.

MUTUALISMO Y COMENSALISMO

La rémora

Entre la nieve verde del plancton que se suspende en la bahía de La Paz, observo a un pequeño tiburón ballena, quizá un juvenil de tan sólo dos o tres metros de largo. En el vientre y el dorso, pegadas como banderolas a la aleta caudal, viajan gratis largos peces. Son las rémoras.

La asociación rémora-tiburón es una imagen común. Se supone que las rémoras viajan gratis y ahorran energía al fijarse al tiburón mientras que éste se beneficia al ser limpiado por ella. ¿Qué hay de cierto en esta noción?

Rémora es una palabra latina que significa "retraso" debido a la antigua creencia de que las naves se ralentizaban al ser invadidas por este pez. Las rémoras son peces de la familia *Echeneidae* que no tienen vesícula natatoria, por lo cual se adhieren —mediante una aleta modificada en ventosa, o disco de succión, que poseen en la parte posterior de la cabeza— al cuerpo de diversos animales marinos como ballenas, tortugas, dugongos, peces espada, mantarrayas, dorados y toda clase de tiburones. Algunos ecólogos sostienen que la relación rémora-hospedero debe nombrarse *foresis,* una forma de interacción donde sólo una especie se beneficia; en este caso, el pez usa a los demás para transportarse.

Hay controversia entre los científicos sobre la dieta de las rémoras. Algunos sostienen que se alimentan de los restos de comida dejados por su hospedero, parásitos o bacterias, mientras que otros suponen que se alimentan de los excrementos de

FIGURA VI.11. *Tiburón toro y rémora (fotografía de Carlos J. Navarro).*

éste. G. Mucientes y sus colaboradores intentaron en 2008 aclarar estas relaciones estudiando la asociación entre las rémoras y dos de sus hospederos, el tiburón ballena y el tiburón mako. Mediante fotoidentificación submarina, registraron de una a 35 rémoras por tiburón y las correlacionaron con el número de ectoparásitos presentes. Sus resultados sugieren que las rémoras sí controlan, al menos hasta cierto grado, las poblaciones de ectoparásitos de los tiburones, por lo que podemos referirnos a un mutualismo benéfico.

Las rémoras no son los únicos peces que limpian a los escualos. Al norte del Brasil se han observado a góbidos de nariz amarilla (*Elacatinus randalli*) limpiar tiburones grises (*Carcharhinus perezi*) mientras éstos reposan en los fondos.

El pez piloto

Por el azul infinito navega un tiburón puntas blancas. A su lado vagan, confiados, grupos de bellos peces, pintados de negro y blanco o con rayas de un ultramar profundo, que a veces se acercan a sus aletas y nadan bajo su sombra. Son los peces piloto.

Según cuenta Eliano, Apolo se enamoró de la ninfa Ocírroe. La diosa pidió ayuda al marinero Pompilo para que la trasladara de Mileto a la isla de Samos para escapar. Furioso, Apolo raptó a la ninfa y castigó a Pompilo convirtiéndolo en pez piloto. Desde entonces estos peces intentan guiar a los barcos al puerto.

El pez piloto (*Naucrates ductor*) cambia de color cuando se excita: pasa de un tono oscuro a una claridad plateada. Llega a medir hasta 70 cm de longitud. Se congrega junto a buenos nadadores como mantarrayas y tortugas. Se lo observa frecuentemente entre bancos de medusas.

Es un buen amigo de los tiburones. Un constante compañero del tiburón puntas blancas oceánico (*Carcharhinus longima-*

nus). Su relación es mutualista: el pez piloto se come a los ectoparásitos del tiburón y a cambio recibe comida y protección. Se introducen impunemente en la boca de los tiburones, limpiando y comiendo. Por eso se han decorado tablas de surfear con el patrón de coloración de los peces piloto como una audaz protección contra los tiburones, aunque el éxito de esta estrategia es muy discutido.

En 1929 E. W. Gudger escribió un curioso artículo acerca de la simpatía entre los peces. Relata anécdotas sobre peces piloto que seguían hasta por seis semanas las embarcaciones que habían capturado a su amigo tiburón. Los peces piloto se mostraban confusos por su ausencia.

Pero qué mejor que un poeta para describirnos la relación pez piloto-tiburón. En su libro *John Marr y otros marinos,* Herman Melville nos regala su poema "El tiburón de las Maldivas":

Sobre el tiburón, flemático él,
Pálido borrachín del mar de las Maldivas
Los pequeños y elegantes peces pilotos, delgados y azules
¡Qué alerta están!
Desde su boca como pozo aserrado, desde sus fauces de osario
No tienen nada que temer
Y se deslizan líquidos sobre su espantoso flanco
O ante su cabeza de Gorgona
O merodean en el puesto de los dientes aserrados
En triple hilera blanca de umbrales rutilantes
Y allí encuentran un refugio cuando se cierne el peligro
¡Un asilo entre mandíbulas fatales!
Son amigos y amigablemente le guían hacia la presas
Pero nunca participan de la caza
Ojos y cerebros para el viejo letárgico y sin brillo
Carroñero pálido de carne horrible

Las bacterias son las verdaderas reinas del planeta. Como grupo llevan colonizando cada estrato desde hace más de 3 500 millones de años y soportan las condiciones ambientales más extremas.

En 1985 Brenda Grimes encontró bacterias en diversos órganos de los tiburones que normalmente son estériles en otros vertebrados. Todo el cuerpo de los escualos tenía bacterias, excepto el sistema circulatorio. Consternada por este hallazgo, decidió estudiarlo a fondo. Capturó tintoreras, tiburones aleta de cartón, nodrizas, hexabranquios y limón en la estación de Bimini, en las Bahamas. Encontró 107 géneros de bacterias en todos los órganos de los tiburones. Las aisló de los dientes, la boca, la válvula espiral, el hígado, el riñón, el estómago, el duodeno, el recto, el ano, la cloaca, el esófago, las branquias y los ojos. Ningún tiburón presentaba enfermedades infecciosas.

Los géneros de bacterias más comunes eran *Vibrio* sp. y *Clostridium* sp. Durante la caracterización, se descubrió que 60% de las *Vibrio* realizaban una hidrólisis de la urea. Esta bacteria encontrada en otros animales no presenta dicha característica. Knight y su equipo descubrieron en 1988 que la hidrólisis bacteriana de la urea se lleva a cabo en los tiburones. Convierten la urea en CO_2 en el hígado pero no en la sangre. El CO_2 actúa como un *buffer* o un "equilibrador" en los tejidos, manteniendo así un ambiente alcalino.

Estas bacterias secretan enzimas capaces de degradar las proteínas, algo lógico pensando en la dieta de los tiburones. Aun cuando el tiburón vive en un ambiente casi carente de azúcares, *Clostridium* es capaz de fermentar aminoácidos y otros compuestos nitrogenados dando como resultado ácido acético. Dicha fermentación ayuda a *Vibrio,* que crece de manera óptima. Ambos géneros bacterianos secretan NH_3, que ayuda a crear un ambiente microalcalino, lo que a su vez ayuda a las bacterias a respirar mejor y a sintetizar la molécula energética ATP. Dicho de otra manera, las bacterias ayudan a los tiburones a conservar una homeostasis en sus niveles de urea y optimizan su propio ambiente para sobrevivir en condiciones adecuadas a sus necesidades.

VII. Mentiras que una vez fueron verdades

La visión sobre los seres vivos depende de las ideologías, estéticas y filosofías de las culturas en diversas épocas. La verdad del pasado puede ser la mentira del futuro y nuestras certezas actuales pueden desmoronarse a la luz de nuevos paradigmas. Desde que Aristóteles fundó una epistemología natural, la adquisición del conocimiento biológico se ha enfrentado a distintos procesos históricos.

Aclaremos de una vez por todas que la ciencia no explica el Universo, sino que lo describe. El conocimiento científico que tenemos sobre los tiburones es fragmentario, dudoso en muchos casos, evidente en otros, y conlleva su dosis de especulación mezclada con pocos datos fehacientes o confiables. Diversas creencias han permeado el ideario colectivo. Teorías se desmoronan, hipótesis de apariencia sólida luego se desechan. Es un proceso continuo e ineludible que no ridiculiza a los hombres y mujeres que las propusieron, sino que subraya la imaginación necesaria que tenemos con el afán de explicar el mundo.

En la época de las expediciones europeas al Nuevo Mundo los marineros creían que la presencia de tiburones alrededor del buque presagiaba una muerte a bordo. Los balleneros del siglo XIX creían que los tiburones preferían la carne de los blancos; por eso mandaban a los asiáticos a destazar las ballenas que flotaban junto al buque factoría. El prejuicio racial les sugería que los tiburones detestaban el sabor de la carne "amarilla".

Jules Michelet, maestro del ensayo poético, describe la unión erótica de los tiburones en su libro *El mar,* publicado en 1861. Según Michelet, la cópula dura semanas y el tiburón macho cuida a sus crías dentro de sus fauces, noción que viene desde el poeta Opiano: "Se pretende que el fiel tiburón, apegado a ese dulce objeto, la sigue hasta su alumbramiento, ama a su presunto heredero, fruto único de este matrimonio, y nunca, nunca se lo come. Lo sigue y vela por él. Finalmente, si ocurre algún peligro, este padre excelente lo atrapa y lo abriga en sus fauces, pero no para digerirlo". Esta hermosa superstición es falsa; seguramente Michelet bebió de fuentes clásicas y relatos de pescadores para describir un amor antropocéntrico. En realidad no existe cuidado parental entre los tiburones.

"Los tiburones no sienten dolor" es un prejuicio que justifica la tortura hacia los animales. Sentenciar que los animales no sienten es como decir que el Sol no se mueve alrededor de la Tierra. Una de las características de nosotros los animales es que somos excitables y respondemos a los estímulos del medio para poder vivir.

Ciertos marineros torturaban a los tiburones para "vengarse" de ellos. Entre los espasmos frenéticos de los escualos cuando devoran los cadáveres de los cetáceos, los balleneros se percataron de que, aun partiendo en dos a los tiburones e infligiéndoles profundas heridas, éstos parecían ignorar su estado y casi sin aletas continuaban dando voraces mordiscos. Tal situación, aunada a la ausencia de voz, generaron dos hipótesis discutibles: los tiburones caen en un frenesí alimenticio violento y los tiburones no sienten dolor. Del frenesí me ocupé en el capítulo sobre comportamiento; aquí me interesa el delicado tema del dolor.

P. J. Snow estudió en 1993 los nocirreceptores en el tiburón puntas negras *(Carcharhinus melanopterus).* Los nocirreceptores son neuronas que carecen de mielina; en los seres humanos estas neuronas se activan cuando existe un daño celular, lo que provoca dolor. Algunas sustancias se liberan en el área que rodea a los nocirreceptores, produciendo la "sopa inflamatoria".

Hay gente que ha nacido con una incapacidad genética para sentir dolor y carecen de nocirreceptores. Casi todas estas personas mueren en la niñez. Snow encontró que sólo de 14 a 38% de las neuronas del tiburón puntas negras carecían de mielina. Para comparar este dato piense, amable lector, que 50% de sus neuronas carecen de mielina. Esto hizo especular a los investigadores que los tiburones carecen de la "maquinaria" celular suficiente para sentir dolor. Puede ser que sientan menos dolor en comparación con nosotros, pero sus sentidos hipersensibles les hacen detectar sensaciones que nosotros no podemos experimentar, como las ondas de choque con la línea lateral o los campos electromagnéticos con las ámpulas de Lorenzini. Además hay que tener cuidado con llegar a conclusiones precipitadas. No todos los nocirreceptores generan dolor. En los pulmones tenemos células de este tipo que ayudan al reflejo de la tos sin provocar la sensación dolorosa. Semejantes especulaciones, mal entendidas, pueden dar la impresión de que estos peces no sienten y todas las atrocidades ejercidas sobre ellos son válidas por un aberrante argumento fisiológico.

"Los peces espada, los marlines y los tiburones zorros se alían para destruir a las ballenas." Éste fue un cuento muy popular entre los marineros y pescadores modernos. Fue Townsend quien en 1923 echó abajo tal noción. Los peces espada y los tiburones zorro no se alían y no son capaces ellos solos de matar a los grandes cetáceos.

"El cartílago de tiburón cura el cáncer" y "el cartílago de tiburón evita el cáncer" son dos aseveraciones falaces utilizadas como publicidad. El negocio fraudulento que juega con la desesperación de miles de pacientes en el mundo se basa en una especulación realizada por Henry Brem y Judah Folkman al iniciarse la década de 1970. Concluyeron que el cartílago podría inhibir el desarrollo de vasos capilares que alimentan un tumor. A partir de ese momento, un sinnúmero de libros propagaron el supuesto, volviéndolo un meme, y la industria farmacéutica justificó su codicia.

A los tiburones les da cáncer. Es un hecho. En 2004 G. K. Ostrander encontró 42 tumores en condrictios, de los cuales 12 eran malignos. En un tiburón, el investigador encontró múltiples tumores, incluso en su cartílago. Como cualquier animal, los escualos son genéticamente susceptibles a los cancerígenos. El cáncer es una enfermedad que puede deberse a mutaciones del ADN; como cualquier ser pluricelular, el tiburón no es inmune a desarrollar tumores. Está por verse si el desarrollo tumoral es menor que en los seres humanos, por lo que una conclusión precipitada puede ser producto de algún tipo de sesgo.

Una leyenda afirma que los tiburones no atacan a las personas si hay delfines presentes en el agua. ¿Cuándo y donde nació la leyenda? Es probable que el mito de Arión contribuyera a representar a los delfines como seres benéficos. El hijo de Poseidón fue arrojado al mar por los piratas, pero un delfín se conmovió al haber escuchado al músico tañer su lira. Arión montó sobre su lomo y el delfín lo llevó a tierra. No es el único ejemplo de héroes salvados por delfines. Afrodita, celosa, mandó ahogar a la bella Finéis pero una hembra de delfín la salvó; igual suerte tuvo Énalo. Es más, el oráculo de Delfos tomó su nombre gracias al delfín que salvó a Icadio. Los delfines eran la encarnación de Apolo. Pausanias, fue testigo en Poroselene de un hecho extraño. Un delfín herido por los pescadores había sido curado por un niño. Agradecido, el cetáceo acudía al llamado del joven para permitirle ser montado sobre el lomo.[1]

---

[1] El mitólogo Robert Graves piensa que el advenimiento ritual del Año Nuevo era representado dramáticamente en Corinto con la ayuda de un delfín adiestrado por los sacerdotes del Sol. Así pues, la mítica relación hombre-delfín ha sido considera-

Un hecho aislado contribuyó a desarrollar la noción de una animadversión entre delfín y tiburón cuando, a mediados de los años cincuenta del siglo xx, en al acuario de Miami un tiburón tigre de arena se acercó a una hembra de delfín en estado de parto. Tres delfines machos golpearon al tiburón en las branquias hasta matarlo.

Ya en el capítulo sobre ataques mencioné el fallido programa de la marina de los Estados Unidos para entrenar delfines que atacasen tiburones. Perry Gilbert tardó mucho en entrenar a un tursión nariz de botella para enseñarle a atacar el cadáver de un tiburón y luego a un tiburón vivo.

Muchos tiburones grandes, como el toro, el tigre y el gran blanco, atacan a los delfines. Los hechos no indican que nadar junto a delfines sea seguro. Len Jones lo hacía junto a una manada de marsopas en el arrecife Paraíso, Sudáfrica, cuando fue atacado por un tiburón blanco. William Cheatham estaba pescando en 1963 en medio de los delfines en Panama City, Florida, cuando un tiburón desconocido le mordió la pierna. Martin cita que 75% de los delfines observados en su hábitat muestran cicatrices debidas a encuentros con tiburones e infiere que los mamíferos se llevan la peor parte en las batallas.

"El aceite de hígado de tiburón es una panacea." Durante siglos los hombres han considerado al aceite del hígado de tiburón como una medicina milagrosa. Según la tradición cura heridas e irritación del tracto respiratorio, desinflama y es un analgésico. Actualmente se venden suplementos con este aceite como tratamiento alternativo contra el cáncer, el asma, la artritis y el sida. La actual evidencia científica no avala estas suposiciones.

El aceite de hígado contiene vitaminas A y D, escualeno —un precursor de los esteroides—, lípidos omega 3, triglicéridos, éteres y alcoholes. No existen estudios que validen al acei-

---

da como providencial. Quizá el comportamiento de juego, donde los delfines sacan a flote diversos objetos, tenga relación con el desarrollo de los mitos.

te como una medicina. K. Akutsu y colaboradores encontraron en 2006 que algunos suplementos de aceite de hígado estaban contaminados con bifeniles policlorinados y éteres difeniles polibrominados; los primeros pueden incrementar el riesgo de desarrollar cáncer en el ser humano.

No obstante, el aceite de hígado también contiene alquigli-ceroles, lípidos que funcionan como antioxidantes y se pueden encontrar en la médula ósea de los vertebrados y en la leche materna de los mamíferos. Además, en 2003 Ewa Skopińska-Rózewska y su equipo registraron que el aceite del hígado del tiburón boreal *(Somniosus microcephalus)* disminuía significa-tivamente la angiogénesis cutánea inducida por células tumo-rales en ratones. Se presume también que este aceite ayuda a mejorar lesiones en el hígado. Abdel-Hafez y sus colaborado-res encontraron que diversas dosis del aceite reducen los cam-bios corticales asociados con altos niveles de colesterol en híga-dos de ratas.

Las leyendas antiguas mostraban a los peces piloto guiando a los tiburones hacia las presas. Ahora sabemos que el pez piloto es un limpiador. Se introduce en las fauces y limpia la garganta y los dientes; se mete en las branquias y devora los parásitos de las aletas. Sin embargo, no hay comportamientos que verifiquen que estos peces puedan guiar a los depredadores hacia posibles presas.[2]

"Un tiburón que ha probado carne humana no deseará otro alimento." La teoría del tiburón cebado, a la que me referí más arriba, es muy popular entre los pescadores y se utiliza como

---

[2] En inglés, *pilot fish* derivó en una metáfora de aquellos que guían a un asesino hacia la víctima. En sus memorias, Ernest Hemingway se refiere a los criados que los millonarios envían para investigar si un artista nuevo vale la pena como peces pilo-to. Pez piloto se refiere también a los carroñeros o la avanzada que implica una amenaza mayor. Por ejemplo, en 2005 un show televisivo acerca de una invasión extraterrestre se refirió como peces piloto a robots heraldos que anunciaban la inva-sión de una gran nave llamada *Shark*.

pretexto para aniquilar a los escualos después de un ataque. Según esta hipótesis, descartada ya, un tiburón que ha atacado a un ser humano se queda en el área esperando probar más. Fue propuesta por el cirujano Victor Coppleson en 1958. No sólo es una arrogancia más el creernos el mejor platillo en el menú, sino que es muy sospechoso ecológicamente hablando. No somos parte del océano y no somos presa habitual. La mayoría de los registros de ataques indica que el atacante desaparece después de morder. Incluso en los casos donde el pez ha devorado al ser humano, aquél continúa su camino. Los tiburones no se comportan como en las películas. Es más, la mayoría de las víctimas de ataques por parte de tiburones blancos ha sobrevivido porque el animal no regresa para terminar la depredación. A partir de estos hechos se ha propuesto una nueva hipótesis: que nuestro sabor es repugnante. Quizá otra exageración.

El mar es el hogar de los tiburones, no nuestro, y si entramos en él debemos hacerlo conscientes del peligro.

VIII. Repertorio mínimo

¡Guerreros de la marea negra sin conjuros!
¡Oh, espectrales vagabundos de la noche impía!
Mi alma ha sangrado por ustedes en estos años sin Sol
Con la sangre amarga en lágrimas de dolor
¡Oh, oscuridad, oscuridad, oscuridad,
lejos de toda alegría y esplendor!

JAMES THOMSON, *La ciudad de la noche pavorosa*

LOS TIBURONES DEL ABISMO

Para nuestra nimia percepción, el mar es un estrato iluminado. Pero la luz se agota cerca de los 200 m de profundidad. La gran vastedad marina es un mundo tenebroso, sin Sol que se filtre entre sus aguas. Las regiones abisales son desconocidos pozos donde pululan criaturas que evocan un infierno helado. Se estima que el abismo comienza a más de 3 000 m de profundidad, pero ya a partir de los 300 el océano es un infinito aparentemente vacío, helado y negro.

Los tiburones también han colonizado estos lugares. Por ejemplo, el escualo cola negra *(Squalus melanurus)* sólo se ha encontrado en aguas profundas a más de 300 m en algunos lugares del Pacífico sur como Nueva Caledonia y Vanuatu.

Hasta la fecha se sabe que existen 254 especies de tiburones que frecuentan o viven en los abismos. Como siempre, la familia de los tiburones gato (*Scyliorhinidae*) es la más diversa, con 102 especies, mientras que existen 42 especies de tiburones linterna (*Etmopteridae*) en tal infierno. La mayor diversidad de tiburones abisales se presenta en el Indopacífico y el endemismo se asocia a las montañas y a los cañones submarinos.

En ese báratro, la poca claridad no proviene de las estrellas. Se estima que 90% de las criaturas abisales generan su propia luz.

La bioluminiscencia es una danza de señales que tornan espectral la vida. El plancton, los calamares y los peces encienden y apagan químicamente sus fotóforos —sus células lumínicas— por medio de señales nerviosas. En estos estratos navega un tiburón pequeño que genera su propia luz: el tiburón linterna vientre de terciopelo (*Etmopterus spinax*). Es un pequeño escualo que habita debajo de los 500 m, encendiendo su vientre. Como otros peces cartilaginosos, esta linterna voraz controla sus fotóforos mediante hormonas. Los tiburones luminosos evolucionaron de distinta manera que otras criaturas para producir su luz. Una misma presión evolutiva: la oscuridad total; diversas respuestas para encontrar una solución: brillar, abrir caminos para la visión, atraer a sus presas, esconderse y disfrazarse de plancton. La luz emitida elimina la silueta del animal cuando se ilumina desde arriba.

Aquí viven como enjambres furiosos los tiburones cigarro del género *Isistius*. Tollos cilíndricos con una boca erizada que atacan animales grandes infligiéndoles heridas circulares igual que un sacabocados perfora la carne. Estos tollos realizan migraciones verticales del fondo hacia la superficie por las noches. Les he dedicado su propia sección en el libro.

Habitar estas simas ha hecho que los seres vivos desarrollen estrategias asombrosas; por ejemplo, el tiburón dormilón (*Somniosus pacificus*) almacena óxido de trimetilamina en el hígado, lo cual estabiliza las proteínas de los músculos y las hormonas que ayudan a soportar grandes presiones y bajas temperaturas. Este tiburón almacena alimento en su estómago y tiene un periodo digestivo lento para soportar periodos prolongados sin comer en un ambiente en el cual las presas son escasas.

W. Raschi aventuró la hipótesis de que los elasmobranquios cazadores en el piso oceánico podrían maximizar su área de búsqueda electrorreceptiva. Esto requeriría la detección de campos bioeléctricos débiles, pues la fuerza del campo magnético se reduce con la distancia. Los poros epiteliales de los tiburones de aguas profundas son muy largos, lo que les ayuda a incrementar su sensibilidad.

Se tiene conocimiento de algunas especies de tiburones abisales gracias a un solo individuo capturado por suerte. Es el caso del tiburón bolsillo *(Mollisquama parini)*. Hasta hoy el tiburón que se ha encontrado a mayor hondura ha sido el tiburón linterna *(Etmopterus princeps)*, a 4 500 m de profundidad. El pez perro portugués *(Centrosymnus coelolepis)* habita a unos 3 700 m y el tiburón dentículos de hoja *(Centrophorus squamosus)* a 3 280 m.

Los escualos de aguas profundas no tienen un periodo reproductivo definido debido a la ausencia de luz. Es difícil elucidar sus periodos de gestación. Además, muchas especies de etmoptéridos y somniosidos tienen periodos de descanso después del parto, en los cuales no se reproducen. Los científicos han encontrado una gran cantidad de folículos ováricos en estos tiburones. Esto sugiere una larga vitelogénesis (la generación de las sustancias de que se alimenta el embrión) porque se requiere mucha energía para desarrollar grandes óvulos. Así se ha llegado a pensar que los ciclos de estos peces pueden ser bianuales o trianuales. Y. Tanaka y sus colaboradores propusieron en 1990 un periodo de gestación de 3.5 años para el tiburón de seis branquias *(Chlamydoselachus anguineus)*. Este tiburón tiene muy pocas crías, de dos a 10.

Los *Centrophorus* se consideran los condrictios de menor fecundidad. Por ejemplo, *C. zeehaani* y *C. granulosus* del Mediterráneo sólo paren una cría; este último pare cada dos años, mientras que *C. uyato,* encontrado en la trinchera oceánica Caimán, pare cada tres años. La mayoría de los tiburones abisales no producen más de 10 crías. Una excepción es *Echinorhinus cookei,* que habita en Hawái y el Pacífico oriental, pues se han contabilizado hasta 114 crías en una hembra. Por otro lado, se desconoce cómo se reproducen algunos depredadores más grandes, como el tiburón duende *(Mitsukurina owstoni),* pues aún no se captura una hembra grávida.

Parece que las regiones abisales fueron colonizadas recientemente —durante los últimos 70 millones de años, debido a las modernas corrientes de circulación termohalina que permitieron la oxigenación— por los organismos marinos. La última cuenca cuyos fondos fueron colonizados es la del Mediterráneo, hace tan sólo 6 000 años, cuando ya existían civilizaciones humanas.

Aun así, pocos tiburones han conquistado las grandes profundidades. Casi no se encuentran especies debajo de los 3 000 m, mientras que sus parientes, las rayas y las quimeras, abundan hasta los 5 000 m. En contraste, los peces óseos han colonizado con éxito la zona hadal —con profundidades mayores a los 6 000 m—: el pez *Abyssibrotula galatheae* fue capturado a una profundidad de 8 370 m.

Priede sugiere que las planicies abisales son barreras migratorias para los tiburones. Supone que su ausencia se debe a la poca disponibilidad de comida. El mantener un hígado rico en lípidos es decisivo para excluir a la mayoría de los tiburones de estas regiones. Sin embargo, estas afirmaciones son un tanto aventuradas.

El volumen total de los océanos es aproximadamente $1.37 \times 10^9\, km^3$. Un espacio infinito para nuestra percepción y tecnología actuales. Cuando un ser humano dice que en la naturaleza algo no puede ser, la realidad maravillosa de la vida no tarda en humillarlo. Aún falta explorar simas enormes donde las posibilidades son grotescas e increíbles. No sabemos qué especies habitan esos mundos terroríficos.

ALGUNOS TIBURONES ICÓNICOS

¡Oh, Dios impío! Tu bondad injusta me dio talento
Y has sido cruel con mis compañeros de barro
De quienes yo también he abusado
Si supero a todos los villanos que me precedieron
Sólo ha sido por tus dones caprichosos, ciegos

ROBERT BURNS

Una sombra tornasol navega en aguas claras. Pronto se destaca como un pez macizo, con hebras rayadas en el lomo, como un idioma atávico diseñado por un pincel de ninfas. Le dicen leopardo, tintorera, tigre. Estudia a sus presas, las rodea fijando su mirada abismal, que a veces se cubre con una membrana blancuzca. Seduce su tonalidad verde azulada. Detecta una tortuga que se desplaza con lentitud. Acelera desde el fondo. Su poderosa mandíbula destroza el caparazón y el diseño moteado se llena de sangre.

El más grande y feroz miembro de los tiburones réquiem tiene un morro chato y conspicuo; debajo, una sonrisa atravesada que enseña la punta de los dientes curveados y filosos. *Galeocerdo cuvier* significa "tiburón con piel de puerco". Fue mal nombrado. Es una de las criaturas más bellas del mar.

Puede ser incluso más grande que un tiburón blanco: una hembra capturada en 1957 medía siete metros y pesaba tres toneladas. En promedio miden más de cuatro metros y son escualos prolíficos —paren de 30 a 70 crías—, pues son la única especie de su familia, ovovivípara o vivípara aplacentaria.

Tal vez ésa sea una característica primitiva, al igual que la forma de sus dientes. Conocí al paleontólogo Jorge Ortiz

FIGURA VIII.1. *Tiburón tigre del acuario de Veracruz (fotografía de Raúl Marín-Osorno).*

cuando él limpiaba una mandíbula de tiburón tigre en su cuarto de hotel en Tamaulipas. El olor repugnante a cloro, urea y carne descompuesta parecían no afectar a ese fanático de la anatomía que quitaba los sobrantes del músculo dispuesto a preparar la mandíbula con un barniz. Fue la primera vez que vi esos dientes, tan distintos de los triangulares de otros tiburones. El diente del tigre es más parecido al de los hemigaleidos —tiburones comadreja, como el *Hemigaleus microstoma*— que a los carcharínidos. Es curvo, con una profunda muesca y una serie de incisiones pequeñas en el borde distal del área aserrada y cortante. Es una morfología parecida a grupos más antiguos.

Para cubrir sus necesidades energéticas, los tiburones tigre se mueven miles de kilómetros entre islas oceánicas y en mar abierto. Diletante de aguas tropicales, abunda en el Atlántico, especialmente el mar Caribe, las Bahamas, frente a Belice y la península de Yucatán, patrullando los arrecifes coralinos. Es frecuente en las costas del Brasil y logra subir hasta Nueva Inglaterra. Algunos se dirigen hacia las costas occidentales y australes de África. En el Pacífico es un habitante migratorio y visita todas las islas, desde Hawái hasta Australia.

Es un depredador solitario y un hábil cazador. Cuando son juveniles, se alimentan de pulpos y calamares, de peces pequeños que vagan por los fondos, de crustáceos, rayas y moluscos. Son noctívagos. Empiezan a crecer y sus demandas energéticas aumentan. Se atreven a batir en la superficie; devoran pelícanos y gaviotas, peces mayores; persiguen tortugas y hacen pedazos los caparazones. Pasan los años y adquieren experiencia. Su fuerza y tamaño le permiten acosar delfines, ballenas, focas, lobos marinos, dugongos, manatíes, marlines, otros tiburones, incluidos a sus hermanos. También son caníbales.

Incluso un pajarito como el abejaruco (*Merops apiaster*) fue hallado alguna vez en su estómago. Los abejarucos tienen la costumbre de refrescarse haciendo pequeñas zambullidas. Uno de ellos se encontró con un monstruo que jamás podría haber soñado. En 2010 Gallagher y su equipo capturaron en los cayos de Florida a una hembra de 2.5 m para tomarle biopsias. Mientras los científicos trajinaban, el tiburón vomitó los restos de un ave terrestre. Fue identificada como la focha *(Fulica americana)*, un ave fornida que habita los pantanos.

Por cierto, en ningún otro tiburón se han encontrado más restos humanos. Abro el periódico del martes 7 de septiembre de 2010 y leo: "Pescadores de las Bahamas vieron cómo un tiburón tigre escupía un pie humano. Lo capturaron y llevaron al animal a Nassau. Cuando le abrieron el vientre encontraron el costillar, los brazos y las piernas de un hombre". En 2002 se encontró una pierna humana en un espécimen de cuatro metros. En 2001 el cráneo del anciano Arthur Applet se encontró en otro ejemplar de tres metros. O los de Kyle Dickens, una quinceañera que se ahogó en aguas de Carolina del Norte en 1995. O los del buzo Richard Peter Bisley, encontrado en un tigre capturado seis días después de su desaparición y así... hasta no dormir. De niño leí y miré una fotografía de los pies de un hombre encontrados en las tripas de un tiburón tigre. Las pesadillas se acumularon.

Y es que *Galeocerdo* no sólo es un cazador pertinaz sino un ávido carroñero. Pantagruélico y limpiador, dentro de su barriga se han hallado piedras, remos, bolsas de plástico, basura orgánica, hot dogs, pijamas, huesos de buey, sacos de carbón, llantas, placas de automóvil, trapos, hamburguesas, cabezas de reno y de caballo, cables, rollos de papel, zapatos y la cabeza de un cocodrilo. No todo este bagaje puede ser digerido. Al igual que otros tiburones, tienen una capacidad de regurgitar lo nefasto. Esta destreza hace que algunos tiburones, cuando se encuentran en la agonía de la pesca, lleguen a expulsar hasta sus propias vísceras. Como hemos visto, existe además la "mordida de prospección". El tiburón no puede manipular las cosas, así que las muerde para estudiarlas y a veces las engulle. Después de horas o días vomitará el contenido.

Algunas anécdotas son grotescas. Un barco de la guardia costera norteamericana programaba cargas de profundidad del tamaño de un coco para realizar sondeos geológicos en el fondo del Pacífico. Cuando lo arrojaron, un tiburón tigre engulló el explosivo y segundos después voló en mil pedazos. Fin sombrío que nos enseña a no meternos todo a la boca.

Lo que le sucedió a una mujer en 1949 fue igual de macabro. La joven nadaba en la costa occidental australiana cuando un tigre le arrancó el brazo. Pudo sobrevivir. Días después pescaron al agresor, abrieron su estómago y encontraron el brazo cuya mano llevaba un anillo. Devolvieron el anillo a la señorita, que se lo puso en un dedo de la mano que le quedaba.

En Hawái, este tiburón representa un icono de peligro. Con un promedio de cuatro ataques por año, mantiene el suficiente miedo como para ser considerado un enemigo. De 1959 a 1976 el estado propuso un programa de matanza selectiva (así como el gobierno de Canadá designa a la masacre de focas). Se mataron 4 688 tiburones, entre ellos 554 tigres. Los ataques no disminuyeron. Cada tiburón capturado le costó a los contribuyentes 182 dólares. La lógica detrás de esta estrategia: los tiburones tigre vagan por ciertas áreas pequeñas.

Varios ataques fatales durante la década de los noventa hicieron que el gobierno reconsiderase las matanzas selectivas. A partir de esto se disparó la investigación sobre sus migraciones. Los científicos les pusieron sondas y transmisores satelitales. Los resultados indicaron que el tiburón tigre no se queda en el área de alimentación sino que se desplaza rápidamente en pocas horas, alejándose de cualquier punto donde ataca.

Su fama de asesino también ha sido exagerada: de más de 4 000 ataques documentados a seres humanos, cerca de 60 han sido efectuados por nuestro amigo. El primero confirmado en el cual se identificó a la especie fue en 1853, en el puerto de Charleston, Carolina del Sur, cuando un hombre murió al ser mordido por una tintorera preñada.

Hoy existe una atracción ecoturística en Tiger Beach, cerca de Gran Bahama, muy popular entre los que pueden pagarla. Se conoce como *wrangling,* palabra que en México se traduciría como "curracaneo". A bordo de una embarcación los buceadores esperan nerviosos. Usan capucha, guantes y aletas negras —está prohibido usar algo de colores para no confundirse con los peces—. El instructor lanza carnada al agua, utiliza un cabo que lleva en su extremo una boya embadurnada con cebo de pescado. Cuando aparece el animal, el instructor lo atrae a la embarcación y puede que los turistas se diviertan en alejar el cebo, y disputárselo a tirones. Entonces los buzos se arrojan al agua en una formación en *U*, llevando bastones de plástico para alejar a los depredadores. Los buzos descienden al fondo arenoso para fotografiar a los tigres que nadan en círculos. A veces se juntan hasta nueve ejemplares.

La capacidad reproductiva del tiburón tigre y su gran tamaño hacen pensar que seguirán en este mundo tremendo, como otra pieza en una biosfera formidable. Se ha calculado que pueden parir de 40 a 80 crías. Los recién nacidos miden unos 70 cm y crecen rápidamente. Los neonatos tienen forma de anguila, son largos y esbeltos. Conforme crecen se van haciendo robustos. Al año de vida ya han doblado su tamaño; en promedio crecen unos 30 cm al año. Después de alcanzar los dos metros, el tiburón tigre comienza a engordar y a aterrorizar a sus posibles enemigos.

Casi me olvido: este depredador ha vagado por los océanos en una singladura insaciable; tan es así que, no contento con dejar voraces huellas en el presente, se han hallado vestigios prodigiosos. Los paleontólogos Stephen Godfrey y Joshua Smith encontraron coprolitos —excrementos fosilizados— de un cocodrilo que vivió hace 15 millones de años. Tres excrementos tenían marcas de dientes de tiburón. Las serraciones corresponden a… ¿adivina usted, amable lector? Nuestro amigo fundamenta lo que es el mundo en un ataque prehistórico un poco escatológico.

El tiburón toro

> Es pescado que acomete a una vaca y a un caballo cuando pace y bebe a orillas de los ríos y se come a un hombre.
>
> FRANCISCO LÓPEZ DE GÓMARA,
> *Historia de la conquista de México*

A principios del siglo xx, cerca de San Carlos, en el río San Juan, un indígena nicaragüense apilaba troncos cuando perdió el equilibrio y cayó al agua. Siguió una explosión de sangre y un grito que se perdió en la selva. Cuando recobraron el cuerpo, lo encontraron mutilado. Días después capturaron a un tiburón robusto de morro amplio y coloración broncínea. En su estómago se encontró la pierna de la víctima. A casi 180 kilómetros del mar Caribe, en plena jungla, había muerto por el ataque de un tiburón toro *(Carcharhinus leucas)*.

En el río Ganges, sagrado para los hindúes, dos tiburones hacen presa de los cadáveres y los peregrinos, el tiburón del

FIGURA VIII.2. *Tiburón toro con sus rémoras (fotografía de Gerardo del Villar).*

201

Ganges y el tiburón toro. Cito este pasaje del viaje del poeta Leonardo Fernández *Nadieco* a Varanasi para acceder a la atmósfera de estos páramos:

> Hombres y mujeres de todas las edades se bañaban en las aguas heladas; incluso la bebían (nuestra guía mencionaba que las aguas del Ganges están tan contaminadas que se consideran sépticas, con registros de millones de bacterias fecales coliformes, treinta grandes drenajes descargan continuamente). Sin embargo, a la gente poco le importaba, algunos encendían veladoras que eran arrastradas como flores en llamas en la cabellera de la diosa Ganga. El guía remó hasta el Manikarnika ghat. Al bajarnos de la canoa, nos recibió la imagen de una pierna saliendo de una pira funeraria.

> El olor acre y dulzón de la carne humana,
> el fuego literal lamiendo el pecho,
> la carne que se ampula y carboniza,
> el vapor que evacua nuestro cuerpo.

> El encargado de lidiar con los turistas nos contó que ahí llegaban cadáveres de todos las regiones del país y que el fuego llevaba encendido desde hacía cientos de años. Primero envuelven el cuerpo en una tela, lo sumergen en el Ganges y después lo queman. La visión de ese momento persistirá en la memoria: en el espacio trémulo que construyen las llamas se levantaba el Sol y duplicaba su majestad naranja en la piel del río, dos perros peleaban a muerte por un hueso, una vaca defecaba a unos cuantos metros y un grupo de niños correteaba un papalote. La muerte y la vida se reconciliaron en ese instante, ese instante era la India vibrando, sonriendo.

¿Cómo es que en estos ríos plagados de basura, carroña y cenizas pululan los galeodos?

El tiburón toro puede penetrar el agua dulce gracias a su fisiología. Es un organismo eurihalino, es decir, se aclimata al agua dulce y al agua salada por igual soportando grandes variaciones. Cuando nada en el mar, sus concentraciones de sodio, calcio y urea aumentan. Posee una glándula rectal cuya función es secretar estos electrolitos. Se concentran en el riñón más que en el músculo. Lo provee de un transporte iónico efectivo. Cuando el tiburón penetra en agua dulce, la actividad de la glándula rectal disminuye, así como el número de sus glóbulos rojos.

Otras cinco especies de tiburón comparten esta característica y habitan el agua dulce: el tiburón del Ganges (*Glyphis gangeticus*), el tiburón diente de lanza (*Glyphis glyphis*), el *Glyphis siamensis*, el de Borneo y el de Nueva Guinea (*Glyphis* sp.).

Se han encontrado tiburones toro en el río Amazonas a la altura de Iquitos, Perú, lejos del mar tanto como 3 500 km. En 1937 el *Alton Evening Telegraph* publicó las fotografías de un tiburón toro capturado cerca de Alton, Illinois, 2 800 km río arriba en el Misisipi. Se han hallado en el Potomac, el Grijalva, el Champoton, el Usumacinta, el Ganges, el Zambesi y el Parammata. Existen numerosos reportes de personas mutiladas en los afluentes del Tigris y el Éufrates. Penetra el lago Cocibolca o Nicaragua, el lago Michigan, el lago Isabel en Guatemala, el Patuca en Honduras, entre otros.

En Nicaragua son famosos, aunque ya muy raros debido a la sobrepesca. Los primeros estudios sobre estos "escualos de agua dulce" fueron realizados en las décadas de los cuarenta del siglo pasado por el jesuita Ignacio Astorqui. Los indígenas de la selva nicaragüense los adoraban como a un dios y les ofrecían cadáveres engalanados. Para entrar al lago Cocibolca, el tiburón nada 180 km desde el mar Caribe a través del río San Juan. Ya Fernández de Oviedo, en el capítulo XLII de su *Historia general y natural de las Indias,* de 1535, específica que dentro de ese lago habita el *tiburón* y el *pexe vigüela,* refiriéndose al toro y al pez sierra (*Pistris* sp.).

En 1852 el arqueólogo estadunidense Ephraim George Squier admiró el hecho de que en el lago abundaran los tiburones toro, o *tigrones,* llamados así por su rapacidad. Squier describió el hecho de que atacaban a los bañistas a tiro de piedra de la orilla y qué él los observaba desde los muros del castillo, cuando proyectaban sus aletas sobre el agua.

En 1877 el tiburón del lago Nicaragua recibió el nombre de *Eulamia nicaraguensis* y diez años después fue bautizado como *Carcharhnius nicaraguensis*. Los naturalistas del siglo XIX pensaban que era pariente del tiburón toro marino, pero que era otra especie; según su opinión, era imposible que el tiburón toro pudiese pasar los rápidos del San Juan para entrar al lago. La teoría de entonces subrayaba la posibilidad de que, en tiempos geológicos pretéritos, el lago se hubiera cerrado dejando atrapada una población de tiburones que se habría adaptado al agua dulce. Fue hasta 1966 cuando se reportó que los tiburones saltaban los rápidos del San Juan como si fueran salmones. H. B. Bigelow y W. C. Schroeder demostraron que toda la población de agua dulce era la misma que la de agua salada y los tiburones del lago Nicaragua eran en realidad *Carcharhinus leucas*.

Desgraciadamente, su población en este lago está muy diezmada. En 1953 un pescador se ufanó de haber capturado él solo más de 7 000 especímenes en ocho meses. Los japoneses instalaron en sus orillas dos procesadoras de carne de tiburón que exportaron más de cuatro millones de libras de aleta rumbo a Asia. Estas factorías cerraron en 1981. Como si la sobrepesca no fuese suficiente, las aguas del Nicaragua están muy contaminadas. En los años ochenta se estimaba que 32 toneladas de aguas residuales eran vertidas cada día por las corporaciones químicas. Aunado a esto, la sedimentación del río San Juan debida a la deforestación contribuye a la desaparición del tiburón toro en esta zona.

Los tiburones toro nacen cerca de los esteros y fijan en su memoria el lugar de nacimiento y su área de crianza. Comparados con otros tiburones réquiem, el toro nace con una talla pequeña, unos 70 cm de longitud. Su tasa de crecimiento es muy baja, por lo que al cabo del primer año miden 85 cm y crecen en promedio unos 15 cm al año.

Cuando adultos, van y vienen, se juntan en cardúmenes o vagan solitarios, desde los abismos hasta aguas de menos de 50 cm de profundidad. Su cuerpo es sólido, broncíneo, con un rostro romo y una efigie maciza. De joven, la tonalidad en la punta de sus aletas es negra y se decolora con los años. Llega a tener un color plateado y gris en el lomo y blanco en el vientre. Viven cerca de 25 años y las hembras pueden llegar a medir hasta 3.5 m. Es vivíparo y tiene de una a tres crías. Su periodo de gestación es de 11 meses. Los machos maduran sexualmente a los 15 años y las hembras a los 18.

Michelle Heupel y sus colaboradores estudiaron los movimientos de tiburones toro en el río Caloosahatchee, al suroeste de Florida, entre 2003 y 2006. Colocaron 25 receptores acústicos para monitorear el patrón de movimiento de los tiburones en el río, que mide unos 108 km de largo. Un individuo se movía hasta 14 km al día y viajaban a lo largo de todo el río, moviéndose en contracorriente durante el día y dejándose lle-

Figura VIII.3. *Tiburón toro en Playa del Carmen, México (fotografía de Roger Mas).*

FIGURA VIII.4. *Tiburón toro (fotografía de Carlos J. Navarro).*

var por ella durante la noche, nadando por la superficie durante la noche y sobre el lecho del río durante el día. El río Caloosahatchee es un área de crianza para ellos y un refugio para los
manatíes. En este río, J. A. Olin y su equipo descubrieron que
los tiburones juveniles ampliaban el rango de sus presas conforme la corriente aumentaba; en lugares de poca corriente, los
bagres los sustituyen como depredares tope. Así pues, teóricamente es más probable encontrar un tiburón toro en el río
durante la noche en sitios de gran afluencia de agua dulce.

Nuestro amigo es un gourmet que no desprecia nada. Al
conquistar diversos ambientes, la gama de sus presas es enorme.
En su estómago se han encontrado erizos, camarones, cangrejos
y multitud de peces óseos. Devora otras especies de tiburones
como *Carcharhinus limbatus, C. acronotus, C. plumbeus, Rhizoprionodon terranovae, Sphyrna tiburo* y *S. lewini,* además de
rayas como *Mobula* sp. En los ríos colombianos han comido pez
sierra *(Pristis pectinata).* Por sus hábitos ha podido devorar perros, tortugas, monos, terneros, pájaros y —tristemente— ba-

sura que el hombre lanza a los ríos, como plástico y botellas, mezclada con detritos y pastos.

La crónica de Francisco López de Gómara sobre el pez que devora caballos junto a los ríos nos remite al tiburón toro. En marzo de 2003 el entrenador equino Alan Treadwell acompañaba a su caballo de 500 kg mientras se bañaba en el río Brisbane, Australia, cuando un tiburón toro mordió al equino en las ancas. El tiburón mató al caballo y se alimentó con él. Esto sucedió apenas unas semanas después de que un tiburón toro mordiese en la cabeza al joven de 18 años Nathan Shaxson, tan sólo a 15 km de distancia del ataque al caballo.

Desde que en 1992 L. E. L. Rasmussen y F. L. Murru evaluaron la concentración de esteroides en la sangre de algunos tiburones, se ha mitificado el tema sobre los niveles de testosterona en el tiburón toro. Su agresividad ha sido ligada a las hormonas. Para que el lector compare, he aquí algunos datos: en un hombre joven la concentración de testosterona varía entre 2.5 y 12 ng/ml; en un elefante africano macho (*Loxodonta*

FIGURA VIII.5. *Varios tiburones toro se agrupan alrededor de un buzo (fotografía de Carlos J. Navarro).*

207

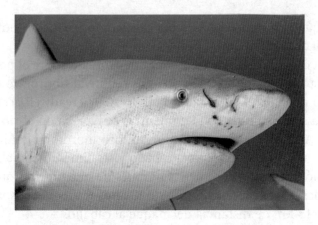

FIGURA VIII.6. *Detalle de la cabeza de un tiburón toro (fotografía de Carlos J. Navarro).*

africana), la testosterona se dispara a 64.4 ng/ml siempre y cuando halle a una hembra en época reproductiva; en un tiburón toro hembra (son mayores que los machos) 0.1 ng/ml, mucho menos que en un hombre —después de todo debe conservar su feminidad—.

¿De dónde sale la falacia de la testosterona? Rasmussen encontró una concentración de 358 ng/ml en un tiburón macho. En promedio, ésta va de 10 a 20 ng/ml, pero cuando llega la época de reproducción su nivel aumenta hasta 185 ng/ml. Más que un elefante, en efecto. Ahora, otros tiburones más pequeños tienen concentraciones de testosterona más altas. En 1995 C. A. Manire registró 303 ng/ml en un macho y en una hembra, así como 74 ng/ml en la sangre de tiburón martillo. No se excite el lector ávido pensando que puede incorporar esta testosterona a sí mismo bebiendo sangre de tiburón —una creencia moderna— como si se inyectara esteroides. El metabolismo humano disuelve radicalmente la concentración de testosterona cuando se absorbe a través de los intestinos. Es decir, no sirve de nada matar estos animales en pos de una fuerza masculina.

Nuestro monstruo era tan largo que, cuando empezó
a nadar alrededor de nuestro barco, su cabeza emergía
de un lado de la embarcación y su cola estaba al otro
lado. Parecía tan increíblemente grotesco, inerte y
estúpido cuando mostraba su rostro que no parába-
mos de reír aunque nos percatábamos de que tenía la
fuerza suficiente en su cola para destrozarnos si se
decidía a atacar

Thor Heyerdahl, *Kon-Tiki, a través
del Pacífico en balsa*

Los tiburones más gigantescos en la actualidad son pacíficas
criaturas que recorren el mar con sabia lentitud mientras filtran
organismos minúsculos.

El tiburón ballena

En 1947 el *Kon-Tiki* navegaba por la corriente de Humboldt
hacia las islas del Pacífico. Era un bote experimental construido
al modo de las antiguas embarcaciones precolombinas; su capitán era el explorador noruego Thor Heyerdahl. Súbitamente la
tripulación divisó a un gigantesco tiburón más largo que el
barco. El escualo los acompañó cerca de una hora. Asustados,
decidieron matarlo y le arrojaron un arpón en la cabeza aplanada. El gigante huyó. Heyerdahl debería haber sabido que el
tiburón ballena no representa ninguna amenaza, como sabían
los antiguos vietnamitas, que lo adoraban bajo el nombre sagrado de Cá ong.

Rhincodon typus es el pez más grande del planeta. El individuo más grande científicamente registrado fue capturado en
China en 2008 y medía 12.6 m y pesaba 21 toneladas. También
se tiene registrada una hembra de 12.1 m, enmallada cerca de
Mangalore, India, y un macho de 12 m en Bombay. Existen

FIGURA VIII.7. *Dos tiburones ballena* (Rhincodon typus) *en aguas mexicanas (fotografía de Carlos J. Navarro).*

reportes apócrifos como el reportado por Chen en 1997 de un tiburón capturado en Taiwán que medía 20 m y pesaba 34 toneladas. Según L. J. V. Compagno, existen viejos avistamientos en donde se asegura que hay tiburones ballena mayores a los 21 m.

Su talla de nacimiento es de 55 a 60 cm, lo que nos da una idea de su formidable tasa de crecimiento. Se piensa que pueden vivir de 80 a 100 años y maduran sexualmente entre los 20 y los 30 años, a los nueve metros de longitud total.

Es un pez corpulento y hermoso, la piel de un tono azul oscuro a pardo con diseño de lunares, motas y líneas blancas en la parte dorsal. En Java se le conoce como *geger lintang* o "estrellas en el lomo". Algunos científicos sugieren que esta coloración les ayuda a contrarrestar los efectos negativos de la radiación solar, ya que el tiburón ballena pasa la mayor parte de su tiempo en la superficie, filtrando su alimento.

Prefiere aguas tropicales con temperaturas de 26 a 30 °C y su distribución es cosmopolita, en una banda entre los 30° N y los 35° S. Existen áreas de agregación conocidas, como el arrecife de Ningaloo en Australia, Belice, Útila en Honduras, islas Seychelles, Holbox en Yucatán, Indonesia, Madagascar, Mozambique, Natal en Sudáfrica y la bahía de La Paz en el golfo de California, que funge como un tipo de kindergarten, un área de protección y crianza. A pesar de que parece solitario, se han divisado grupos con más de 100 individuos. En comparación con otros tiburones, éste presenta un hígado pequeño. La hipótesis es que ingiere aire para mantenerse a flote.

FIGURA VIII.8. *Tiburón ballena filtrando agua para alimentarse del plancton, en isla Contoy, México (fotografía de Gerardo del Villar).*

Se alimenta de una gran variedad de zooplancton y fito-plancton; también de cardúmenes de anchovetas y sardinas; ocasionalmente ingiere atunes pequeños y calamares. Posee 300 filas de dientes minúsculos en cada mandíbula —se han contado hasta 27 000 dientecitos—. Quizá son no funcionales.

A diferencia de otros filtradores, este gran pez traga a sus presas de manera más dinámica. Filtra agua velozmente succionando parches de plancton. También se lo observa con frecuencia filtrando pasivamente en una posición vertical con la cabeza en la superficie. El tiburón ballena tose; se supone que toser le ayuda a limpiar sus filtros branquiales cuando acumulan muchas partículas.

En 1996 S. J. Joung y sus colaboradores descubrieron que esta especie es ovovivípara: examinaron a una hembra de 10.6 m, arponeada en Taiwán, que contenía 300 embriones de 50-53 cm. Anteriormente se habían registrado embriones de tiburón ballena en estómagos de tiburones azules y peces espada. Se han registrado recién nacidos como presas de otros animales. Se encontró un tiburón ballena juvenil en el estómago de un tiburón azul. En 1993 unos pescadores capturaron un marlín azul (*Makaira mazara*) al norte de la isla Mauricio. Cuando evisceraron al pez encontraron en su estómago un tiburón ballena de 61 cm... ¡que aún vivía! Este registro y el original, cuando Andrew Smith describió la especie por primera vez en 1928, a partir de un tiburón que fue arponeado en Table Bay, Sudáfrica, hacen pensar que esta región es un área de alumbramiento.

Ha sido mantenido en acuarios, principalmente en Japón, como una atracción turística. En el expoacuario de Okinawa se mantuvieron 16 individuos con tallas de tres a seis metros, mientras que en China un recién nacido de 53 cm sobrevivió 143 días en cautiverio.

Se asocian con otros animales mientras nadan. Algunos investigadores piensan que estas asociaciones podrían tener una ventaja alimentaria. Se han observado tiburones ballena nadando entre cardúmenes de hasta 500 tiburones martillo y mantarrayas *(Manta birostris)* en la isla Espíritu Santo en el golfo de California. También nadan entre tiburones tigre en las islas Galápagos y junto a cardúmenes de atún en el mar del Coral, lo que concuerda con el desove del pez linterna *(Diaphus)*.

En diciembre y enero se le encuentra en isla Navidad, en el Índico, lo que concuerda con los desoves en masa del cangrejo rojo *(Gecarcoidea natalis)*. Rémoras, peces piloto y nubes de peces plateados gnathanodones frecuentemente acompañan al titán en sus viajes. En el golfo de Guinea, los pescadores buscan a los tiburones ballena y cuando los encuentran tienden las redes para capturar a los peces asociados.

Tradicionalmente ha sido masacrado, especialmente en Asia. Existen pesquerías artesanales en Pakistán y Taiwán que utilizan el arpón para matarlo. En la India y las Filipinas su pesquería decayó en la década de los noventa del siglo pasado debido

FIGURA VIII.9. *Tiburón ballena filtrando agua en el golfo de California (fotografía de James Ketchum).*

a la matanza intensiva y a la alta demanda de carne de tiburón y aletas grandes por parte de China. Justamente es en Taiwán donde es más apreciado: en 2001 un tiburón ballena de 10 toneladas valía 70 000 dólares. Se considera que sus poblaciones se han reducido en las últimas décadas como resultado de las pesquerías no reguladas. Otra amenaza son los motores fuera de borda: se han observado tiburones heridos o con las aletas mutiladas debido a las hélices.

El ecoturismo ha hecho que sea más rentable vivo que muerto. Es una especie muy atractiva por su tonelaje y su belleza, y por ser inofensiva para el ser humano se puede nadar junto a ella. Existen negocios que ofrecen zambullirse con él en las áreas de agregación en México, Australia, Filipinas, Sudáfrica, Seychelles, Maldivas, Belice y Honduras.

El tiburón peregrino

El 24 de octubre de 1868 apareció un grabado titulado "El pez maravilloso" en el semanario *Harper's Weekly*. La imagen representa a tres caballeros que inspeccionan a un monstruo varado en la playa. El animal es un tiburón enorme con la primera aleta dorsal del tamaño de una vela y dos patas posteriores con garras. Esta quimera podría haberse basado en un enorme tiburón peregrino.

Es que el segundo pez más grande del mundo es un viajero cosmopolita llamado *Cetorhinus maximus;* puede alcanzar los 15 m de longitud y provoca grandes confusiones en las imaginaciones exaltadas. Por ejemplo: el 25 de abril de 1977 el buque pesquero japonés *Zuiyō Maru* capturó una enorme criatura muerta con su red de arrastre a 300 m de profundidad mientras navegaba al este de Nueva Zelandia. La carcasa apestosa pertenecía a un animal de 1 800 kg y 10 m de longitud. La tripulación pensó que era un animal desconocido para la ciencia; según su testimonio, el animal tenía un cuello largo, cuatro aletas rojizas, una cola de dos metros y carecía de aleta dorsal. El capitán

Tanaka decidió desechar el cadáver en el mar. Las únicas pruebas de su descubrimiento fueron fotografías tomadas por los pescadores y algunas muestras del esqueleto, piel y aletas. El profesor Shimaka de la Universidad de Yokohama aventuró que los restos pertenecían a un plesiosaurio. El director de investigación animal del Museo Nacional de Tokio, el profesor Imaizumi, dijo a un periodista que era un precioso descubrimiento pues demostraba que estos animales aún no se extinguían, mientras que el doctor Yasuda dijo que los restos pertenecían a un animal prehistórico. Estas opiniones desataron un furor mediático en Japón y pronto se apoyó la tesis de que se había descubierto un plesiosaurio. Tal hipótesis encontró eco en los creacionistas, criptozoólogos y otros charlatanes.

El supuesto descubrimiento del siglo terminó abruptamente cuando llegaron los resultados de los análisis de los tejidos realizados por la compañía pesquera Taiyo mediante cromatografía de intercambio iónico. Los reportes bioquímicos mostraron que la fibra de la carcasa era similar al cartílago de las aletas de los tiburones.[1]

No es raro que se confunda una carcasa de tiburón peregrino con una criatura legendaria. Esto ha sucedido con la llamada "Bestia de Stronsa" de las islas Orkney, Escocia, en 1808; la carcasa de la bahía Raritan, Nueva Jersey, en 1822; la "serpiente" de la isla Henry, Canadá, en 1934; el monstruo de Scituate, Massachusetts, en 1970; el "monstruo de Block Ness", de la isla Block, en 1996, entre otros.

Los tiburones peregrinos semejan serpientes marinas incluso cuando viven. A veces se alimentan en grupos cerca de la

---

[1] Diversos investigadores, como Huevelmans en 1968, Burton y Burton en 1969, Cohen en 1982, Bright en 1989 y Ellis en 1989, han estudiado los procesos de descomposición del tiburón peregrino que frecuentemente es arrojado a las playas. Cuando el pez se corrompe, las mandíbulas adheridas a las branquias se caen primero y el cadáver parece tener una pequeña cabeza y un gran cuello, mientras que la aleta caudal y las dos dorsales se pierden pronto debido a la ausencia de soporte vertebral. Este proceso moldea una forma que superficialmente semeja a un plesiosaurio. Cohen lo llama "pseudoplesiosaurio" mientras que Kuban lo nombra "plesioshark".

Figura viii.10. *Tiburón peregrino* (Cetorhinus maximus) *capturado en la localidad de Popotlá, al norte de Ensenada, México. Aunque protegido en México, los pescadores a veces desconocen las especies.*

superficie, en fila india, y han sido confundidos con gibas de monstruos marinos. Son muy robustos. Almacenan grandes depósitos de grasa en el músculo blanco y el hígado. Sus reservas de grasa aumentan durante el verano para soportar el invierno. Esta característica les permite habitar zonas frías; de hecho, prefiere temperaturas de 8 a 14 °C, siguiendo grandes concentraciones de plancton.

Es cosmopolita e incluso se le ha reportado en regiones ecuatoriales, no obstante ser más común en áreas heladas. Un peregrino viajó de Nueva Inglaterra hasta las costas del Brasil, en la desembocadura del río Amazonas, donde pasó más de un mes.

Cetorhinus significa "nariz de monstruo marino"; fue bautizado así debido a un largo morro puntiagudo debajo del cual se abre una mandíbula cavernosa de hasta un metro de ancho. Algunos lo pueden confundir con un enorme tiburón blanco debido a su semejanza; ambas especies son lamniformes, pero la diferencia entre ellas consiste en su alimentación.

En inglés es llamado *basking shark* o tiburón canasta por su peculiar forma de alimentarse, nadando con lentitud por la superficie mientras abre la bocaza y con las hendiduras branquiales erectas. En éstas posee estructuras en forma de peine llamados rastrillos que pueden capturar microorganismos mediante un moco que secreta su laringe. Puede filtrar cerca de 2 000 toneladas de agua por hora, de la cual extrae millones de seres diminutos que forman el zooplancton.

Se ha calculado que un individuo de 6.7 m requiere cerca de 663 calorías por hora para mover su pesado cuerpo. Cuando en el invierno las concentraciones de plancton descienden, este tiburón consume sólo 410 calorías por hora. Esto significa que en el invierno este gigante gasta más energía de la que puede recuperar. Durante esta época se han capturado individuos sin sus rastrillos branquiales, lo que sugiere que, cuando las concentraciones de plancton descienden, el tiburón peregrino podría cambiar sus hábitos y alimentarse en el fondo o hibernar hasta la primavera. La hipótesis de la hibernación parece haberse descartado en 2003, cuando D. W. Sims y sus colaboradores demostraron mediante marcaje satelital que en invierno estos tiburones nadaban a profundidades de 900 m o más para alimentarse de plancton.

Es un pez social que forma grupos de tres individuos y cardúmenes de más de cien que nadan juntos. Aunque es muy lento, se le ha visto saltar fuera del agua.

Existe una fuerte segregación sexual dentro de sus poblaciones. Durante el verano, los pescadores en las islas Británicas capturan hembras adultas en una proporción de 40:1, mientras que en invierno capturan sólo machos.

Tristemente es una especie amenazada y considerada en peligro de extinción en el norte de Atlántico y norte del Pacífico, donde sus pesquerías se han colapsado. Tradicionalmente han sido masacrados por sus hígados, rica fuente de vitamina A, y su aceite, utilizado como lubricante y como combustible en las lámparas antiguas. En la actualidad el hígado se vende como afrodisiaco en el mercado asiático, como base para cósmeticos y como suplemento alimenticio.

Su tarda recuperación se debe a una lenta madurez sexual. Se presume que la alcanzan a los 18 años y casi no hay datos sobre su reproducción. Sólo se ha registrado una hembra grávida, en 1943, que llevaba seis embriones. La poca incidencia de hembras preñadas dio paso a la hipótesis de que sus áreas de nacimiento están muy alejadas de sus áreas de captura. Se piensa que es un organismo ovovivíparo que presenta oofagia. Su periodo de gestación ha sido estimado en 14 meses y su talla de nacimiento es de 1.5 a dos metros.

Salta con frecuencia. Súbitamente emerge y se lanza al aire girando para romper la superficie. Se han contado hasta tres saltos de un mismo individuo en menos de 30 segundos. Se recomienda a los marineros que navegan cerca alejarse lo más pronto posible. El único incidente mortal para el ser humano que haya involucrado a esta especie ocurrió antes de la segunda Guerra Mundial, cuando un tiburón peregrino saltó y cayó sobre un pequeño bote de pesca; la embarcación se fue a pique y tres de sus ocupantes perecieron ahogados en las aguas de Firth of Clyde, en la costa escocesa.

El megamouth

El 15 de noviembre de 1976, en aguas hawaianas, una embarcación de investigación de la marina de los Estados Unidos de América capturó a un grotesco y enorme tiburón que se había enganchado en el ancla del navío, a 165 m de profundidad. Fue congelado y preservado en un museo de Honolulú. La prensa lo bautizó como *megamouth,* megaboca, bocazas, boquiancho. El pez medía 4.4 m y pesaba 750 kg. Era un tiburón desconocido para la ciencia. Fue descrito y clasificado como un lámnido por L. R. Taylor en 1983, quien lo bautizó *Megachasma pelagios.*

Otros dos ejemplares se capturaron en años posteriores. Un macho de 4.4 m y 705 kg cerca de isla Catalina, California, en 1984, y otro macho de 5.1 m y 690 kg, que se había quedado

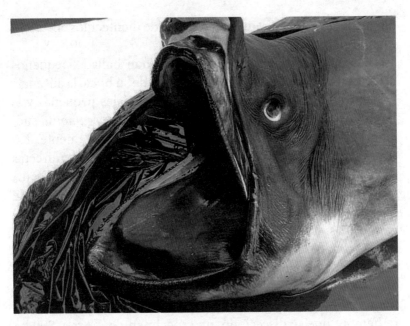

FIGURA VIII.11. *Detalles del primer tiburón* megamouth *o "bocón"* (Megachasma pelagios), *encontrado en aguas mexicanas en 2006 (fotografía de José Leonardo Castillo-Geniz).*

varado en la playa de Mandurah, Australia, en 1988. Otros tres fueron registrados en aguas de Japón durante los años noventa. Desde entonces se han reportado en el Atlántico, el Pacífico y el Índico; en aguas de Brasil, Java, Indonesia, Australia, Senegal, Filipinas, Ecuador, Taiwán y Japón. Leonardo Castillo Géniz describió el primer *Megachasma* capturado en el Pacífico occidental mexicano y desde entonces se han capturado otros dos ejemplares en aguas de Baja California. Los ejemplares son rarísimos y se desconoce su situación poblacional. Hasta la fecha se han capturado 22 especímenes.

El *megamouth* es un tiburón corpulento con una enorme cabeza y una hermosa mandíbula inferior, iridiscente debido a dos capas de tejido con cristales de guanina plateada. La boca es su característica más conspicua; muy protrusible, exhibe una

219

lengua larga y ancha, y más de 200 filas de dientecillos en ambas mandíbulas.

Es planctívoro; en su estómago se han hallado pequeños crustáceos y medusas. Debido a la forma de su boca, la ausencia de labios de cartílago, las aberturas branquiales pequeñas y la larga cavidad bucofaríngea, se presume que el *megamouth* succiona gran cantidad de agua mientras nada lentamente. No obstante, K. Nakaya sugirió en 1998, con evidencias indirectas como la anatomía, la piel elástica y el estudio detallado de fotografías, que el *megamouth* más bien engulle gran cantidad de plancton o pequeños cardúmenes de peces acercándose y tragándoselos de un enorme bocado, tal como hacen algunas ballenas como los rorcuales o las jorobadas. Esto sería un comportamiento depredatorio único entre los elasmobranquios.

Se desconoce casi todo sobre su reproducción. Los machos tienen claspers muy grandes y gruesos, mientras que la primera hembra que se diseccionó, un espécimen de 4.8 m y 800 kg capturado en Japón, era virgen, con dos vaginas tras el tracto reproductivo cubierto con un himen. Se han encontrado cápsulas de huevos en hembras diseccionadas posteriormente, por lo cual se supone que es una especie ovovivípara.

D. R. Nelson y sus colaboradores siguieron a un *megamouth* mediante sensores acústicos durante seis días. Reportaron que el animal realizó migraciones verticales muy notables. Durante el día, se sumergió más de 170 m y durante la noche ascendió a la superficie. Los investigadores sugieren que sus movimientos están determinados por los niveles de la luz solar.

Existen fósiles de dientes muy semejantes a los del *megamouth* actual en depósitos del Mioceno, los cuales planteaban un reto para los paleontólogos pues no sabían clasificarlos. Ahora se piensa que pertenecen a grupos tempranos de megachásmidos. En 2006 K. Shimada describió fósiles de dientes del Cretácico tardío y los denominó *Megachasma comanchensis,* lo cual prolonga el origen de este grupo hasta la época de los dinosaurios.

Kinski dice que la naturaleza está llena de erotismo.
Yo no veo mucho de erótico; lo que veo es algo com-
pletamente obsceno. Es la esencia violenta de la naturaleza [...] veo fornicación, asfixia, estrangulamiento
y lucha por la supervivencia, crecimiento, putrefac-
ción. Por supuesto, hay mucho sufrimiento; el mismo
sufrimiento que nos rodea. Los árboles son miserables, los pájaros son miserables, no creo que canten,
sino que se retuercen de dolor

Werner Herzog

A los 62 años Mike Spalding se consideraba un atleta; había
cruzado siete canales entre las islas hawaianas. El 16 de marzo
del 2003 nadaba en el canal de Alenuihaha intentando llegar a
Maui. Eran las ocho de la noche. Un kayak lo seguía de cerca,
por si requería ayuda. De pronto Bubba, el hombre del kayak,
escuchó un alarido espantoso. Remó lo más rápido que pudo
hacia Mike que seguía gritando pero no pudo ver nada en el
agua. Subió al herido y pidió ayuda por radio. El fondo de la
embarcación se llenó de sangre. Bubba pensó en lo peor, tiburones gigantescos devoradores de hombres. La herida de Mike
en la pantorrilla izquierda era profunda y circular, como si la
carne hubiese sido removida por un sacabocados.

El atacante fue un feroz tiburón... de 50 cm.

A *Isistius* se le conoce como cigarro, cortagalletas o tollo
pitillo. Es clasificado dentro de la familia *Dalatiidae* y consta de
tres especies: *I. labialis,* que habita los mares de China; *I. pluto-
dus,* del cual sólo se han obtenido 10 ejemplares, e *I. brasiliensis.*
Este pequeñín, que no llega a los 70 cm y a veces ni a los 10,
puede ser uno de los más voraces depredadores del reino animal
considerando la escala de su boca respecto a los mordiscos que
logra. Se le ha capturado a profundidades de hasta 3 500 m
mediante redes que no superan los dos nudos de arrastre.

221

FIGURA VIII.12. *Mordida de tiburón cigarro a un elefante marino del norte, en isla Guadalupe, México (fotografía de Mauricio Hoyos).*

Es un pez bioluminiscente con la forma de un cucurucho o un habano rechoncho. Lleva los fotóforos en su vientre. Como un rodillo luminoso, ronda los abismos marinos, donde espera a los grandes calamares o los buceos profundos de los elefantes marinos, y sube por las noches a la superficie en busca de animales en crucero. Habita las sombras. Sus ojos ovales son esmeraldas que le otorgan una visión periférica; además, posee espiráculos delante de las branquias que le permiten ralentizar su nado sin tener problemas de oxigenación. Alrededor de éstas exhibe un falso collar; en las tinieblas lo hace parecer un pez óseo. Su brillo en la noche y su incorporación en cardúmenes lo disfrazan como grupos de otros peces. Quizá este camuflaje le ayuda a acercarse lentamente a sus despistadas víctimas.

Se le define como ectoparásito, pero más bien es un depredador audaz y molesto. Como los mosquitos, atormentan a sus presas; como los murciélagos vampiros, se pegan a sus víctimas; pero ni los mosquitos ni los vampiros arrancan pedazos de hasta siete centímetros de diámetro y tres de profundidad.

El éxito de semejantes ataques radica en su boca. Pega sus enormes labios y se fija succionando el área elegida; retrae la lengua para crear una presión negativa.[2] Es quizá el único tipo de tiburón que usa su lengua, que en los demás se encuentra pegada. Luego cercena la piel y el músculo con su formidable mandíbula. La superior posee de 30 a 37 filas de dientecillos romos. La mandíbula inferior es una sarta infernal de 31 filas de cuchillos triangulares, altos, anchos que se intercalan como una sierra. Puede cambiar hasta 15 veces todos sus dientes inferiores, hasta que el tiburón alcanza un tamaño de 50 cm. Se le han contando unos 450 dientes.

Muerde sacando el pedazo. Ataca pinnípedos, cetáceos de todo tipo, desde zífidos, orcas y ballenas hasta delfines, tiburones grandes, atunes, peces espada, cardúmenes perciformes, y devora calamares. Según M. Heithaus, en Hawái casi todos los adultos del delfín *(Stenella longirostris)* presentan cicatrices del tollo cigarro.

En isla Guadalupe pude contemplar juveniles y adultos de elefante marino del norte *(Mirounga angustirostris)* con heridas circulares de tiburón cigarro. La mayoría de las hembras presentaban cicatrices por todo el cuerpo. En un macho pequeño de 1.8 m de longitud, conté 18 heridas en su vientre —una de ellas todavía sangrante—, nueve en su lomo, nueve en su costado derecho, una muy cerca del ojo y 10 más en su costado izquierdo —también una de ellas con sangre—. En esta isla, Mauricio Hoyos ha observado tiburones blancos con mordidas de tiburón cigarro en el rostro.

En 2010 Y. Papastamatiou y su equipo revisaron mordidas de tiburón cigarro en peces pelágicos de Hawái. Encontraron que los tollos prefieren al pez espada *(Xiphias gladius)* sobre las demás víctimas. Otros peces como atunes o bonitos exhibían tan sólo una mordida, mientras que el pez espada presentaba el

---

[2] Los tiburones y los peces óseos presentan una lengua dura, de cartílago, llamada basial.

FIGURA VIII.13. *Esta hembra de elefante marino del norte ha sufrido múltiples mordidas de tiburón cigarro en isla Guadalupe, México (fotografía de Mauricio Hoyos).*

mayor número de cicatrices: más de cinco por individuo. Estos ataques ocurrieron mientras los peces estaban muriendo en palangres, lo que podría significar que fue el tejido del pez espada el que más gustó a los tollos.

Además, los investigadores descubrieron cambios estacionales en los ataques, por lo que supusieron que el tiburón cigarro puede migrar hacia otras aguas durante el invierno. La mayoría de las mordidas fueron hechas por hembras —se infiere por su tamaño—, lo que hace suponer que este tiburón se segrega sexualmente.

A veces se juntan en enjambres verdosos. Casi nunca caen en la pesca, por lo que encontrar un ejemplar es todo un suceso. Les importan poco los cambios de presión y la concentración de gases en el agua; pueden migrar tres kilómetros verticalmente hacia la superficie y de regreso. Es un vivíparo aplacentario que puede dar a luz hasta nueve crías. Los machos raramente alcanzan tallas mayores a 40 cm, mientras que las hembras alcanzan hasta los 51. Se desconoce su población.

Historias de pescadores filipinos retratan la habilidad de este animal para morder un pez, atravesarlo y salir por el otro lado. Le apodaron el tiburón taladro. En los años setenta del siglo pasado se descubrieron mordiscos en la cubierta de neopreno de los sonares de algunos submarinos nucleares de la Armada estadunidense. El agujero produjo fugas de aceite e hizo la navegación imposible. Los submarinos debían regresar a la base para ser reparados. Un tollo antiimperialista puede más que muchas bombas.

En isla Guadalupe, miro el mar nocturno e imagino al tiburón cigarro lanzarse como un impertinente moscardón taladrante hacia los cuerpos de las focas. A lo lejos escucho el aullido de una foca madre desde la roca. Me evoca una frase del cineasta Werner Herzog: "La vida en el océano debe ser un perfecto infierno. Un vasto e impío infierno de peligro inmediato y permanente. Tan infernal como para que durante la evolución algunas especies —el hombre incluido— reptasen

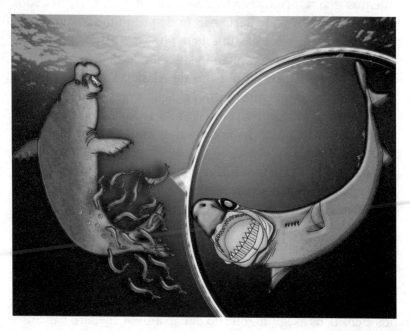

Figura VIII.14. *Representación de un ataque de tiburones cigarro* (Isistius spp.) *a un elefante marino del norte (ilustración de Jorge Ortiz).*

hacia algunos pequeños continentes de tierra firme, donde continúan las lecciones de oscuridad".

El tiburón boreal

En el sempiterno frío del Ártico, entre icebergs y seracs, bajo las capas de hielo marino, habita el *skalugsuak*. El tiburón boreal o de Groenlandia *(Somniosus microcephalus)* es uno de los depredadores más grandes de las aguas polares. Alcanza tallas de hasta siete metros y en su estómago se han encontrado restos de calamares gigantes, pulpos, crustáceos, erizos, focas, toninas, caribúes, rayas, tiburones, bolsas de plástico, caballos, morsas y osos polares. Ha devorados narvales enmallados y una gran cantidad de peces de aguas heladas.

Mediante telemetría satelital se han estudiado sus movimientos geográficos y verticales. Cada día, este depredador realiza inmersiones de hasta 450 m de profundidad durante la mañana y se acerca a la superficie por las noches. En julio y agosto se le encuentra rondando las colonias de focas de steller *(Eumetopias jubatus)* en el golfo de Alaska. Es en esta época cuando las focas juveniles entran al agua a emprender la aventura de la vida. El depredador las embosca ayudado por su coloración oscura, que evita la detección inmediata por parte de su presa.

En 1995 C. E. Herdendorf registró un tiburón boreal a 2 200 m de profundidad, cerca de un pecio hundido en 1857 en aguas de Savannah, a orillas del Atlántico. Pero en latitudes más altas, cerca del Polo Norte, el pez se desplaza cerca de la superficie durante el día.

Multitud de copépodos parasitan sus ojos. Principalmente la especie *Ommatokoita elongata*, que se aferra a la córnea por medio de filamentos de anclaje llamados bullas. Aunque algunos científicos aseguran que no dañan a su hospedero e incluso podrían representar una simbiosis benéfica, un estudio de J. D. Borucinska en 1998 reportó que los copépodos ocasionaron ulceraciones epiteliales, queratitis, mineralización y fibrosis de la córnea en seis tiburones boreales. Los copépodos son bioluminiscentes y le dan una apariencia fantasmal al escualo casi ciego que navega con ellos.

Tiene gran cantidad de ácido úrico en el músculo y también óxido de trimetilamina. Esto hace suponer que su carne es sumamente tóxica; los perros tiradores de trineo no pueden levantarse después de haberla comido. Sin embargo, a la gente de los hielos le fascina. Por ejemplo, en Islandia se pesca este tiburón y, después de decapitarlo, eviscerarlo y despedazarlo, se entierran los restos en el hielo por un mes durante el verano o tres meses en invierno. Se le entierra lejos de los lugares habitados para que la fetidez no moleste; luego se saca y se deja secar por cuatro meses dentro de una covacha oscura. A este proceso se le llama curación. Una vez curada, la carne se consume en trocitos con un fuerte olor a orina estancada. El efecto es similar a la embriaguez. Este platillo se conoce como *kæstur hákarl* y para los islandeses es una delicadeza. El chef internacional Anthony Bourdain lo describió como la cosa más asquerosa y horrible que había probado jamás.

En la medicina popular de los escandinavos, el aceite del hígado de este tiburón, mezclado con cenizas de aves marinas, representa un poderoso anticancerígeno.

Si consideramos que la última gran glaciación fue entre 100 000 y 10 000 años atrás y en ella se congelaron el Polo Norte y las zonas árticas, entonces el tiburón boreal es un organismo muy reciente desde una óptica evolutiva.

IX. El gran tiburón blanco

Tengo un amigo que jura haber visto a Dios.
Yo he visto al gran tiburón blanco.
Estamos en igualdad

JIM CROCKETT

El agua es verde y la nieve marina del plancton me impide tener una buena visibilidad. Estoy a media agua en Mossel Bay, Sudáfrica, tiritando de miedo a unos metros de Seal Island. La temperatura del mar es de 16 °C, miro mi neopreno negro y pienso que soy una foca lenta y vieja en plena zona de depredación del tiburón más formidable que existe. Estoy fuera de la jaula que podría protegerme.

Alrededor, un buzo de Namibia sin neopreno parece disfrutar la frescura; otro buzo de Nueva Zelandia vaga despreocupado. Yo quiero salir despavorido. ¿Qué hago aquí, en medio del área donde los tiburones blancos saltan para llevarse entre sus fauces a las raudas focas que rompen la superficie? Trato de olvidar todas las historias que sé sobre ellos. Me concentro en la belleza del mar.

En eso, una sombra cubre las esponjas violetas que admiraba. Miro hacia arriba y observo con ardor casi religioso la mole de una hembra plateada que cruza, como una divinidad eternizada, el tiempo.

El gran tiburón blanco es entre los tiburones el más amado, el más odiado, el más temido, el más famoso y el más incomprendido. Quizá ningún animal provoque más fascinación y temor en la psique humana. En el ideario colectivo, cuando se menciona el vocablo *tiburón* la imagen que se representa es la de esta especie que ocasiona controversia entre sus detractores y sus defensores.

Sólo hay dos megadepredadores marinos más grandes que él: el cachalote y la orca. Los cachalotes han atacado lanchas y barcos para defenderse de la caza, y si bien no existen reportes de orcas que hayan matado seres humanos en el mar,[1] sí han hundido yates. En cambio, el tiburón blanco es la especie de tiburón que más seres humanos ha matado e incluso ha llegado a devorarlos.

Verlo en su hábitat es acceder a un momento que se congela para siempre en la memoria. Su efigie es de monstruo y potencia, pesadilla y belleza.

En 1776 Thomas Pennant describió al tiburón blanco en estos términos:

> Crecen hasta llegar a ser un gran bloque. Gillius dice que en su estómago se encontró un cadáver entero, lo cual no es increíble, considerando su vasta codicia por la carne humana. Son el pavor de los marineros del trópico, donde siguen a los barcos esperando alimento arrojado por la borda. Un hombre que sufrió esta desgracia murió sin redención. Los nadadores frecuentemente son muertos por ellos. A veces pierden un brazo o una pierna, a veces son partidos en dos sirviendo como bocados de este hambriento animal.

Herman Melville escribió en *Moby Dick*:

> Esta cualidad elusiva que causa el pensamiento de la blancura cuando se divorcia de asociaciones más amables, y unida a cualquier objeto terrible por sí mismo, eleva el terror a sus límites más lejanos. De ello dan testimonio el oso blanco de los polos y el

---

[1] Fuera de ataques de orcas a sus entrenadores en condiciones de estrés, en el ambiente natural sólo existe un reporte fiable de un ataque a ser humano: Hans Kretschmer fue mordido por una orca mientras surfeaba en Point Sur, California, en 1972. Sobrevivió después de recibir más de 100 puntadas.

tiburón blanco de los trópicos: ¿qué otra cosa más que su suave y rara blancura los convierte en unos horrores tan trascendentes? Esa espantosa blancura es lo que confiere una detestable afabilidad, más odiosa que terrorífica, al mudo deleite de su aspecto.

Características de un superdepredador

Carcharodon carcharias es su nombre científico. *Carcharos* significa "irregular", debido a las cúspides de sus dientes triangulares, que pueden alcanzar unos 10 cm de altura. Se le clasifica dentro de la familia *Lamnidae*, caracterizada por tiburones con quilla en el pedúnculo caudal, ojos sin membrana nictitante, aletas sin espinas y cinco aberturas branquiales. Su anatomía es muy hidrodinámica. La quilla y la aleta caudal homocerca le permiten acelerar en distancias cortas. Posee los lóbulos olfativos más grandes de todos los tiburones estudiados hasta el momento. La visión y el olfato parecen ser sus sentidos más conspicuos para cazar.

Es veloz. Una especie capaz de migraciones transoceánicas muy efectivas. Pueden recorrer más de 120 km diarios con una velocidad de crucero de 3 km/h. Se guían por el Sol, el fondo oceánico, el campo electromagnético y otras claves que la ciencia desconoce.

Se ha estimado que puede consumir 11 toneladas de comida al año y, gracias a su metabolismo, una buena cena —digamos un suculento elefante marino— puede ser suficiente para no volver a comer durante tres meses.

Es un organismo de lento crecimiento. Los estudios sugieren que puede vivir más de 27 años y alcanzar un peso de hasta 2.5 toneladas. Su talla aproximada al nacer es de 1.2 a 1.5 m de longitud total; al año alcanza la talla de 1.6 m. Los juveniles varían entre 1.7 y 2.3 m.

Los individuos de las diversas poblaciones maduran a diferentes tallas y edades, según el área en donde crecen. En Japón, los machos maduran a los 3.1 m y las hembras a los 4.5 m, de los cuatro a los siete años. En California, ambos sexos maduran entre los nueve y los diez años, mientras que en Sudáfrica los machos maduran a los diez años y las hembras a los doce. Esto indica que la madurez sexual depende de las características ambientales.

Es difícil precisar el tamaño que pueden alcanzar estos animales. Los cálculos y la estadística sugieren que la talla mayor es de siete metros. El problema es la escala, las anécdotas poco fiables y el método empleado para medir y pesar al animal. Uno de los más grandes capturados fue una hembra de 6.4 m, pescada en Cuba en 1945. "El monstruo de Cojimar" pesó tres toneladas y una fotografía suya apareció incluso en el periódico

FIGURA IX.1. *El "monstruo de Cojimar", una hembra de tiburón blanco de 6.4 metros y 3 toneladas pescada en Cuba en 1945.*

francés *Le Monde*. En 1997 se capturó uno en Taiwán que medía siete metros con un peso de 2.5 toneladas. La medida no se registró como válida.

En 1985 el pescador Joe Friscia encontró enmallada en sus "artes" de pesca una hembra de tiburón blanco al suroeste de Punta Vicente, en California. Medía 5.3 m y pesaba 1 887 kg. Este peso fue confirmado por el Departamento de Pesos y Medidas de California mediante un camión báscula. Cuando le abrieron el estómago, encontraron los restos de una foca y un elefante marino juvenil. Tenía tres filas de dientes anómalas debido a aguijones de rayas murciélago (*Myliobatus californicus*) que se habían incrustado en las mandíbulas. Este dato confirmó que en edades tempranas los grandes blancos se alimentan de organismos bentónicos.

En México, el 17 de abril de 2012 dos pescadores del Choyudo recogían sus redes cerca de la bahía de Kino, al norte del golfo de California, cuando vieron un enorme tiburón blanco. Según medidas no oficiales, medía unos 6.7 m y pesaba cerca de una tonelada.

Su reproducción es interna y su condición vivípara. Los embriones son oófagos, es decir que se alimentan de los óvulos de la madre. No se conoce con certeza el tiempo de gestación, pero se ha inferido un periodo de 12 a 18 meses. Se han capturado muy pocas hembras preñadas que llevaban en su vientre de dos a 11 crías. Se presumen áreas de crianza en aguas cercanas a la costa de California, debido a que ahí se han observado neonatos; asimismo en el golfo de Túnez, en el Mediterráneo, se han capturado neonatos y juveniles. También las zonas neríticas del Mediterráneo se consideran áreas de crianza, desde el canal de Sicilia hasta el sur del mar Adriático.

Los sexos se segregan. En Australia los machos patrullan las islas lejanas a la costa mientras que las hembras prefieren las zonas costeras. Se juntan para reproducirse y en áreas de alimentación y caza compartidas. Se desconocen sus áreas de copulación. No se han publicado trabajos científicos donde se registre la observación de este fenómeno. Sin embargo, se han inferido cópulas recientes por medio de mordidas de apareamiento en las hembras, semen o espermatóforos fluyendo de los claspers y sacos testiculares hinchados de machos recién pescados. Por ejemplo, en 1969 se capturó un macho de 3.7 m en Victoria, Australia, que tenía fluidos seminales en los claspers. Isla Guadalupe, en México, podría ser un área de copulación. Ahí hemos observado hembras robustas con profundas heridas y cicatrices de mordidas de cortejo y cópula en los flancos y en la base de las aletas.

Al menos existe un reporte de un testigo que asegura haber observado el apareamiento entre dos grandes blancos. A. Strachan era una empleada temporal a la que se le pagaba para monitorear las focas (*Arctocephalus forsteri*) en una colonia de Nugget Point, en Nueva Zelandia. Por noviembre de 1991 ella registraba en su bitácora la observación de tiburones blancos desde lo alto de un acantilado. En una carta que escribió al Departamento de Conservación de Nueva Zelandia se puede leer:

> Soy afortunada de atestiguar una cópula. Al principio pensé que estaban peleando, pues un animal parecía asir al otro con su gran hocico, provocándole heridas en el flanco. Sin embargo, al cabo de un tiempo ambos dejaron de moverse, uno sobre el otro, turnándose de vez en cuando, vientre con vientre. Esta cópula obvia duró unos cuarenta minutos antes de que los animales partieran en direcciones contrarias."

Este testimonio ha producido la hipótesis de que la época de apareamiento es la primavera. Algunos científicos no consideran válido el testimonio aduciendo que la observadora no era una bióloga entrenada ni menciona el sexo de los animales. También es dudoso que los peces hayan permanecido en la superficie durante 40 minutos, cuando en otras especies de tiburones se ha observado que se hunden durante la cópula.

Es un organismo endotérmico. Su músculo puede estar hasta 5 °C más caliente que el agua circundante y su estómago de 14.3 a 16 °C más caliente que el ambiente. Esto se debe a las *retia mirabilia*, o "redes maravillosas", de las que hablamos antes, gracias a las cual la sangre fría que corre por las arterias se calienta debido al intercambio térmico con las venas que transportan sangre caliente desde el estómago. La sangre calienta los ojos y el cerebro del tiburón. Esta característica le permite ser un depredador activo día y noche, además de que puede penetrar en aguas frías y profundas, y cazar presas ágiles.

La temperatura de su estómago se acrecienta en periodos de digestión. La asimilación de grasa aporta grandes cantidades de energía pero no es fácil digerir rápidamente los lípidos, pues éstos casi no se hidrolizan. El incremento de la temperatura en sus vísceras le ayuda a metabolizar mejor estas moléculas. La elevada temperatura visceral incrementa la velocidad de digestión y la absorción de alimento. Agua fría de 15 a 20 °C, zonas rocosas que fungen como colonias de focas, elefantes y lobos marinos son excelentes características para encontrar un tiburón blanco en el agua.

Mauricio Hoyos ha observado un comportamiento curioso en isla Guadalupe: los tiburones blancos que nadan debajo de la termoclina no la rebasan y se mantienen en sus temperaturas predilectas evitando las aguas cálidas, lo que constituiría una especie de barrera térmica.

Altamente migratorios (véase la sección sobre singladuras), se guían por claves celestiales como el Sol y las estrellas, además de por las rutas magnéticas. Horton y su equipo demostraron que sus rutas migratorias no son aleatorias sino que responden a sutiles variaciones magnéticas generadas por cambios en el eje de rotación del planeta. La integración de la orientación magnética y celestial es el compás de navegación del tiburón blanco, característica que comparte con la ballena jorobada (*Megaptera novaeangliae)* y la tortuga marina (*Dermochelys coriacea).*

Los tiburones son depredadores tope. En los ecosistemas marinos, el nivel trófico se calcula por un índice de energía acumulada. Por ejemplo, las plantas representan el nivel trófico 1 y los mamíferos marinos el 3.2. El tiburón blanco alcanza el máximo nivel trófico en el ecosistema marino, con 4.5, debido a que más de 20% de su dieta consiste en mamíferos marinos.

El gran tamaño, el metabolismo endotérmico, la natación de alta velocidad y las mandíbulas poderosas conforman una letal combinación que permite al gran blanco alimentarse de un número muy variable de presas. Extiende su rango hacia aguas frías, donde evita la competencia con la mayoría de las especies de tiburón que habitan aguas tropicales. Esto se refleja en el amplio intervalo de presas encontradas en sus estómagos: salmones, lenguados, peces luna, tortugas, rayas, mantarrayas, pingüinos, cormoranes, tiburones azules, makos, oscuros, nutrias, marsopas, cachalotes enanos, delfines, lobos marinos, focas y el que quizá sea su alimento predilecto: elefantes marinos.

Los juveniles se alimentan principalmente de peces óseos, tanto pequeños que nadan en cardúmenes como grandes y veloces como el pez vela, el marlín y el atún. Los adultos muestran una marcada depredación sobre mamíferos marinos, especialmente pinnípedos. Su dieta incluye también moluscos como gasterópodos y cefalópodos, condrictios —incluidos otros tiburones y rayas—, aves marinas y reptiles.

También es un carroñero oportunista, que aprovecha las carcasas de cetáceos. Se le ha visto alimentarse de ballenas jorobadas muertas *(Megaptera novaeangliae)* y el rorcual *(Balaenoptera edeni)*. En 1987 en las costas de Sudáfrica, Best observó tiburones blancos llevando el cadáver de una ballena pigmea *(Caperea marginata)* hacia aguas profundas para devorarla mejor.

No desdeñan tampoco a los delfines. La noción de que estos mamíferos son fieros enemigos de los tiburones puede no apli-

Figura ix.2. *Los ojos del tiburón blanco se retraen cuando lanza una mordida (fotografía de Mario Jaime).*

carse en este caso. En Sudáfrica, los tiburones atacan a los delfines jorobados *(Sousa chinensis* y *Sousa chinensis plumbeus)* en las costas de Gansbaai. V. G. Cockcroft registró que más de 20 delfines nariz de botella *(Tursiops truncatus)* mueren anualmente debido a los encuentros con estos depredadores en la costa de Natal.

La mayoría de los reportes sobre los objetos encontrados en sus estómagos es apócrifa e incluye elementos tan raros como perros, pedazos de caballo, elefante y búfalo, trampas para langosta, botellas, latas, etc. Sin embargo, en la revisión de 591 estómagos de tiburones blancos capturados en la redes de Natal, Sudáfrica, entre 1974 y 1988, no se descubrió ningún objeto ajeno a su dieta común, excepto algas marinas, una bota y una credencial.

Los análisis estomacales han demostrado que el tiburón blanco presenta un cambio de dieta con la edad. Mientras los adultos se alimentan principalmente de mamíferos marinos, los juveniles lo hacen de invertebrados, peces teleósteos demersales y tiburones. Calamares y peces epipelágicos son también ingeridos, pero en una menor proporción.

Figura IX.3. *Un gran blanco capturado en abril del 2012 en bahía de Kino, Sonora. Los tiburones blancos siguen la migración de las corvinas* (Cynoscion othonopterus) *y la población de grandes calamares en el golfo de California (fotografía tomada de www.sancarlosmexico.com).*

Este cambio ocurre entre los 2.5 y los tres metros de longitud total. Tiburones menores a esta talla no pueden todavía destrozar los huesos de los mamíferos pues sus dientes aún no son suficientemente fuertes para realizar esta proeza. Mientras crecen, van acumulando capas de cartílago mineralizado que fortalecen sus dientes; así, a partir de los tres metros un tiburón blanco tiene dientes listos para trozar cosas más duras. Se han contabilizado hasta cinco capas de cartílago mineralizado en los dientes de un tiburón de cinco metros.

A. P. Klimley propuso la teoría de que el gran blanco es un maximizador energético, de tal forma que los adultos rechazan las presas bajas en calorías y grasa. Así pues, en lugar de devorar todo lo que pueden, seleccionan a sus presas. Pero también son oportunistas. La hipótesis sobre la expansión de su dieta fue propuesta en 1987, cuando se capturó a una hembra adulta de 4.6 m y 1705 kg en Santa Cruz, California. En su estómago se halló un calamar de Humboldt *(Dosidicus gigas)*; este tipo de calamar patrulla la columna de agua de 200 a 700 m de profundidad.

En Kwa-Zulu-Natal, Sudáfrica, se capturó un tiburón blanco en cuyo estómago se hallaron 477 sardinas *(Sardinops sagax)*. Las sardinas realizan grandes migraciones en estas aguas durante el invierno, hecho que capitalizó nuestro depredador para darse un atracón. En norte del golfo de California, Fausto Velenzuela registró que el estómago de una hembra capturada tenía el estómago repleto de curvinas *(Cynoscion othonopterus)*.

El interés principal por este tiburón se debe a su fama de antropófago. Junto con el tiburón toro *(Carcharhinus leucas)* y el tiburón tigre *(Galeocerdo cuvier)*, es el tiburón que más humanos ha atacado. En la mayoría de estos ataques no han devorado a la víctima, aunque existen casos reportados donde el tiburón engulló al ser humano, como el de Shirley Ann Durdin en 1985 y los ataques a buceadores chilenos.

Antes de nacer, el tiburón blanco ya se alimenta de los óvulos no fecundados de la madre (oofagia). Se presume que practica el canibalismo intrauterino (adelfofagia) como otras especies de la familia *Lamnidae*, pero esto no ha sido comprobado.

DISTRIBUCIÓN Y ÁREAS DE AGREGACIÓN

Usted puede encontrarse con el tiburón blanco en cualquier océano del planeta, excepto en los mares antárticos. Sin embargo, el encuentro sería raro y poco frecuente. La condición endotérmica del tiburón blanco le permite habitar aguas frías y cálidas por igual sin que el ambiente determine sus movimientos. Es un tiburón poco abundante pero que frecuenta todos los mares del planeta, desde el Ártico hasta la línea ecuatorial y aguas subantárticas. Se le puede encontrar en fondos bajos, mar abierto y plataformas continentales. Se captura con mayor frecuencia en los mares templados de Sudáfrica, sur de Australia, Nueva Zelandia, el norte del Atlántico occidental y el norte del Pacífico oriental. Fue abundante en el Mediterráneo hasta los años setenta del siglo pasado, lo que coincidió con el declive de las poblaciones de atún. Ha sido capturado en el mar de Japón, las Filipinas, Nueva Caledonia, islas Marshall, islas Bonin, Hawái, el golfo de Alaska, la costa de California, Baja California, el golfo de California, las costas de Chile, las costas del Atlántico norte, el golfo de México, Cuba, las Bahamas, otras islas del Caribe, Brasil, las costas de la Patagonia, las islas Azores, todo el Mediterráneo, la costa occidental de África, el cabo de Buena Esperanza, el mar Rojo y las islas Seychelles.

Tiende a agregarse de manera estacional alrededor de las colonias de sus presas favoritas: los pinnípedos. Es un animal que presenta filopatría; así se han identificado áreas de fidelidad o de agregación. Las principales son el Mediterráneo, la costa de California, el Cabo de Buena Esperanza y toda la costa sur de Sudáfrica, Australia, Nueva Zelandia, isla Guadalupe en México y las aguas de Japón. Analicemos lo que se sabe del tiburón blanco en algunas de ellas.

Desde el Mediterráneo emergió su leyenda. Históricamente, el tiburón blanco surge en los registros en este mar antiguo, cuna de Occidente. Conocido como el monstruo Lamia, fue descrito por Aristóteles y Eliano. Según Duris de Samos —registrado por Plinio— Lamia (Λάμια) fue reina de Libia. Zeus se enamoró de ella y Hera, loca de celos, la convirtió en un monstruo marino que devoró a sus propios hijos. Lamia fue condenada a no poder cerrar los ojos para ver siempre a sus víctimas. Esta leyenda tiende un vaso comunicante con el hecho de que el tiburón blanco no tiene membrana nictitante que cubra sus ojos. La etimología del nombre quizá se relacione con el *lamyrós*, "glotón" o *laimós*, "gaznate".

Nicolas Steno (1638-1686), naturalista del siglo XVI, lo nombró *Canis carcharias*. Cuando Steno tenía 29 años, fungía como médico del duque de la Toscana Fernando II, quien compró una gigantesca cabeza de tiburón blanco y la hizo llevar a Florencia, donde el naturalista danés pudo examinarla describiendo el ojo, el oído, la mandíbula y las ámpulas de Lorenzini.

Fue Lineo (1707-1758) quien clasificó a la mayoría de los seres vivos conocidos en su tiempo mediante la nomenclatura que ahora utilizan los biólogos. En la décima edición de su tratado *Systema Naturae*, clasificó al tiburón blanco como *Squalus carcharias*. El naturalista no tuvo a la mano ningún holotipo o espécimen original en el cual fundamentar su descripción. La basó en un dibujo de 1613 de Ulises Aldrovandi, de su libro v sobre los peces; el dibujo representaba unas peligrosas mandíbulas erizadas de dientes filosos.

Estas nociones nos permiten deducir que el tiburón blanco era común en el Mediterráneo; aún hoy se captura o se avista en sus aguas, que poco a poco ha dejado de frecuentar.

En junio de 1721 unos pescadores del Ponte della Maddalena, en Italia, sacaron del estómago de una hembra los restos de un hombre que había desaparecido días antes mientras nadaba. En 1868 otro gran blanco mató a una mujer que nadaba cerca de Trieste. En un volumen de 1891 del *Mediterranean Naturalist*, un naturalista anónimo escribió que las aguas del mar Adriático albergaban a estos no bienvenidos huéspedes. Según él, los grandes blancos provenían del Índico y penetraban las aguas mediterráneas debido a los cambios de temperatura a través del canal de Suez. Este escritor registró un tiburón blanco de 10 m de longitud y cuatro toneladas capturado en una maniobra naval. Estos datos son sospechosos y actualmente no se consideran fiables.

El 28 de diciembre de 1908 un sismo seguido de tsunamis aniquiló varios pueblos en Sicilia y el sur de Italia, matando a más de 100 000 personas. El 1 de enero de 1909 los pescadores de San Croce capturaron una hembra de tiburón blanco de 4.5 m. En sus entrañas descubrieron los restos de una niña, una mujer y un hombre que nunca fueron identificados. Presumiblemente las víctimas se ahogaron debido al desastre natural y fueron engullidos por el tiburón como carroña.

En 1987, en la isla de Malta, el pescador Alfredo Cutajar, el Hijo de Dios, reportó a científicos estadunidenses que había capturado un espécimen de siete metros, pero éstos no pudieron corroborarlo pues un millonario llamado John Mabela compró la cabeza del tiburón en 450 000 dólares. Existe una fotografía muy famosa de este tiburón. En su estómago encontraron a un tiburón azul de tres metros, un delfín de cuatro metros y una tortuga marina.

Los registros del gran blanco en el Mediterráneo son cada vez más escasos. Algunos atribuyen esto a la sobrepesca, a la contaminación o a la declinación de poblaciones de pinnípedos y atunes en uno de los mares más sucios del planeta. Algunos científicos como Fergusson no están de acuerdo con esta noción. Supone que los registros de pesca se ocultan e ignoran y que el Mediterráneo continúa siendo, si se considera la estructura de la población a nivel mundial, un centro de reproducción y abundancia de esta especie.

Se presume que la población del tiburón blanco en este mar se encuentra aislada de las poblaciones del Atlántico. Actualmente no existe evidencia alguna de migraciones fuera del Mediterráneo. C. Gubili y sus colaboradores secuenciaron en 2010 una región del ADN mitocondrial de cuatro tiburones blancos mediterráneos y encontraron fuertes diferencias genéticas con los tiburones del Atlántico y el Índico. Con sorpresa, encontraron gran similitud genética con las poblaciones de tiburones blancos del Indopacífico. Varias hipótesis se han lanzado para dilucidar este misterio, entre ellas una posible dispersión histórica en algún momento a consecuencia de errores de navegación por parte de los tiburones, errores que se habrían originado en las oscilaciones climáticas del pasado. Quizá la población quedó aislada en el Mediterráneo, lo que la hace muy vulnerable a causas antropogénicas.

La isla Guadalupe se ubica a 241 km al oeste de la península de Baja California y es una de las más alejadas de la costa en México. Es una isla volcánica que surgió hace 11 millones de años y aloja una gran colonia de pinnípedos. Tres poblaciones de estos mamíferos marinos se reproducen en sus playas rocosas: el elefante marino del norte *(Mirounga angustirostris)*, el lobo fino de Guadalupe *(Arctocephalus townsendi)* y el lobo marino de California *(Zalophus californianus)*. Manjares suculentos para los tiburones adultos.

Las aguas que circundan Guadalupe son prístinas, de un azul zafiro que permite una visibilidad excelente. La luz solar incide a profundidades de hasta 300 m. Esas condiciones son ideales para filmar tiburones.

Esta isla, alejada de la historia, no fue identificada como un área de agregación de tiburón blanco sino hasta el final del siglo xx. Fue base de piratas, peleteros y balleneros desde el siglo xviii. Los seres humanos casi lograron, durante 200 años, que la foca fina y los elefantes marinos se extinguieran; luego se retiraron. La Isla de la Piel de Oro se convirtió en un lugar ideal para la pesca deportiva del atún, así como para la captura de abulón y langosta.

Tres incidentes en el siglo xx atrajeron la atención sobre el tiburón blanco en esta área. En 1955 algunos naturalistas realizaban censos de pinnípedos cuando un tiburón golpeó su embarcación.

El 9 de septiembre de 1973 Albert Schneppershoff arponeaba atunes a media agua en la caleta Melpómene de isla Guadalupe. Hacer esto en una de las zonas con más abundancia de tiburón blanco del mundo es un suicidio. El gran blanco le mordió la pierna y lo mató. Aunque un pescador de la isla me relató que el tiburón le había mordido la cara, el reporte oficial es que Albert murió por una herida de 17 cm debajo de la pantorrilla.

FIGURA IX.4. *Hembra de tiburón blanco en isla Guadalupe, México (fotografía de Craig Reed).*

El 11 de septiembre de 1984 Harry Ingram y otros 25 buceadores repitieron el error en el mismo lugar. Arponeaban atunes aleta azul cuando un tiburón blanco salió de entre una nube de sangre. Ingram le disparó en la cabeza y el tiburón de cinco metros le dio un topetazo. El buzo salió ileso.

Lo curioso es que en más de tres décadas no ha habido un ataque a los pescadores que bucean buscando abulón en la isla. Quizá porque la temporada de abulón no coincide con la época de mayor presencia de estos titanes.

Desde la década de 1990 isla Guadalupe se ha convertido en uno de los destinos internacionales más importantes para los amantes de los tiburones y una zona donde bullen embarcaciones turísticas con jaulas integradas.

En 2009 Domeier marcó en estas aguas, con un sensor satelital, al macho más grande jamás registrado: un ejemplar que midió 5.41 m de longitud total.

FIGURA IX.5. *Elefante marino del norte que ha sufrido una mordida de tiburón blanco, en isla Guadalupe, México (fotografía de Mauricio Hoyos).*

Ahora se sabe que tiburones blancos frecuentan la isla durante el otoño y a principios de invierno. Llega en septiembre, la máxima abundancia se encuentra en octubre y se retira en enero. Los estudios satelitales han demostrado que los tiburones viajan de isla Guadalupe hacia Hawái, al oeste, y en los meses de primavera van al este y se introducen en el golfo de California, donde son capturados por los pescadores que persiguen al calamar jumbo y a las curvinas.

A diferencia de las aguas africanas, en isla Guadalupe el tiburón blanco sigue otras estrategias de caza. En lugar de saltar, ataca a los elefantes en aguas profundas mientras éstos se sumergen en busca de peces, rayas y calamares. Se han observado varios elefantes marinos decapitados cuyo cadáver sube a flote y entonces es devorado por el tiburón. Las hembras de elefantes marinos son capaces de bucear hasta cerca de 500 m por 28 minutos e incluso se han registrado inmersiones de hasta mil metros. Las frecuentes mordidas del tiburón cigarro *(Isistius brasiliensis)* en los cuerpos de los elefantes marinos puede ser una evidencia indirecta de sus profundas inmersiones en estas aguas.

FIGURA IX.6. *Este tiburón blanco que patrulla las aguas de isla Guadalupe muestra las heridas y cicatrices producidas por mordidas de sus semejantes (fotografía de Craig Reed).*

Mauricio Hoyos ha estudiado al tiburón blanco durante más de una década en isla Guadalupe. Ha observado y documentado comportamientos de amenaza entre individuos y desplantes de competencia jerárquica. Éstos raramente acaban en ataques, pero es común observar tiburones con grandes mordidas y cicatrices en la cabeza, en las branquias y en los costados, como si fueran cuchilladas. Sus investigaciones demuestran que los movimientos de los tiburones adultos en isla Guadalupe son alternados durante el día probablemente en búsqueda de presas demersales (en zonas profundas) y de pinnípedos en la superficie, mientras que los juveniles realizan movimientos horizontales cercanos a la costa y principalmente durante la noche en zonas más pequeñas, posiblemente como protección. Hoyos también encontró la diferencia más alta registrada entre la temperatura interna del estómago de un tiburón blanco en comparación con la del agua circundante (16 °C).

Los tiburones blancos adultos patrullan frecuentemente las islas rocosas de California para cazar pinnípedos, principalmente las islas Farallón y la isla Año Nuevo. Las hembras se mueven en el verano de estas áreas de alimentación rumbo a áreas de crianza para dar a luz al sur de Punta Concepción.

Las islas Farallón se encuentran a 37 km del Golden Gate en San Francisco. Tradicionalmente han sido una plataforma de investigación que permite a los científicos estudiar las interacciones de caza. Aquí, los tiburones blancos atacan a los elefantes marinos por detrás. Los emboscan dando una poderosa mordida y alejándose. El mamífero queda flotando en estado de shock. Un minuto después el tiburón regresa y devora a su presa. Un macho de elefante marino es un excelente manjar. Pueden llegar a pesar tres toneladas, principalmente de grasa.

Además de los elefantes, las Farallón son hogar de la mayor población en el Pacífico de focas *(Phoca vitulina)*. Cuando el parque de atracciones Sea Word de San Diego intentó tener tiburones blancos en cautiverio, capturó cinco individuos. Todos tenían restos de focas en sus estómagos.

El mayor número de ataques documentados a seres humanos por parte del tiburón blanco se ha dado en California. Un área entre la bahía de Monterey y Tomales Point, con centro en San Francisco y las islas Farallón, ha sido bautizada como el Triángulo Rojo o la capital de ataques de tiburón blanco en el mundo. Considerando la idiosincrasia estadunidense, que tiende a englobar todo como *serie mundial,* su afán agónico por la victoria hasta en lo escandaloso resulta sesgado —hay más científicos que estudian tiburones en California que en otro lugar del mundo—, pero esa área no deja por ello de ser sumamente peligrosa.

En 1957 pudo documentarse el primer ataque de un animal de esta especie en la zona: un espécimen de unos tres metros atacó a Barry Wilson, que nadaba en la bahía de Monterey.

Cuando los rescatistas fueron por él, el tiburón volvió a morderlo. Wilson murió desangrado en la playa, con la arteria femoral destrozada y escisiones masivas de músculo. Ese mismo año, Peter Savino desapareció mientras nadaba en Atascadero Beach. Algunos testigos vieron a un tiburón blanco emerger. El brazo de Savino en las fauces del escualo es lo último que se supo de él.

En los siguientes siete años se confirmaron cuatro ataques más, dos de ellos mortales. El más famoso ocurrió a la entrada de Golden Gate el 1 de mayo de 1959. Shirley O'Neall nadaba con Albert Kogler a unos 50 m de la playa cuando un enorme tiburón emergió detrás del chico, que alcanzó a gritar: "¡Es un tiburón, sal de aquí!" La muchacha desobedeció y acudió en su ayuda: trató de sujetarlo del brazo pero éste colgaba casi desprendido. Mediante un esfuerzo supremo, ella sacó al chico, que murió en la playa debido a la hemorragia masiva. Shirley recibió la medalla del valor otorgada por el presidente de los Estados Unidos.

Luego siguieron 11 ataques a pescadores de abulón. En los años setenta y ochenta siguieron treinta ataques más, sólo uno a un nadador y los demás a buceadores, kayakistas y surfeadores.

Después de ver la película *Jaws* en 1976, los pescadores mataban cada tiburón blanco a su alcance y se desató una histeria en California, ejemplo de la manía de nuestra especie de confundir siempre la ficción con la realidad.

Hoy, las islas Farallón son el laboratorio donde más se ha estudiado el comportamiento y la ecología del tiburón blanco en el mundo.

Australia

La línea de costa australiana es la segunda en longitud de este a oeste del planeta, sólo superada por la costa siberiana. Casi toda está cortada a pico y comprende desfiladeros donde no hay lugar para que moren los pinnípedos. Así pues, las focas y los lobos marinos de estas aguas que se alimentan en el agua tienen que buscar promontorios para poder criar. Estos se encuentran al oeste de Australia, entre Eclipse y el archipiélago de Recherche. Aquí habitan el lobo fino australiano (*Arctocephalus pusillus doriferus*) y el oso marino australiano (*Neophoca cinerea*). No es casualidad que ésta sea la zona donde más tiburón blanco se aviste.

El primer ataque a un humano documentado en Australia ocurrió en 1839. Luego, en 1876, en Kilda Pier un escualo atacó a Peter Rooney mientras éste nadaba. Históricamente se consideraba al área de Sidney "infestada" con *white pointers*, que es como se los conoce allá. Fue en ese lugar donde murió Milton Coughlan, mordido en ambos brazos y el hombro en 1922.

A partir de los años treinta del siglo xx se documentaron con frecuencia ataques fatales a humanos. El 16 de febrero de 1930 *The Sun* reportó que Norman Clark había sido alcanzado por un tiburón monstruoso mientras se bañaba en las afueras de Middle Brighton Pier. Su cuerpo nunca se recobró.

Fueron las muertes de Raymond Bennet y David Patton, en 1936, las que provocaron que el gobierno australiano comenzara a enmallar las playas metropolitanas para protegerlas de los tiburones. Raymond, de 13 años, murió en enero en West Beach: un gran blanco saltó fuera del agua llevándoselo entre las fauces. David, de 32 años, murió al siguiente mes; varios testigos vieron al tiburón atacarlo mientras nadaba en South Steyne. Nunca se recobraron sus cuerpos.

De 1961 a 1965 cuatro buceadores fueron atacados por tiburones blancos; destaca el famoso ataque a Rodney Fox, quien requirió 462 puntadas en su cuerpo.

En 1964 la industria de la pesca del abulón se afianzó en Australia; a partir de entonces los encuentros de los hombres con el gran blanco fueron frecuentes y alcanzaron una nota trágica en 1974, cuando Terry Manuel fue atacado por un *white pointer* que le arrancó la pierna y lo mató. En años posteriores,

Jim Ellis inventaría la jaula de autopropulsión que permitía a los abuloneros bucear enrejados para protegerse de los tiburones.

Muchos incidentes mortales y no mortales han ocurrido en el sur de Australia desde entonces; entre ellos destaca el morboso caso de Shirley Ann Durdin, que detallo en el capítulo sobre ataques.

Paradójicamente no han sido los grandes blancos los causantes de masacres en Australia, sino los humanos que han ido por ellos. En la década de 1940 la pesca del tiburón blanco se convirtió en una actividad deportiva, a partir de que en 1941 un tal G. R. Cowell capturó un tiburón blanco de 870 kg en Port Lincoln. Esto atrajo a un sinnúmero de pescadores que ansiaban trofeos de una tonelada. Este récord lo alcanzó sir Willougby Norrie, que en 1950 capturó un gran blanco que pesó 15 libras menos de una tonelada británica.

A partir de ahí, el ridículo placer de asesinar a estos "monstruos salvajes", como los definía el coronel Hugh Wise, se afianzó. El mote de *white dead* se debe al célebre pescador de tiburones Zane Grey, que también fue un reputado novelista de westerns. Cientos de grandes blancos fueron asesinados mediante garfios y arpones. Uno de los más sangrientos fue el pescador Alf Dean, quien consiguió el récord del pez más grande capturado con caña: un tiburón blanco de 1 208 kg, capturado en Ceduna en 1959. Fue este individuo quien organizó un viaje de venganza en 1967 cuando llevó a Rodney Fox, Henri Bource ya sin pierna y Brian Rodger —tres supervivientes de célebres ataques— a cazar grandes blancos. A bordo de su barco iba el cineasta Ron Taylor para filmar la masacre. Este viaje fue histórico pues se utilizó por primera vez la jaula diseñada para protegerse de estos depredadores.

La industria ballenera está ligada a la pesca del tiburón. De 1870 a 1930 operó una empresa dedicada a la matanza de ballenas jorobadas en Twofold Bay, al sur de Sidney. Los balleneros recibían la ayuda de orcas que guiaban a las ballenas hacia sus arpones. En esta época los balleneros frecuentemente descargaban tiburones gigantes. La industria ballenera de Albany cerró en 1977 y las carcasas de ballenas apestosas son un platillo muy seductor para los escualos.

Poco a poco la abundancia del gran blanco decayó en Australia y era raro pescarlo a principios del siglo xx. En la primera década del xxi se consideró una especie protegida en la isla, aunque la costumbre de asesinarlo no ha desaparecido.

Fue con un tiburón marcado en la isla Stewart con lo que se demostró que el gran blanco se sumerge a grandes profundidades mientras cruza el mar de Tasmania hacia la Gran Barrera. El tiburón cubrió 120 km al día recorriendo más de 4 000 km y buceó a una profundidad de un kilómetro.

En un estudio con marcas satelitales en 2006, Bruce y su equipo siguieron la ruta y las profundidades de varios tiburones blancos australianos. Recorrieron toda la costa sur de la isla y uno de ellos viajó 3 500 km hacia Nueva Zelandia. Los demás patrullaron la costa cerca de la plataforma continental, en áreas con profundidades menores a 100 m y hasta menores de cinco metros. Esta investigación demostró que el tiburón blanco pasa grandes periodos de tiempo en un área donde las presas estén disponibles, pero cuando se aleja de ella su velocidad aumenta en busca de otras áreas óptimas. También demostró que los tiburones siguen rutas casi exactas entre un área y otra, como carreteras submarinas que conocen para migrar.

Sudáfrica

El mar es verde como un pulmón furioso debajo de una tenue neblina. Esto es False Bay; Table Mountain vigila y desde ahí Adamastor sopla. Éste es el reino del Holandés Volador, el lugar más austral donde Zeus derrocó a los titanes: cabo de Buena Esperanza, reino de las tormentas que fue cantado por Camõens.

Estoy a bordo del barco de Chris Fallows, el hombre que en 1995 dio a conocer a la ciencia a los grandes blancos voladores.

Aquí en False Bay, los tiburones vuelan. Esperamos casi cinco horas frente a Seal Island, hogar de 64 000 focas del Cabo *(Arctocephalus pusillus)* que luchan, ladran y hieden. Miles de cormoranes y pingüinos observan el atardecer. Las focas se lanzan al agua jugando, en busca de peces, alejándose de la isla para buscar comida. De pronto la superficie se rompe como un cristal herido, un enorme tiburón blanco sale disparado como un misil de músculos e impacta sobre la foca, que aúlla horrorizada. El mamífero explota en las fauces del escualo. Por unos segundos la efigie, la forma contundente del tiburón blanco, se detiene en el aire, miles de kilogramos y una idea preciosa se recorta contra el cielo. Desaparece tan rápido como saltó. Sólo queda una mancha de grasa, sangre y pelos flotantes. Hemos visto a la leyenda volar.

Figura ix.7. *Un tiburón blanco se lanza con las fauces abiertas hacia la carnada en False Bay, frente al cabo de Buena Esperanza, en Sudáfrica. Nótense las mandíbulas protrusibles (fotografía de Mario Jaime).*

Y es que la estrategia de caza desarrollada en Sudáfrica es emboscar a las raudas focas de abajo hacia delante para, mediante una poderosa propulsión, noquearlas en el aire y después morderlas. Una demostración de la inteligencia que posee esta criatura.

África es la cuna de la especie humana y su cabo austral el lugar con más abundancia de tiburón blanco en el planeta. Quizá el encuentro del gran blanco con el hombre comenzó aquí, desde que los casi extintos bosquimanos habitaban las cavernas frente al mar.

Fue, sin embrago, después del naufragio del *Birkerhead* en 1852 cuando se comenzaron a documentar ataques de tiburones a seres humanos o el hallazgo de restos en sus tripas. Tres meses después del célebre naufragio, un criado negro de un tal señor Messum fue asesinado por un gran escualo en la bahía de Durban. En 1875, en Black Beach, unos pescadores capturaron a un tiburón de tres metros en cuyo interior se hallaban restos humanos. En 1878 naufragó en punta Olifantbos el barco de vapor *Kafir;* un árabe que había sido expedicionario de Stanley cayó al agua y murió cuando un enorme tiburón cercenó su pierna. En 1884 un tal Meyer murió debido a fatales heridas provocadas por un gran tiburón mientras nadaba frente a Port Elizabeth. Y así continuaron las anécdotas, incluyendo un bote de pescadores, los cuales arponearon a un tiburón de cinco metros que se les fue encima y los hizo naufragar.

Sin embargo, fue en 1901 cuando se pudo identificar con precisión al atacante. Un tiburón blanco mordió el brazo y la pierna derechos, fracturó los huesos y cercenó el tobillo de John Hendrick Adrian Chandler, un prisionero de guerra en el conflicto de los boers, mientras nadaba en Windmill Beach. En 1922 capturaron al pez que mató a Edward G. Pells mientras nadaba en las ominosas aguas de False Bay; era un gran blanco de tres metros. Luego se confirmaron más de cien ataques de esta especie y otros de cuya identidad se sospecha —la mayoría no mortales— hasta 1991, año en que fue protegido. Después se

Figura ix.8. *Un tiburón blanco de 12 pies capturado en Sudáfrica en 1902. La matanza se disparó en el siglo xx debido a la sobrepoblación humana y las nuevas tecnologías. En la boca se observa el estómago que los tiburones desprenden cuando se encuentran estresados.*

han registrado decenas más debido al frecuente uso que del mar hacen los seres humanos.

Sudáfrica ha sido otro campo de ignominia respecto a la pesca deportiva. Antes de 1975, cuando la caza de la ballena se volvió ilegal, se atraía a los tiburones con pedazos de ballena y grasa de cachalote. Aunque fue la primera nación en protegerlos, la costumbre de cazar enormes tiburones fue constante en las aguas de Ciudad del Cabo, principalmente durante el verano en Mossel Bay y False Bay, hasta que fueron haciéndose más raros. La visión sudafricana blanca era que pescar en un bote es cosa de niñitas, por lo que los clubes de pesca de Durban capturaban grandes tiburones con caña desde la orilla. Costumbre

FIGURA IX.9. *Un tiburón blanco se asoma en Mossel Bay, Sudáfrica (fotografía de Mario Jaime).*

que perdura. Usaban largas cañas de bambú y cuando, después de horas de lucha, el trofeo estaba cerca de tierra firme, le ataban la cabeza y la cola con cuerdas para izarlo.

El más infame cazador de tiburones blancos en Sudáfrica ha sido un tal Daniel Schoeman, un profesor de Ciudad del Cabo. Su técnica para atrapar al gigante consistía en usar como cebo otros tiburones de cualquier especie, de uno a dos metros de largo. Tenía cuidado de no matarlos y los enganchaba a un tonel de 44 galones de parafina que luego arrojaba a la bahía. El tiburón herido atraía al gran blanco con sus movimientos de agonía.

En 1966 la costa entera de Natal, desde el río Tugela hasta Margate, fue "protegida" mediante redes contra tiburones. De entonces a 1987 unos 532 grandes blancos se asfixiaron en esas trampas acompañando los cadáveres de innumerables tortugas, peces, rayas, tiburones de otras especies, ballenas, delfines y pinnípedos.

Sudáfrica fue la primera nación en declarar, en 1991, al tiburón blanco como especie protegida. Desde entonces han aumentado los esfuerzos para estudiarlo y conservarlo. Aunque todavía lo cazan de forma ilegal, su población se ha estabilizado aparentemente.

Las aguas sudafricanas están repletas de tiburones blancos. Tal vez sea la zona con más abundancia de esta especie. Desde False Bay, Mossel Bay y Port Elizabeth hasta Durban, y a los largo de toda la costa sur, en un día con suerte se pueden ver hasta 15 tiburones blancos rodeando al bote.

Ryan Johnson y Enrico Gennari los han estudiado por más de una década en estas aguas. Han descubierto que los tiburones utilizan la batimetría (medidas de profundidad y forma del fondo marino) como señal de navegación y se concentran frente a los deltas de los ríos. Saben que pueden guiarse por el sonido de las boyas. En Mossel Bay pasan la mayor parte del tiempo en el fondo de una bahía muy somera, de cuatro a 20 m de profundidad; este comportamiento ayuda a ralentizar sus movimientos y ahorrar energía. Por la noche emergen en busca de focas. Su estrategia de caza es noquearlas con un salto feroz

FIGURA IX.10. *Un tiburón blanco irrumpe, rompiendo la superficie, en Mossel Bay, Sudáfrica (fotografía de Mario Jaime).*

que intercepta su ruta. Si la foca ve al tiburón, éste no podrá emboscarla, por lo que en las noches la cacería es más efectiva. El impacto es tan brutal que puede disparar a la foca hasta siete metros de altura. Las focas machos pueden pesar hasta 250 kg y las hembras 75 kg, por lo que no parecen tener oportunidad de salir victoriosa contra un tiburón mediano de 500 kg que las golpea a toda velocidad.

Se han observado numerosas focas con las aletas fracturadas que milagrosamente han escapado al ataque. Las focas no saben nadar durante sus primeras semanas de vida; a veces la borrasca y el mar barren los promontorios, se llevan a las crías hacia el agua y el tiburón se alimenta con facilidad. La contraestrategia de las focas consiste en nadar en grupos y entonces el tiburón escoge a la más débil o lenta.

Quizá las luces de la ciudad han ayudado al gran blanco en su estrategia de caza. Seal Island en Mossel Bay está tan cerca de la ciudad que las luces artificiales inciden en el agua, creando una ventaja para el tiburón, que puede ver a la foca recortada desde abajo, pero la foca no puede ver al depredador en el agua turbia. De cualquier forma, los tiburones de unos tres a cuatro metros que empiezan a cazar focas fallan más que los experimentados. Las focas muerden y arañan aun en el aire y pueden herir a su atacante. Es por esto que el tiburón muerde una vez, se aleja y regresa cuando la foca está moribunda y es incapaz de luchar. De unos 20 saltos, 11 son efectivos, lo cual determina el eterno juego entre el depredador y la presa.

Ramón Bonfil identificó con una marca satelital a una hembra bautizada como Nicole en 2003. Nicole viajó más de 20 000 km rumbo a Australia y de regreso a Gansbaai, estableciendo un récord de migración transoceánica. Mientras cruzaba el Índico, la hembra realizó buceos de hasta 980 m, aunque pasó 60% del tiempo nadando en la superficie. Esto ha hecho pensar a los científicos que los blancos utilizan marcas celestiales como guías de navegación. Tardó cerca de 90 días en llegar a Australia y tres meses después la volvieron a encontrar en Sudáfrica.

La costa de Chile recibe aguas subtropicales al norte y subantárticas al sur. Allí habitan la foca fina sudamericana (*Arctocephalus australis*) y el lobo marino (*Otaria flavescens*). En sus colonias se han contado más de 500 000 individuos. Presas disponibles para los tiburones blancos.

Hasta hoy se desconoce su ecología en estas aguas; los estudios son casi nulos. Se sabe de su presencia por anécdotas locales, historias de pesca y ataques a humanos. En 1989 apareció en un periódico la nota de un tiburón blanco capturado en Iquique que medía siete metros y pesaba una tonelada. Los científicos rectificaron que era un espécimen de 5.8 m y 1 300 kilogramos.

Una teoría dicta que bucear acompañado reduce el riesgo de morir cuando un gran blanco ataca. Ésta surgió contrastando los ataques de California con los de Chile. Alfredo Cea Egaña, médico y buzo, ha sugerido esto estudiando los ataques en aguas sudamericanas, en los cuales las víctimas fueron parcial o totalmente consumidas por el tiburón. Todas ellas buceaban solas.

En septiembre de 1963 Crisólogo Urizar arponeaba peces en la bahía el Panul cuando fue atacado y devorado por un gran blanco. Sólo quedaron las aletas y fragmentos de neopreno.

José Larena Miranda fue un pescador de los moluscos conocidos como locos (*Concholepas concholepas*). En enero de 1980 se lanzó al agua con su hooka —un dispositivo para respirar bajo el agua—. Su compañero en el bote lo vio descender y de pronto observó a las burbujas detenerse. Entonces un tiburón blanco emergió con el torso de Miranda entre sus dientes. Le faltaba la cabeza, el brazo izquierdo y el hombro. El piloto golpeó al tiburón, que escupió los restos.

En 1981 unos pescadores dinamitaron el área de bahía Totoralillo para matar cardúmenes. Craso error en una zona de lobos marinos. Tres horas después, Carlos Vergara se encontraba pescando con arpón cuando fue mordido en la pierna por un tiburón blanco. A patadas lo alejó y pudo sobrevivir.

En 1988 Juan Luis Tapia Ávalos buceaba buscando locos afuera de Valparaíso cuando fue mordido por un blanco de cuatro metros. Murió al instante.

La costa central chilena podría albergar una población sana de tiburones blancos que aún no ha sido estudiada con asiduidad. Si esto es cierto para Chile, entonces resulta curioso que en las costas de Perú los registros de tiburones blancos sean casi nulos. Es una de las zonas de mayor productividad marina del mundo y se caracteriza por la presencia de enormes cardúmenes de peces, especialmente anchoveta *(Engraulis ringens)*. La biomasa de esta especie, pese a la intensa actividad pesquera a la que es sometida actualmente, presenta en promedio unos 14 millones de toneladas. En las islas y otros puntos del litoral existen grandes colonias de aves marinas y pinnípedos. En comparación con épocas anteriores a 1950, las poblaciones de estas aves y mamíferos han disminuido, pero siguen siendo considerables.

Giuliano Ardito ha estudiado registros prehispánicos en Perú. Identificó dos dientes en dos sitios monumentales, uno de hace 5 000 años y otro de hace 2 000. También estudió cerámica y vasijas escultóricas de los antiguos habitantes de la costa peruana; la iconografía representa orcas y grandes tiburones cuya forma se asemeja al blanco. El último registro de un tiburón blanco en Perú es la captura de un espécimen en Ancón en 1944. La fotografía de ese tiburón la usó Samuel F. Hildebrand para incluir este pez dentro de las especies peruanas, dato que ha sido usado por los autores que han escrito sobre tiburones en el Perú, pero últimamente nadie los ha visto.

La costa peruana alberga grandes colonias de pinnípedos y es lugar propicio para cazarlos; la temperatura del agua es fría —excepto cuando se manifiesta el fenómeno El Niño— y el área es semejante a las demás zonas de agregación. Aquí patrullan orcas que con frecuencia se alimentan de las focas. Es más, desde un punto de vista evolutivo, es probable que la especie

Figura ix.11. *El tiburón blanco capturado en Ancón en 1944 fue el* *último registro de esta especie en Perú (fotografía de W. O. Runcie,* Andean Air Mail and Peruvian Times, *vol. 4, núm., 192, 28 de agosto* *de 1944; imagen proporcionada por Giuliano Ardito).*

haya surgido en estas aguas hace 10 millones de años ¿Por qué no hay tiburones blancos actualmente en Perú si las condiciones son ideales?

El Perú, desde 1950, se convirtió en un importante centro de pesca industrial, con fines de producción de harina y aceite de pescado, usando como materia prima la anchoveta. ¿La reducción de esta especie disminuyó el tamaño de las poblaciones que servían de alimento a los grandes blancos? En el caso de las aves marinas que dependen de esta especie y de otras que a su vez se alimentan de la anchoveta, se ha observado una fuerte reducción. Además, las fluctuaciones que genera El Niño alteran las condiciones del mar peruano y reducen la productividad primaria. Sobrepesca y variabilidad ambiental han reducido las poblaciones que habitan las costas de Perú desde hace ya seis décadas.

Antes de que llegasen los barcos factorías, existió una fuerte pesca ballenera hasta mediados de los años cincuenta. Paita en el norte y Pisco en el sur eran dos puertos balleneros. Según Ardito, estos dos procesos podrían haber afectado las poblaciones de tiburón blanco.

COMPORTAMIENTO Y SOCIALIZACIÓN

El tiburón blanco no es un bruto solitario, ávido de carne humana, o una máquina de matar ciega y estúpida, como lo han retratado los libros y los filmes. Es un animal curioso e inteligente con sofisticados comportamientos sociales. En la actualidad se han reconocido más de 20 distintos, entre los que destacan los siguientes:

La mordida aérea repetitiva o *aerial gaping* es una conducta en la cual el tiburón saca la cabeza fuera del agua de manera constante y observa su entorno con curiosidad.

- Cuando dos tiburones se encuentran, uno puede girar respecto del otro formando un círculo tenso donde los dos se estudian.
- Cuando dos individuos nadan uno hacia el otro, el primero en evitar la colisión pierde: el que no se acobarda queda como el de jerarquía más alta.

FIGURA IX.12. Aerial gaping *es una conducta en la cual el tiburón blanco constantemente saca la cabeza del agua y observa su entorno con curiosidad (fotografía de Mario Jaime).*

- Después de noquear o herir a una foca, otro tiburón puede reclamar la presa. Entonces comienza una extravagante batalla de chapuzones. Los rivales dan coletazos sobre el agua: el que da el coletazo más fuerte se queda con la comida.

- Se ha observado que a veces dos individuos nadan de forma paralela, estudiándose y comparando sus tamaños, para después alejarse. Quizá sea una forma de reconocimiento.

- Cuando arquea la espalda y baja sus aletas pectorales por varios segundos, el tiburón está respondiendo a una amenaza o amenazando a otro. Esta expresión corporal implica peligro.

- Cuando la jerarquía se establece, los contrincantes evitan el combate y el perdedor asume una actitud sumisa, alejándose del ganador o cediéndole la presa.

Los procesos de búsqueda de alimento son importantes para esclarecer la vida de un depredador. En su afán de modelarlo todo, los científicos han adecuado patrones para ajustar estos procesos. Sims y sus colaboradores examinaron en 2011 los movimientos horizontales y verticales del tiburón blanco mediante datos provenientes de marcas satelitales. Observaron que los tiburones exhibían dos patrones de movimiento. Por un lado, el "vuelo de Lévy", que es un proceso estocástico, una clase de vagabundeo aleatorio con desplazamientos cortos ligados a largas recolocaciones. Por otro, el movimiento browniano, suficiente cuando las presas son abundantes.

Los movimientos de los tiburones fueron brownianos cuando se encontraban en áreas de caza, junto a colonias de pinnípedos o cardúmenes de peces, mientras que exhibían un patrón de "vuelo de Lévy" cuando se encontraban en ambientes solitarios, como zonas oceánicas o lugares donde las presas están separadas. Según los investigadores, es posible que estos patrones no sean causados por un comportamiento adaptativo sino una propiedad emergente que procede de movimientos simples o distribuciones complejas —fractalizadas— de sus presas.

Situación de sus poblaciones

En 1982 Michael McHenry capturó en un solo día cuatro tiburones blancos en las islas Farallón. Fue la última vez que sucedió esto. Los pescadores no encontraron animales después. Las depredaciones sobre pinnípedos en las islas decayeron casi 50% y pasaron muchos años para que se pudieran observar nuevos tiburones en el área.

En la costa Atlántica de Sudamérica, los registros del gran blanco son casi nulos al sur de Brasil. Las costas de Argentina exhibían áreas de reproducción de pinnípedos que fueron casi exterminados a finales del siglo xix por la caza, aunada con la pesca indiscriminada de cetáceos en estas áreas; los tiburones blancos no han vuelto más.

En el siglo xx la idea de que matar un tiburón hacía que el mar fuera más seguro era común entre los positivistas. Vic Hislop, autoproclamado como el cazador de tiburones, esgrimía este argumento como justificación para la matanza. Escritores de ciencia ficción soviética anunciaban futuristas paraísos utópicos donde todas las fieras habían sido extinguidas sistemáticamente de la Tierra para construir un mundo promisorio, sin peligros naturales.

Frank Mundus fue la inspiración de Benchley para su personaje de Quint, el asesino de tiburones en la novela *Jaws*. Se consideraba a sí mismo como el pescador supremo de tiburones. Tenía su negocio en Long Island, en la costa del Atlántico. En 1958 empezó su "pesca de monstruos", por la cual mataba ballenas y delfines para atraer grandes blancos. Su cebo preferido era la carne de los calderones, animales muy dañinos según él porque eran destructores de peces comerciales. A bordo de su *Cricket II,* el capitán llevaba a sus clientes —sus "idiotas", según él mismo— a capturar makos, tiburones azules, grises y zorros. Pero su objetivo dorado era el blanco.

En 1960 encontró cinco alimentándose del cadáver de una ballena y logró arponear a uno de cuatro metros y 1 500 kg. En 1988 Mundus entró al libro de récords de la Asociación de Pesca gracias a un blanco de más de dos toneladas. Capturó en 1964 a Big Daddy, un gran blanco de 2 041 kg y 5.3 m. Para arponearlo colgó a los lados de su embarcación una línea con tiburones azules y roció el mar con trozos de ballena. Cuando lo desembarcó en Montauk, el animal todavía coleteaba, así que Mundus le disparó quince veces con su arma. Tipos como éste, dedicados al asesinato sistemático de tiburones blancos para vender sus mandíbulas como trofeos "deportivos", han contribuido a su disminución poblacional.

En 1989 un equipo de filmación de la Cousteau Society viajó al sur de Australia para filmar tiburones blancos. Durante un mes, la tripulación arrojó cebos entre Dangerous Reef y las islas Neptune. Durante este periodo lograron atisbar tres tiburones pequeños que se alejaron con rapidez. Nicolas Dourassoff dijo: "Según van las cosas, el tiburón blanco estará extinto en 20 años". Han pasado más de 20 años y el tiburón blanco sigue en el planeta. ¿Por qué?

Leonard Compagno, uno de los más reconocidos científicos que estudian tiburones en la actualidad, comenzó una campaña para proteger al tiburón blanco en Sudáfrica a la vera de las nuevas reformas políticas en los años noventa del siglo pasado. En abril de 1991 el ministro del ambiente, Louis Pienaar, anunció que sería un crimen capturar esta especie 200 millas mar adentro de la costa sudafricana. A partir de esta fecha otros países se unieron a la legislación de protección.

Actualmente esta especie se encuentra en el apéndice III de la Convención sobre el Comercio Internacional de Especies Amenazadas de Fauna y Flora Silvestres (CITES) y se registra como vulnerable en la lista roja de especies de la Unión Internacional para la Conservación de la Naturaleza (IUCN). En la

FIGURA IX.13. *Tiburón blanco capturado en San Felipe, Baja California, México. A pesar de las leyes que protegen a esta especie, la matanza continúa (fotografía de José Leonardo Castillo-Geniz).*

lista roja de especies amenazadas se clasifica como nivel de amenaza 52, con situación poblacional desconocida. Es un organismo económicamente atractivo por su tamaño y rareza. Una mandíbula de tiburón blanco de Gansbaai, Sudáfrica, recobrada tras un robo, se valoró en 50 000 dólares Por estas razones, las medidas de conservación de la especie se basan en el principio precautorio.

Su captura y la venta de sus productos derivados (mandíbulas, dientes, aletas, etc.) están prohibidas en Australia, Sudáfrica, Namibia, Israel, Malta, California, Nueva Zelandia y los estados del Atlántico en los Estados Unidos; sin embargo, es una especie altamente migratoria, por lo cual su protección debería ser internacional. En México existen ciertas regulaciones para la pesquería de los tiburones, entre las cuales se limita la captura del tiburón blanco.

CUADRO IX.1. *Estimaciones poblacionales de tiburón blanco
en sus áreas de agregación (hasta 2012)*

Localidad	Fechas de agregación	Estimación poblacional	Estado estimado
Australia / Nueva Zelandia	Febrero-octubre	133	Juveniles, subadultos
Sudáfrica	Abril-octubre	1279	Juveniles, subadultos
Atlántico noroeste	Desconocidas	Desconocida	Desconocida
Mediterráneo	Desconocidas	Desconocida	Desconocida
Islas Farallón / Isla Año Nuevo	Agosto-noviembre	219	Adultos, subadultos
Isla Guadalupe	Julio-diciembre	135	Adultos, subadultos

Al ser una especie de lento crecimiento, con pocas crías y un periodo de gestación largo, el tiburón blanco se clasifica entre los organismos con una estrategia de tipo K (véase la sección sobre reproducción y genética). Esto lo hace vulnerable a la sobrepesca. Se desconoce la población mundial de tiburones blancos e incluso las estimaciones regionales son deficientes. Los modelos actuales hacen estimaciones poblacionales con base en el marcaje y la recaptura (véase el cuadro IX.1).

Muy escasos ya en el Mediterráneo, donde eran muy comunes, sus poblaciones se recuperan en Australia, California, la costa Atlántica de los Estados Unidos y Sudáfrica. Aun así, verlo es como encontrar un tigre siberiano. Los siguen cazando de manera ilegal y en la mayoría de los casos no se registra el delito.

Hay evidencias esperanzadoras. Desde 2004 se ha incrementado el número de avistamientos en la costa de Massachusetts, especialmente cerca de la isla de Monomoy, donde se han registrado ataques a las focas grises *(Halichoerus grypus)*. Desde que se protegieron en 1972, las focas aumentaron y recolonizaron playas e islas de Cape Cod. El tiburón blanco ha vuelto para depredar ahí sobre su alimento favorito.

El origen del género *Carcharodon,* según los relojes moleculares, se remonta 60 millones de años, inmediatamente después de la extinción de los dinosaurios. Los mares eran cálidos, incluso en latitudes altas. Los ancestros de los megatiburones evolucionaron en mares cerca de lo que hoy es Rusia, Marruecos, Angola y los Estados Unidos.

Los datos moleculares indican que el origen de *Carcharodon, Isurus* y *Lamna* ocurrieron en la frontera Paleoceno-Eoceno. Diez millones de años antes, los lámnidos eran muy abundantes. Es probable que el abuelo del tiburón blanco, el mako y el sardinero haya sido un tiburón conocido como *Archeolamna,* el cual merodeaba en el Cretácico tardío. Los primeros fósiles identificados ya como *C. carcharias* datan de hace 16 o 17 millones de años.

El tiburón blanco evolucionó en mares con depredadores más activos y grandes que los que hay ahora. Tuvo que competir con megatiburones como *Carcharodon chubutensis,* que medía hasta 12 m; *Carcharodon angustidens,* cuyo fósil encontrado en Nueva Zelandia demuestra que alcanzó un tamaño de 9.5 m, y por supuesto *Carcharocles megalodon,* el tiburón carnívoro más grande y corpulento que ha existido, de hasta 25 m. Depredó sobre superballenas, tortugas gigantes, marlines monstruosos y morsas titánicas; asistió a la evolución de las orcas; vio cómo la talla de los animales pelágicos fue reduciéndose conforme pasaban las eras.

A finales del Eoceno, hace 35 millones de años, los océanos comenzaron a enfriarse. La corriente antártica circumpolar disparó la productividad primaria y permitió la abundancia de peces y ballena. Algunos megatiburones, gracias a su endotermia, pudieron seguir a los arqueocetos en sus nuevas migraciones hacia mares polares. Los megatiburones que no tenían la capacidad de tolerar aguas frías fueron arrinconados en áreas cálidas cada vez más pobres.

En el Plioceno, hace cinco millones de años, el agua fría invadió la región ecuatorial y fue en esta época cuando el tiburón blanco ocupó los nichos que comenzaba a dejar vacantes el megalodon. La mayoría de los megatiburones están en el olvido; no sabemos qué presiones selectivas los llevaron a la extinción.

A finales del Mioceno, la mayoría de los cetáceos se extinguió; existían 20 géneros, en la actualidad sólo sobreviven seis. Después de que se cerró Centroamérica, muchas especies se extinguieron y ocurrió una redistribución de la fauna. Las ballenas abandonaron los trópicos y comenzaron a migrar hacia los polos. Muchos tiburones no pudieron seguirlas debido a su fisiología.

El tiburón blanco sobrevivió gracias a su preferencia por aguas templadas. Es el último de una estirpe prehistórica: en su memoria genética lleva océanos sanguinarios, oscuridad y un mundo de profundidades terroríficas para nosotros. Se enfrenta a retos constantes, como nuestra profanación hacia su hábitat. Quizá se vaya antes que nosotros, quizá nosotros desaparezcamos y él continúe su vida en mares distantes. Quizá sea la punta de un linaje de megatiburones futuros o el último de un mundo tenebroso.

Lo cierto es que su impronta es inolvidable para los que hemos tenido el privilegio de contemplar a un dios atávico.

X. Profanación

Si se caracteriza al mal como la violación de los dictados de la conciencia [...] sería totalmente irracional culpar o juzgar moralmente a los seres humanos por su ambivalencia psíquica, inextirpable y universal.

RICHARD BERNSTEIN, *El mal radical*

Sucede que me canso de ser hombre.

PABLO NERUDA

He aquí el capítulo tan temido por mí.

Generador de polémica, el tema de las masacres y pesquerías enfrenta a los biólogos, a los conservacionistas, a los empresarios, y divide a la —tan nefasta— opinión pública. Todavía recuerdo los altercados en un congreso donde se discutía una norma que intentó regular la captura de elasmobranquios. Me di cuenta de que biólogo no significa biófilo y de que muchas posturas sobre una óptica conservacionista no tenían nada que ver con la dignidad de los animales sino con una apariencia económica, mientras que otra postura comercial le negaba cualquier derecho a los seres vivos tasándolos en oro.

El depredador más brutal en el planeta es el *Homo sapiens*. Nuestra capacidad de resolver problemas mediante la imaginación, la creatividad y la fabricación de artefactos, aunada a una extraña "naturaleza" de codicia, sadismo y avidez, nos hace el animal más temible en la actualidad. Hay personajes equivalentes a Bufalo Bill, como el capitán William Young, que a los 87 años se jactaba de haber matado a 100 000 tiburones.

Cuando un tiburón ataca a un ser humano, los hombres se lanzan al mar para vengarse. Después de los célebres ataques de Nueva Jersey en 1916, el presidente estadunidense Wilson alentó un programa gubernamental para exterminar a todos los escualos de la costa atlántica. En Hawái, el gobierno ha llevado a cabo matanzas sistemáticas para disminuir el peligro a que se exponen los surfistas. En 1956 el gobierno canadiense estableció un programa para erradicar al *Squalus acanthias,* considerándolo como una plaga y en 1958 Eisenhower pidió un presupuesto de 95 000 dólares al año para exterminar a los tiburones.

En México, después de que Adrián Ruiz murió en 2008 mordido por un tiburón tigre, los pescadores, alentados por autoridades federales y estatales, se lanzaron a cazar escualos en Zihuatanejo. Un burócrata declaró que era necesario pues el área frente a la playa Troncoso "está infestada con cientos de tiburones". Ignorante declaración. ¿Qué opinaría si le contesto que las ciudades están infestadas de seres humanos?

El 22 de octubre de 2011 un tiburón blanco mató a un turista norteamericano de 32 años que buceaba en la costa de Perth, en Australia. El Departamento de Pesquerías autorizó los permisos para matar al tiburón. En 14 meses ha habido cuatro ataques en dichas aguas, por lo que el gobierno ha decidido aumentar los permisos de pesca en contra del tiburón blanco. Todo ello en un país que supuestamente protege a esa especie.

La estupidez se dispara con cualquier pretexto. En abril de 2011, después de que un tiburón toro atacara a una mujer en Cancún, los pescadores de Puerto Juárez recibieron el siguiente mensaje: "Salgan a partirle la madre a los tiburones. Agarren todo lo que quieran, está autorizado *(sic)*." Ni tardos ni perezosos, los alegres pescadores salieron con sus pangas a matar lo que se pudiera. A las 7 de la tarde ya había en el puerto 70 tiburones toro muertos, entre ellos algunas hembras preñadas.[1]

---

[1] El empresario hotelero Abelardo Vara expresó su opinión ignara: había que matar a los tiburones para no exponer al turismo: "Pues si hay tiburones en esa área y nos están afectando en una actividad tan importante como la turística, que da tantas fuentes de empleo, tanta gente que depende de ello, pues habrá que sacrificarlos, no hay más, tenemos que cuidar prioritariamente Cancún, y si hay que hacer eso, hay que hacerlo. Yo estoy a favor 100% de que no por cuidar unos animalitos por ahí, que qué pena, pero si nos está afectando, no hay que permitir esa afectación *(sic)*", y remató con una frase que no publicaron todos los periódicos: "esos tiburones son unos imbéciles depredadores que atacan cualquier cosa que se interpone entre

Cuando un hombre mata a un tiburón, los tiburones no hacen asambleas ni se lanzan a atacar a todos los bañistas y buzos posibles.

Sin embargo, el odio es un problema menor comparado con la captura comercial. En la degradación de los conceptos a lo largo de la historia, el tiburón pasó de monstruo, dios y portento a ser un producto económico o recurso natural. En el lenguaje de la razón instrumental que impera en la ciencia, los tiburones son descritos como "recursos pesqueros". Las masacres se esconden bajo el eufemismo de *capturas*.

Es evidente que han sido comidos durante toda la historia, sobre todo por los pueblos costeros. Epicarmo, autor de comedias que vivió entre los siglos vi y v a. n. e., se refiere a varios peces comestibles, entre los cuales está el *kýon*, al que califica de "graso" o "gordo". Esto dio inicio a una literatura gastronómica de la que el mayor representante fue el siciliano Arquéstrato (siglos iv a. n. e.), que en su *Hedypatheia* ("Dulce placer [del vientre]") mencionó también al gordo o graso *kýon* (mal traducido como "perro de mar") entre los platillos.

Se podría pensar que tanto Epicarmo como Arquéstrato se estuvieran refiriendo a una especie de tiburón comestible abundante en el Mediterráneo y caracterizada por ser un animal carnoso o gordo ("pingüe", en las traducciones eruditas), además de peligroso por su mordida; bien podría tratarse de un marrajo o de una pintarroja o lija, ambos abundantes en el Mediterráneo.

Pedanio Dioscórides, médico que ejerció en la roma neroniana, dice en su *Materia médica*: "La hiel del perro marino, por pequeña cantidad que se trague de ella, mata en el espacio de siete días. Se cura dando de beber al paciente manteca de vaca con canela y cuajo de liebre". Quizá se deba a la cantidad de amoniaco presente en sus tejidos.

ellos y su comida" *(sic)*. Es curioso cómo su frase le queda como un guante al ser humano.

Debido a esto, los estadunidenses no deseaban comer carne de tiburón a principios del siglo xx. Cuando Benito Mussolini subió al poder, prohibió la importación de carne de tiburón, para no dar una visión de los italianos como comedores de escualos.

Theodore Roosevelt lanzó una campaña para que la población comiese tiburones. Los soldados que combatieron en la primera Guerra Mundial recibían tiburón enlatado que les repugnaba por el aroma tan intenso. Los chinos y los italianos mantuvieron el mercado de escualos en América.

En las islas de Micronesia todavía se capturan tiburones de una forma que podemos comparar a la prehistoria. Los aborígenes atraen a los escualos golpeando el agua con maracas y lanzan una soga que los iza por las agallas. Una vez izado, le golpean el cráneo con una maza de madera.

En el siglo xix en el norte de Europa los tiburones peregrinos *(Cetorhinus maximus)* eran cazados para fabricar velas. Luego se volvieron populares por su gigantesco hígado: de él se extraían hasta 70 galones por tiburón. Y desechaban su cuerpo. Estos pacíficos animales planctófagos no oponían resistencia alguna ante sus captores. A mediados de los años cincuenta, su pesquería se colapsó.

China, el país más infestado del mundo y cuna de la civilización, tiene como una de sus costumbres ancestrales la sopa de aleta de tiburón. Prepararla se consideraba un arte; los mejores cocineros al servicio del emperador y los señores eran juzgados por la fineza del platillo. Se servía en banquetes especiales como el máximo regalo para un huésped honorable. Las aletas se ligaban al fasto, pero eso no impidió que los tiburones fueran comida popular preferida en Corea, Vietnam —donde se valoraba el músculo de tiburón ballena—, Singapur, Indonesia y Japón.

Antes de la segunda Guerra Mundial, en los Estados Unidos no existían factorías dedicadas a realizar productos a partir del escualo y éstos eran infravalorados. En 1938 una tonelada de tiburones costaba 10 dólares. Había un producto muy popular en la población americana: aceite de hígado de bacalao, fuente de vitamina A para los niños y la crianza de aves. Cuando los nazis invadieron Noruega, la exportación de bacalao a Inglaterra y los Estados Unidos terminó. Se requería una nueva fuente de vitamina.

Fue un agente de San Francisco, Tono Guardella, quien experimentó con un sustituto del bacalao. Pidió a un químico analizar el hígado de una mielga *(Squalus acanthias)*. Los resultados: el hígado de este tiburón tenía 10 veces más vitamina A que el bacalao. Guardella ofreció hasta 20 dólares por tonelada de mielga a los pescadores de San Francisco, quienes pensaron que ese tipo había perdido la cabeza. Luego analizó el hígado del cazón *(Galeorhinus galeus)*: tenía 20 veces más vitamina que el bacalao. Guardella ofreció hasta 40 dólares por tonelada de cazón. El secreto pronto se disolvió: los competidores de Guardella se enteraron y comenzó una carrera por el "oro gris", como llamaron al tiburón. Desde Alaska hasta la península de Baja California se pagaba generosamente. En 1941 la tonelada costaba ya 1 500 dólares y en 1945 un hígado podía ser vendido a 200 dólares. Fue el *boom* del aceite de tiburón. Se instituyeron nuevas compañías en el Atlántico y se descubrió que todos los tiburones tenían vitamina A, por lo cual no dirigieron la pesca. Palangres, líneas, redes, boyas, arpones: todos los artefactos posibles. En Florida un bote capturó 1 972 tiburones en un día. Sólo en los Estados Unidos se alcanzó el pico en 1944: ¡24 000 toneladas de cazón! La pesquería comenzó a colapsar. En Massachusetts, una compañía ganó dos millones de dólares al año vendiendo aceite de tiburón. Se abrieron factorías en Cuba, México, Jamaica y las islas del Caribe. A principios de la década de 1950 la pesquería entró en crisis; a mediados, volvió a estabilizarse. Después de la segunda Guerra Mundial se logró sintetizar la vitamina A y los hígados de tiburón fueron desechados como fuente principal. Actualmente el escualeno se utiliza para engrasar instrumentos de alta precisión. En Japón se usa el aceite para lavar los baños.

FIGURA X.1. *Cadáveres de tiburones makos y azules en la playa de las Barrancas, campamento pesquero de Baja California Sur, México (fotografía de Fernando Manini).*

En los años cincuenta la captura aumentó constantemente, como resultado de una intensificación pesquera y el aumento de la población humana. Por ejemplo, la pesquería de tiburón peregrino en la isla Aquiles, en Irlanda, registró 12 000 tiburones asesinados entre 1947 y 1975, antes de que fuera económicamente inviable y cancelada.

Las mandíbulas de muchas especies adquirieron valor en el mercado de Europa, México y Japón. La peletería americana logró avances significativos al realizar productos con piel de tiburones. Esto no era nuevo para los asiáticos: en las crónicas de los viajes del siglo XVII, los holandeses recibían pieles de tiburón como pago en Dejima, Japón, pero a mediados del siglo XX

FIGURA X.2. *Una visión de la masacre en el desierto de Baja California (David Le Pagne, Photos. com).*

se instauró una industria para confeccionar ropa, cinturones y zapatos.[2]

Al tiburón le siguen extirpando la carne, la piel, el aceite de hígado, las aletas, el cartílago, las mandíbulas y los dientes. También se capturan vivos, destinados al comercio de especies ornamentales y acuarios públicos.

Algunas personas ponderan su ignorancia al respecto. Se sorprenden cuando les digo que la empanada de cazón en su plato es de tiburón. ¡Se horrorizan! Lo que puede un vocablo.

Aún existen pesquerías dirigidas hacia los tiburones por su carne. Las de arrastre en busca de *Squalus acanthias* actúan en el Mar del Norte y las zonas templadas de los Estados Unidos y Canadá. Pesquería de palangre en busca de *Lamna nasus* en Canadá oriental y pesquerías de arrastre en pos de *Galeorhinus galeus, Mustelus antarcticus* y *Mustelus lenticulatus* en Australia y Nueva Zelandia. En Taiwán se captura al tiburón ballena con arpón y a partir de 2004 el gobierno implementó una regulación de 120 individuos por año. La carne de tiburón ballena se vende a 12 dólares el kilo.

Cuando se volvió una dictadura comunista, el régimen chino prohibió la importación de aletas y se intentó extirpar la

---

[2] El aventurero y escritor Fernando Jordán se estableció en Baja California Sur para dedicarse a la industria del tiburón, antes de ser "suicidado" en 1956.

costumbre de comerla. El gobierno la consideraba como una práctica burguesa y decadente, impropia para el proletariado. Sin embargo, con la apertura comercial y el enriquecimiento de ciertas clases dominantes, la costumbre se diversificó. El plato ya no se considera aristocrático sino popular. Hoy se come sopa de aleta en restaurantes de todo el mundo. El peligro amarillo se cernió sobre los escualos. El "oro gris" volvió.

El comercio de aletas creció 5% anualmente entre 1995 y 2000. La gran demanda de aletas propició la práctica del *finning* o aleteo: los pescadores rebanan las aletas de los tiburones vivos y los arrojan al mar donde mueren miserablemente. Las aletas son productos carísimos. En Indonesia las aletas del pez guitarra *(Rhynchobatus djiddensis)* se pagan a 90 dólares el kilo; en Hong Kong se pagan 740 dólares por el kilo de aleta de tiburón y se valoran especialmente las de tiburón peregrino y tiburón ballena, al ser consideradas un platillo con un extravagante sabor a ceniza, mientras que las aletas de tiburón blanco se venden como trofeo por ser consideradas de baja calidad culinaria.

Como una costumbre, en Marta's Vineyard, costa del Atlántico, se lleva a cabo un torneo de pesca llamado Oak Bluffs Monster Shark Tournament, organizado por el club de pesca y caza de Boston. Atrae a cientos de pescadores "deportivos": en 2005 participaron 125 botes en pos de 130 000 dólares. En este torneo se capturan cientos de tiburones. El de dicho año lo ganó una personas que capturó un tiburón tigre de 540 kg.[3]

No sólo la sobrepesca afecta a los tiburones; aunemos la destrucción del hábitat, los desarrollos humanos en las costas donde existe un área de crianza, los vertederos de basura y desechos al mar, la contaminación y demás lindezas. La contaminación de los mares y las lagunas regresa al hombre. El tiburón

---

[3] Incluso la cadena televisiva ESPN ha filmado el torneo como un espectáculo deportivo. Los organizadores se justifican descaradamente bajo el pretexto de la investigación científica aduciendo que las observaciones de los cadáveres ayudarán al conocimiento.

Figura x.3. *Pescador descartando tiburones en San Lázaro, Baja California Sur, México. Hace décadas las tallas eran grandes, hoy apenas se capturan juveniles (fotografía de Ruth Ochoa Díaz).*

almacena mercurio y otros metales pesados y los incorpora a sus tejidos. Esta bioacumulación en su carne puede dañar a fetos cuyas madres comen el pescado. El mercurio es un metal que puede ocasionar graves daños al cerebro y no puede ser desechado por el organismo. En 2011 M. M. Storelli y sus colaboradores encontraron concentraciones de 6.5 mg / kg p. h. (peso húmedo) en el músculo del *Squalus acanthias* del mar Adriático, cuando el límite legal permitido por la Comisión Europea es de 1 mg/kg p. h. En 1986 J. M. Lyle encontró niveles de mercurio y selenio mayores a los permitidos en *Carcharhinus amblyrhynchos, C. melanopterus, C. amboinensis* y el gran martillo *(Sphyrna mokarran)* en las costas de Australia.

C. Mull y sus colaboradores encontraron en 2012 que el hígado y el músculo del tiburón blanco muestreado en la costa de California estaban contaminados con DDT, arsénico, selenio, cadmio, mercurio y pesticidas organoclorados. En esta especie se encontró una mayor cantidad de contaminantes que en cualquier otro elasmobranquio antes muestreado. Esto se debe a que los tiburones blancos juveniles habitan la costa de California, una costa impactada por fuentes industriales. El DDT es un contaminante que se bioacumula. A pesar de que este insecticida fue prohibido en 1972 en los Estados Unidos, los tiburones blancos de California contienen 50 veces más DDT que los de Sudáfrica. De 1950 a 1970 se arrojaron grandes cantidades de contaminantes orgánicos al mar a través de sistemas de tratamiento de aguas desde Los Ángeles. Actualmente se estima que 10 toneladas métricas de bifenilos policlorinados y 110 toneladas métricas de DDT permanecen en el fondo marino de Palos Verdes, área de crianza del tiburón blanco.

Los océanos han absorbido cerca de 30% del CO_2 generado por la actividad humana desde tiempos preindustriales, debido principalmente a la quema de combustibles fósiles, la urbanización que destruye bosques y pantanos convirtiéndolos en ciudades, la agricultura y la producción de cemento. Carol Turley, del Laboratorio Marino de Plymouth, predice que, de no minimizar esto, la acidificación de los océanos para el año 2050 podría aumentar un 100%. Las predicciones científicas de este tipo casi nunca se cumplen pues siempre aparece un mecanismo natural increíble que modifica el panorama, pero la contaminación es una transgresión real a la vida.

Los efectos de la acidificación son difíciles de predecir, pero afectan principalmente a los organismos con conchas de carbonato de calcio, entre los cuales se encuentran muchas especies que realizan fotosíntesis y conforman el fitoplancton, que sustenta las cadenas alimenticias y provee de casi todo el oxígeno a la atmósfera. A esto hay que sumar los fertilizantes, plaguicidas y desechos sólidos del desagüe y el drenaje que van a parar al mar. Esto ocasiona la explosión de áreas muertas con muy poco oxígeno donde muchas especies de peces no pueden sobrevivir.

La visión sobre estos animales es desesperanzadora. A fin de cuentas, es parte de un negocio y el dinero es la divinidad suprema en las sociedades. Un cadáver de tiburón se contabiliza y transforma en billetes. Para el pescador y el comerciante, éste no es más que piel que desollar, carne que filetear, aletas que importar, cartílago que encapsular, dientes para confeccionar collares, amuletos, artesanías.[4]

Hay tres frentes: la pesca industrial en los océanos; la pesca artesanal en los estuarios, lagunas y costas, y la pesca incidental. La primera arrasa con los adultos, la segunda con las crías y las hembras grávidas. La tercera con toda la fauna marina. La pesca incidental no es reportada; a veces se descarta en el mismo lugar de la matanza. Tuve la oportunidad de subir como observador a ciertos barcos atuneros y camaroneros que operaban en el golfo de México. Los palangres, mallas, cercas, líneas y técnicas de arrastre que iban en busca de ciertos animales dejaban un páramo de destrucción a su paso. Miles de tiburones caen junto a delfines, marsopas, tortugas, aves marinas, dorados, peces vela, rayas y más.

El monstruo en que se ha convertido China es una amenaza gigante para los tiburones; no es exagerada esta aseveración. Desde su reforma agraria, el crecimiento económico ha sido ingente. En las últimas dos décadas ha crecido a una tasa media de 10%, según el Banco Mundial. Los chinos siguen reproduciéndose a pesar de sus supuestas políticas de sólo un hijo. En 2008 había 1.3 millones de habitantes, cerca de 22% de la po-

---

[4] Dice el biólogo Raúl Marín: "Estamos hablando de una extinción comercial que precede a la biológica. Su fama como especies potencialmente peligrosas para el hombre no ayuda gran cosa a su conservación. Al igual que sucede con otros grandes depredadores de mar y tierra, sus espacios se acaban ante la presencia y manifestaciones del *Homo sapiens*. Nuestra visión antropocéntrica sólo nos permite proteger a la fauna que nos parece inofensiva, útil o agradable, a pesar de que la naturaleza requiere a todos sus elementos para funcionar adecuadamente. A lo largo del tiempo he aprendido que la mayor parte de la gente sólo quiere ver a los tiburones 'cara a cara' en un documental por televisión o en la seguridad de un acuario público. Si alguien nota una aleta de delfín que surca la superficie de una playa, todo el mundo quiere introducirse al agua o al menos tomar fotografías. En caso contrario y remoto, si se trata de la aleta de un tiburón, sobreviene la *selacofobia*: se organiza la captura y muerte del ejemplar, sin faltar el escenario político y periodístico en relación con el hecho".

FIGURA x.4. *Carne de tiburón puesta a secar en un campamento de pesca artesanal (fotografía de Ruth Ochoa Díaz).*

blación humana. Según la FAO, en 2011 se registró una captura global de 830 000 toneladas de tiburones y rayas, con un incremento de 2% anual, lo que equivale a 60 millones de individuos. Otras organizaciones no gubernamentales reportan la cifra de 79 millones tiburones pescados al año, sin incluir los no registrados, sólo para mantener la costumbre de la sopa en China. ¿Seremos tan inocentes como para pensar que cambiarán una tradición centenaria? La sopa Yuchi adquirió su popularidad desde la dinastía Song, en el siglo IX. Estos datos tan disímiles despiertan sospechas y son problemáticos. Aunados a la falta de especificación, provienen de diversas fuentes con intereses encontrados.

Sin embargo, no es China el país que más importa productos derivados del tiburón, sino España. Posee la mayor flota palangrera de Europa, la cual trabaja en todos los mares del mundo y exporta desde el puerto de Vigo al mercado asiático. Luego vienen México, Italia, China, Brasil, Francia, Reino Unido y Singapur.

Los países que más exportan tiburones son Taiwán, España, Costa Rica, Chile, Inglaterra, Japón, Canadá, Panamá, Nueva Zelandia y los Estados Unidos. (No se considera a los países que ignoran los códigos de aduana específicos para tiburones.) Hasta 2011 los países que más capturan tiburones son Indonesia, India, España, Taiwán. Argentina, México, Pakistán, los Estados Unidos y Japón.

Según la FAO, la producción registrada de filetes frescos y congelados aumentó a más del doble de 1985 a 2000, de 31 500 toneladas a 73 000 toneladas. Más de la mitad de los productos fueron tiburones completos congelados y el resto, secos o salados. Los principales productores de carne congelada de tiburón entre 1998 y 2000 fueron España y Japón, mientras que Pakistán lideró la producción de carne seca y salada. Otro problema radica en que las estadísticas reportan el peso y no el número de individuos.

Amable lector: como ya hemos dichos, comer cartílago no lo beneficiará en nada: es un tejido inerte que ni siquiera puede ser metabolizado totalmente por nuestro organismo; es como devorar manitas de cerdo. En 1992 el médico William Lane publicó su libro *Sharks don't Get Cancer* [Los tiburones no se enferman de cáncer] como una estrategia de venta. Lane era el presidente de la Asociación para el Comercio del Pescado en los Estados Unidos. En el epígrafe de su libro escogió una cita para justificar la matanza: los recursos marinos deben ser cosechados, incluso el tiburón. La tesis del libro recae en un estudio donde el cartílago de tiburón y de ternero incide negativamente sobre la formación de vasos sanguíneos en los tumores (fenómeno conocido como angiogénesis), publicado en la revista *Science* en 1983. Además, según Lane, resultaba efectivo contra diabetes, artritis y acné.

En efecto, en dicha revista Anne Lee y Robert Langer publicaron una nota científica titulada "El cartílago de tiburón contiene inhibidores de angiogénesis en tumores". Utilizando extracto de tejido de tiburón peregrino (*Cetorhinus maximus*) sobre tumores y córneas de conejo, descubrieron que éstas no presentaban neovascularización. Atribuyeron el efecto a la guanidina del cartílago, aunque en algunas córneas no hubo efecto significativo. Concluyeron que otros inhibidores debían ser examinados.

De esto a lo que Lane publicó hay una gran diferencia. Sin embargo, la publicidad comercial surtió efecto a pesar de investigaciones científicas posteriores. En 1998 D. R. Miller y sus colaboradores probaron la eficacia del cartílago en pacientes con cáncer de pulmón, seno, próstata, recto y cerebro. Conclusión: el cartílago de tiburón resultó inactivo en paciente con cáncer avanzado y no mejoró sus condiciones de vida. En 2005 Charles L. Loprinzi y sus colaboradores probaron el cartílago contra un medicamento placebo en 80 pacientes con cáncer. Resultado: no hubo diferencias significativas entre los efectos del placebo y los del cartílago.

Por otro lado, algunos investigadores resaltan su valor alimenticio. El cartílago de los tiburones contiene mucopolisacáridos y glucosaminoglicanos como nutrientes. Asimismo puede tener efectos antioxidantes. Chen, realizando pruebas in vitro, sugirió que los extractos de cartílago de tiburón presentan una fuerte actividad desinflamatoria en algunas células dañadas de ratas.

No toda la gente lee artículos científicos sino que acepta información generalizada y cree. La desesperación ante el sufrimiento y lo inevitable provocan la fe. La leyenda de que el cartílago curaba el cáncer o lo prevenía se propagó en todo el mundo. La pseudociencia lo hizo suyo como tratamiento alternativo, las tiendas naturistas lo ofrecieron, las empresas atisbaron una mina de oro. No en balde Lane gastó 230 millones de dólares para que la FDA aprobara la comercialización del cartílago como suplemento alimenticio, no como medicamento anticancerígeno.

Los principales países productores de suplementos a base de cartílago son Australia, Japón y los Estados Unidos. También se producen en Argentina, México, Nueva Zelandia y Kenia. Productos envasados de cartílago se exportan mediante varias marcas a 35 países. En Europa se comercian en Francia, Alemania, España, Inglaterra, Grecia, Italia y Holanda. Un frasco de cápsulas puede costar hasta 100 dólares.

Por otro lado, los trofeos de especies carismáticas tienen gran valor en el mercado negro. Usted puede encontrar en el mercado virtual de la red informática páginas de compra y venta donde se ofrecen tiburones bamboo disecados por taxidermistas a 44 dólares, mandíbulas de tiburón zorro a 50 dólares, piel de tiburón tigre a 125 dólares y piel de tiburón blanco a 300 dólares. Se estima que en la última década el precio de las mandíbulas se ha incrementado 30%. Eréndira García refiere en su libro *Tiburones: conservación, pesca y comercio internacional* que "Una mandíbula de tiburón blanco de Gansbaai, Sudáfrica, recobrada recientemente tras haber sido robada, se valoró en 50 000 dólares estadounidenses. Las mandíbulas pequeñas pueden venderse por 12 500 a 15 000 dólares".

Desde 1972 existe un programa de marcaje de tiburones en Carolina del Norte. Los resultados del programa son alarmantes: las capturas de algunos tiburones en estas aguas han descendido en cuatro décadas. Las del tiburón aleta de cartón cayeron 87%; las del puntas negras, 93%; las del tiburón tigre, 97%; las del martillo, 98%, y 99% las del toro, oscuro y martillo.

En el Mediterráneo, uno de los mares más contaminados y profanados, la abundancia de los martillo (*Sphyrna* sp.), el azul (*Prionace glauca*), el mako (*Isurus oxyrinchus*), el salmonero (*Lamna nasus*) y el zorro (*Alopias vulpinus*) declinaron entre 96 y 99% a finales del siglo xx. La abundancia del aletas blancas (*Carcharhinus longimanus*) en el golfo de México declinó 99% entre 1950 y 1990.

Nunca antes habían surgido tantas organizaciones con el fin de salvar a los tiburones como a finales del siglo xx. Hacen congresos, piden dinero, lanzan demandas, se indignan y cobran. Sin embargo, a principios del siglo xxi las capturas continúan creciendo. Sólo en Hong Kong aumenta 5% al año. Ésta es una ironía no muy grata.

Los grupos conservacionistas o asociaciones civiles para la protección de tiburones se dedican a crear conciencia entre la población, luchan por limitar los efectos de la pesca, trabajan con los pescadores artesanales, promueven su activismo en los medios de comunicación, realizan conferencias y campañas, y publican artículos de divulgación. Entre ellas destacan Iemanya Oceanica, Oceanic Defence, Predators in Peril, Shark Alliance, Shark Angels, Shark Safe Network, Shark Savers, The Shark Trust, White Shark Trust y WildAid.

Algunos grupos como Sea Shepherd realizan acciones más directas. Su barco *Farley Mowat* ha hostigado y abordado tiburoneros en aguas de Costa Rica antes de ser repelido por cañones de agua.

Algunos sociólogos piensan que estas organizaciones sólo son negocios muy rentables enmascarados por una función proteccionista que se nutren de masa joven pergeñada con diversas ideologías.

En el colmo de la desesperación y la razón instrumental, algunos han considerado una solución: pescar sólo al tiburón azul *(Prionace glacua)* para que soporte todo el peso de los requerimientos económicos hasta donde le alcance su resiliencia y su ecología. Es tan abundante que representa 17% de la captura del mercado pesquero en Hong Kong: cerca de 10 millones de tiburones azules y 440 000 toneladas. No mates a ése, mejor mata al otro.

Hasta 2007 la Lista Roja de Especies Amenazadas ha evaluado 591 especies de condrictios: 21% se consideran especies amenazadas, en peligro de extinción o vulnerables a la pesca; del 44% no se puede concluir nada por insuficiencia de datos confiables y las especies del restante 35% se consideran exentas de peligro.

Existen iniciativas regionales para la administración de las pesquerías de tiburón y su conservación. Algunas son: el plan de acción comunitario de los Estados Unidos para la conservación de los tiburones, desde 2009; el plan de acción para la conservación de los condrictios del Mediterráneo, desde 2003; el plan de acción para las islas del Pacífico, desde 2009.

Algunos países —no los primeros en capturar tiburones— han adoptado regulaciones más prácticas. La república de Palaos se convirtió en 2009 en el primer santuario de tiburones del planeta, prohibiendo toda pesca en sus aguas territoriales. Ese mismo año el gobierno de Honduras decretó una moratoria para la exportación de productos derivados del tiburón. En 2010 el gobierno de las islas Maldivas prohibió toda captura de tiburones considerándolos más valiosos para el turismo.[5]

Dentro de los planes de regulación, las medidas más comunes incluyen el control del *finning* o aleteo, la restricción de que el peso de las aletas no exceda de 5% del peso de la captura total de abordo y la liberación de la captura incidental. La Comisión para los Recursos Marinos de la Antártica ha vedado la pesca de tiburones en el océano Antártico; la Comisión Internacional para la Conservación del Atún del Atlántico insta a sus miembros a reducir la pesca de *Lamna nasus* e *Isurus oxyrinchus,* y les prohíbe capturar al tiburón zorro ojón *(Alopias superciliosus).* Varias especies de tiburones son protegidas por las leyes de algunos países; sin embargo, las regulaciones son mera tinta que se enfrenta a la realidad social y económica.

En los apéndices de la Convención sobre el Comercio Internacional de Especies Amenazadas de Fauna y Flora Silvestres

---

[5] La pesca tradicional del tiburón ballena, con arpón, se prohibió en la India y las Filipinas en 2001 y 1998, respectivamente. En las islas Maldivas lo protegieron en 1995.

FIGURA x.5. *Tiburón blanco capturado cerca de San Juan de la Costa, Baja California Sur, México. A pesar de las leyes, la matanza se soslaya (fotografía proporcionada por Romeo Saldívar).*

(CITES) se han incluido diversas especies, como el tiburón sierra, el tiburón peregrino, el tiburón ballena y el tiburón blanco. En su última reunión, los Estados Unidos y la Unión Europea propusieron incluir cuatro especies más, de las cuales sólo tuvo éxito en el caso de *Lamna nasus,* por 84 votos a favor y 42 en contra. Las otras tres especies —*Sphyrna lewini, Carcharhinus longimanus* y *Squalus acanthias*— fueron descartadas tras perder la votación (¡?). ¡Se incluyen las especies como vulnerables o amenazadas mediante votos! Vaya democracia ligada a la situación de los seres vivos.

A partir de 2012 se aplica en México una veda a la pesca de tiburones en ambos litorales del país. En el Pacífico, de mayo a julio; en el golfo de México y el mar Caribe, de mayo a junio, y en el banco de Campeche, en agosto. Estas fechas se consideraron debido a las temporadas de reproducción de algunas especies que han declinado en las últimas décadas.

FIGURA x.6. *Cadáver de tiburón al que se le han cortado las aletas para consumo humano (Miriam Vandamme, Photos.com).*

Las regulaciones y las acciones por parte de diversos organismos no pasan de ser buenas intenciones. La mayoría de los países no reportan la captura a nivel de especie, los registros son voluntarios, las regulaciones de conservación y administración son ambiguas, las pesquerías no respetan las vedas ni los pescadores reportan las especies prohibidas que capturan. De los primeros 20 países que matan tiburones a nivel mundial sólo cinco registran una evaluación de su captura a nivel internacional: España, Malasia, Francia, Portugal e Inglaterra. Por ejemplo, la pesca de tiburón peregrino está prohibida en la Unión Europea pero aun así las evidencias fotográficas indican que es capturado y descargado en varios puertos, desde Inglaterra hasta Grecia. En Ensenada, México, se vende carne de tiburón blanco como si fuese marlín o pez vela.

Hay países que exportan productos de tiburón pero que no los reportan a la FAO: Andorra, Austria, República Checa, Micronesia, Fiyi, Jamaica, Kuwait, Islas Marshall, Myanmar, Palaos, Papúa Nueva Guinea, Singapur, Eslovaquia, Tonga y Vietnam.

La guerra por los tiburones se debe considerar a la luz del dinero. En 2010 el gobierno de los Estados Unidos propuso ante las Naciones Unidas un plan en contra del comercio de aletas a China. Esta moratoria tuvo un objetivo eminentemente político. Los gobiernos de China, Japón y Rusia lograron derrotar la propuesta con el argumento de que no existe evidencia científica de que los tiburones estén realmente en peligro. Este rechazo tuvo un objetivo eminentemente económico. Como contraataque, en septiembre de 2011 el senado de California prohibió el consumo de sopa de aleta de tiburón en el estado, lo que desató la ira de la comunidad china.

A veces se protege a una especie porque vale más viva que muerta, y no por un respeto hacia la vida misma. Por ejemplo, el gobierno de Sudáfrica comenzó a proteger al tiburón blanco a partir de 1999; la industria de los safaris submarinos, donde los turistas podemos ver tiburones desde las jaulas, resultó un negocio más rentable que la pesca deportiva.

LOS MÁS AMENAZADOS

Las especies más amenazadas son los tiburones sierra del género *Pristis* con todas sus especies; *Pristis pristis* es considerada como nivel 1, cerca de la extinción. Es lógico: este hermoso pez, alguna vez venerado por los aztecas, vivía en el Mediterráneo, el Atlántico, el lago Nicaragua, los ríos de Australia, el golfo de California y el Pacífico. En los ríos de África se le ha masacrado de forma sistemática. Pare en los estuarios; le gustan los bajos fangosos, a menos de 10 m de profundidad. El desarrollo humano, la degeneración del ambiente y su aniquilamiento hacen que encontrarlo sea imposible. Mide hasta cinco metros y es un escualo pacífico. Esta condición y una problemática anatomía le son adversas: su hocico, en forma de sierra aplanada o espadarte aserrado, los hace quedar atrapados en los enmalles. En Ecuador se los conoce como "catanudas" y el último ejemplar en sus aguas se capturó en 1965. Quizá queden algunos supervivientes en el Amazonas.

Los que desaparecen rápidamente en ese río son los nariz de daga *(Isogomphodon oxyrhynchus)*, pequeñines que alcanzan un metro de longitud. Son cazones con un morro que los hace parecer cómicos, como si les creciera una nariz a lo Pinocho. Viven en los esteros y los ríos de las selvas sudamericanas, tienen dos crías al año —a veces hasta ocho— y se capturan como pesca incidental en Brasil. En Trinidad y Surinam eran platillo común. En la última década su población ha disminuido hasta en 90%.

Lo acompaña en su sino el tiburón de Pondicherry *(Carcharhinus hemiodon),* considerado extinto por algunos ictiólogos. Antes de 1900 su distribución era amplia en las costas de la India, Borneo y el norte de Australia; empero, el último de estos cazones se capturó en 1979.

Otra especie de la que podemos despedirnos es el cazón de la familia *Triakidae: Mustelus fasciatus,* cuya distribución es muy estrecha. Sólo vive, si es que se encuentra alguno, en la frontera de Brasil y Argentina, zona devastada por la civilización. Especie endémica, sus crías nacen cerca de la costa, donde son masacradas por la pesca artesanal. Los neonatos se capturaban en abundancia junto con las hembras grávidas como pesca incidental de barcos camaroneros antes de 1980. De 1994 a 1998 su población disminuyó 98%. El gobierno brasileño la consideró en peligro de extinción en 2002.

Squatina squatina, Squatina aculeata y casi todas las especies del tiburón ángel compartirán este destino.

Como vemos, los tiburones no migratorios o poco migratorios, eurihalinos y pequeños, con un rango de movilidad estrecho, bentónicos, que tienen poca fecundidad y áreas de crianza en lagos, esteros, costas bajas, cada vez más cercanos al hombre, están casi condenados. Quizá se salven otros, los tiburones grandes, migratorios, agresivos, con fecundidades mayores, tolerantes a todo, como el tiburón tigre. Quizá no, si en los próximos años el hombre descubre cómo matar mejor, se sigue multiplicando de forma inconsciente, contamina profundamente y depreda de forma exponencial. Quizá entonces sólo se salvarán los tiburones abisales, los que habitan la oscuridad perpetua de los fondos.

De todas las especies que han habitado la Tierra, 99% se han extinguido a lo largo de la historia del planeta durante procesos que no conocemos con plenitud. Parece que el destino de todos los seres vivos es nuestra desaparición inexorable. Sin embargo, la destrucción de los hábitats y la masacre de las poblaciones animales por parte del ser humano pueden incidir sobre las extinciones de muchas especies. ¿Qué sucede cuando depredadores tope como los tiburones desaparecen de sus ecosistemas?

La ecología es una disciplina muy compleja. Es imposible conocer todas las relaciones de un ser vivo con el ambiente a todas las escalas. Los impactos ecológicos al eliminar depredadores tope incluyen la proliferación de las poblaciones de mesodepredadores —depredadores que están a la mitad de las cadenas alimenticias— y la inducción de efectos de cascada en las interacciones alimenticias indirectas. Aunque existe gran nú-

FIGURA X.7. *El morro de un tiburón tigre de arena* (Carcharias taurus) *en el acuario de Ciudad del Cabo, Sudáfrica. Esta especie es una de las más comunes en acuarios debido a su fiero aspecto, aunque es inofensiva para el ser humano (fotografía de Mario Jaime).*

FIGURA x.8. *El morro de un tiburón pijama* (Poroderma africanum) *antes de ser introducido a un tanque de investigación. Nótense los espiráculos detrás de los ojos (fotografía de Mario Jaime).*

mero de literatura referida a las cascadas tróficas, las consecuencias de la desaparición de los depredadores tope en los océanos permanecen inciertas.

La historia de vida y la evolución de los tiburones sugieren que, como grupo, ellos han sido una fuerza estabilizadora en los ecosistemas oceánicos durante 500 millones de años. Aunque morfológicamente estén relacionados con los peces, ecológicamente son más parecidos a los mamíferos debido a su tamaño, su reproducción y su lenta madurez sexual. Muchas especies de tiburones son los depredadores únicos de pequeños elasmobranquios y otra fauna marina.

Algunos ecólogos piensan que, en cadenas alimenticias complejas como la marina, los efectos de la remoción de especies se atenúan. Otros especulan que la desaparición de grandes tiburones provocaría la proliferación de elasmobranquios medianos, como rayas y pequeños tiburones, y dispararían cascadas tróficas. Los modelos matemáticos predicen que la pérdida de los tiburones tendría como consecuencia cambios en la comunidad marina, como los antes mencionados, y una probable declinación de las pesquerías. La persistencia de estos efectos podría ser mayor en las costas y los arrecifes que en la zona demersal y pelágica por la gran diversidad biológica en estas zonas.

En Japón, donde la matanza de tiburones grandes es intensa, se ha reportado el descenso poblacional de muchas especies de moluscos, como almejas y caracoles, debido a la proliferación de la raya águila (*Aetobatus flagellum*), que, al carecer de depredadores, dispara su población.

En Nueva Zelandia, la presencia de la foca (*Arctocephalus forsteri*) causa que los peces de arrecife (*Chelilodactulus nigripes*) reduzcan su forrajeo sobre las algas y éstas proliferan. De esta manera, si desaparece el tiburón blanco en estas aguas, la proliferación de las algas se dispararía por la cascada alimenticia.

Parece que la presencia del tiburón dormilón en Alaska hace que las focas (*Phoca vitulina*) no vayan tras los bacalaos de profundidad (*Theragra chalcogramma*) y prefieran depredar sobre peces de superficie. Si desaparecieran los tiburones, las focas cambiarían sus hábitos alimenticios incidiendo sobre poblaciones que antes no explotaban.

Los tiburones tigre en Shark Bay, Australia, indirectamente reducen el forrajeo sobre los pastos marinos en la bahía. Esto se debe al comportamiento de sus presas habituales, como el dugongo (*Dugong dugong*), el delfín (*Tursiops aduncus*) y el cormorán (*Phalacrocorax varius*), que comen los pastos o dependen de los seres que viven ahí. Cuando abunda el tiburón tigre, los dugongos, cormoranes y delfines se mueven a áreas menos productivas pero más seguras.

La presencia de los tiburones parece ser una limitante para la distribución de los pinnípedos, como focas y lobos marinos en los trópicos. Sin sus depredadores, las poblaciones se dispararían.

No es cuestión sólo de extinciones o de protecciones pragmáticas. El respeto que le debemos a la biodiversidad y a la vida misma subyace en un principio ético individual. Si es que deseamos considerarnos racionales —no con el pedestre racionalismo instrumental, sino con un iluminismo digno—, este principio debería formarnos como hombres.

Pasará la era del ser humano y los tiburones, como grupo zoológico, seguirán vagando en los mares. Ya han hecho frente a cataclismos mayores; no los detendrá la ceguera de un simio.

XI. Tiburones y crímenes

En los negros estratos delictivos, los tiburones han hecho su aparición como protagonistas o personajes secundarios. El capitán estadunidense Thomas Briggs, al mando del *Nancy*, fue condenado por crímenes de guerra en contra del rey Jorge III de Inglaterra en 1799 gracias a unos papeles encontrados en el estómago de un tiburón. El Caribe era un polvorín en aquellos días. El Imperio Británico estaba en guerra con la Francia revolucionaria y sus posesiones en América fueron arrastradas por el conflicto. Asimismo, Holanda y España bullían entre sí disputándose sus posesiones caribeñas.

En julio de 1799 el *Nancy* zarpó de Baltimore hacia Curazao, con la intención de hacer escala en Haití para cargar café. El viaje se complicó a la altura de Aruba cuando los vientos lo obligaron a refugiarse en aquella isla. La ocasión se presentó ideal para el contrabando de armas y falsos permisos. Nadie dijo lo que el *Nancy* hizo en Aruba. Al llegar a Curazao, un agente de la empresa dueña del barco lo inspeccionó encontrando todo en orden, aun la irónica sonrisa del capitán Briggs.

En ruta hacia Port-au-Prince, Briggs fue presa de un nuevo temporal y tuvo que poner proa rumbo a la Île-à-Vache, una islita al sur de Haití, para reparar el mástil. El *Nancy* fue avistado por el comandante Hugh Whylie, del cutter británico *Sparrow*. El comandante sospechó que el *Nancy* llevaba contrabando y de inmediato se puso a la caza. El *Sparrow* estaba diseñado para volar sobre las olas y Briggs no tuvo más alternativa que rendirse. Así que bajó a su cabina y después hizo desaparecer la evidencia, suspirando por lo inexorable. Cuando lo abordaron, su barco fue sellado, sus papeles recogidos y llevados bajo consigna a Port Royal, Jamaica, el 28 de agosto.

En septiembre, el comandante inició un proceso en contra del capitán Briggs, que replicó alegando la valía de sus documentos y haciendo una solicitud de destitución. Según él llevaba documentos como patente de corso. No existía ninguna prueba para condenarlo por contrabando. Briggs ya sonreía sintiéndose seguro. De pronto, justo antes del veredicto, un barco arribó a Kingston con información realmente valiosa. El capitán del *Ferret,* el señor Fitton, entró en la sala y dio su testimonio. A Briggs se le heló la sonrisa.

Ferret informó que navegaba en agosto a la altura de Tacmel, Haití, buscando ganar alguna recompensa igual que todos los buques de guerra ingleses al acecho de naves enemigas. El día 30, sólo dos días después de que Whylie capturara al *Nancy,* el capitán Fitton lo esperaba para desayunar. Entonces los marineros vieron algo curioso: la carcasa de un buey medio devorado por los tiburones flotaba a estribor.

A su lado se columbró la silueta de un enorme escualo y Michael Fitton ordenó que el buey fuese usado como carnada para pescarlo. Jamás había visto un pez tan corpulento. Se amarró la carcasa a lo largo del buque y desde ahí se arponeó al tiburón. Fue izado entre hurras y puesto sobre cubierta. Cuando los marineros descuartizaban y limpiaban la presa, encontraron en su estómago un legajo de papeles amarrados con una cuerda. Fitton los miró con creciente asombro pues reconoció en ellos una fecha reciente rubricada en Curazao. Los papeles eran de un barco llamado *Nancy.* El capitán los dejó secar mientras el comandante Hugh Whylie llegaba a tiempo para desayunar con él.

Durante su conversación el comandante le refirió a Fitton

su buena estrella al capturar el *Nancy*. Fitton saltó de la mesa y exclamó:

—¡Creo que yo tengo sus papeles!

Whylie abrió los ojos asombrado y replicó:

—¡Imposible! Yo los tengo. Sellé ese barco y los consigné personalmente.

Entonces el capitán lo llevó hacia el tiburón y le narró lo sucedido. Miraron los papeles y el comandante se dio cuenta de que los ofrecidos por Briggs eran falsos. Rápidamente los amigos hicieron un plan. Whylie se fue para comenzar el proceso en contra de Briggs y obligarlo a jurar en falso. Fitton llegaría dramáticamente en el último instante a presentar "los papeles del tiburón", como ahora los llaman.

Ya en la corte, Fitton demostró que los papeles contenían la prueba de contrabando justo después que Briggs había jurado sobre la Biblia que ningún otro papel además de los presentados había sido quemado, arrojado por la borda, destruido o cancelado, y mucho menos que hubo algún intento por hacerlos desaparecer. Ahora, el acusado estaba atónito, creyendo en una justicia divina o en el azar nefasto que llaman destino. Tardó mucho en reponerse después de haber sido condenado por contrabando, traición y perjurio. Describió el hecho como: "La pieza de crueldad más activa y sobrenatural. ¡He sido condenado y maldecido por un tiburón sangriento!"

Los *shark-papers* fueron consignados en los archivos de la corte del vicealmirantazgo en 1890 y las mandíbulas del tiburón expuestas en la corte como ejemplo de que la honestidad es la mejor política. Los papeles se exhibieron en el Museo Real de Londres y desaparecieron en 1907. Fueron encontrados en manos de un pillo y ahora usted puede verlos en el Instituto de Jamaica.

Un caso más sórdido sucedió en Australia durante 1935. Fue un año triste para la reputación de los tiburones en Sydney. En sólo tres semanas, de febrero a marzo, tres hombres habían sido atacados. Los cazadores se lanzaron al mar para asesinar animales "salvajes". En abril, un espécimen de 3.5 m fue capturado vivo en la costa de Coogee, con la intención de exhibirlo en el acuario. Probablemente era un tiburón tigre *(Galeocerdo cuvier)*. La multitud se aglutinó para ver al devorador de hombres.

El tiburón, perturbado por el encierro, daba vueltas infinitas. Desorientado, pegaba el morro contra las paredes. El vulgo creía que su comportamiento era violento y demostraba un hambre inagotable. De pronto, el tiburón se arqueó y la gente inquieta lo miró vomitar un pájaro, una rata y... ¡un brazo humano! Gritos, conmoción, morbo. Sensacionalismo y escándalo en la prensa. El escualo ha devorado a un hombre. ¡He ahí la prueba!

Los forenses que recolectaron el brazo, descubrieron un tatuaje curioso. Representaba a dos boxeadores. ¿A quién pertenecía?

El detective Frank Head comenzó a indagar. El tiburón había sido capturado ocho días antes, el 17 de abril, a un kilómetro de Coogee Beach, por Albert Hobson. Éste había dejado un palangre durante toda la noche y al regresar a la mañana siguiente descubrió que había pescado dos escualos. Un pequeño tiburón cogió el cebo y el segundo, una tintorera, se había comido a su desafortunado pariente. Al ver que se encontraba en perfectas condiciones, Albert decidió llevarlo al acuario.

Días después se apareció en la comisaría un tal Edwin Smith.

—El brazo pertenece a mi hermano Jim —dijo—. El infeliz lleva semanas desaparecido.

El brazo estaba bien conservado, por lo que se pudieron tomar huellas dactilares. Pertenecía en efecto a Jim Smith, un boxeador de tiempo completo y ladrón de medio tiempo. Sin embargo, el brazo no tenía señales de dientes.

El doctor Copleson, científico que propuso la teoría del tiburón cebado, determinó que el brazo no había sido arrancado por el pez sino cercenado por una navaja de manera brutal, sin ninguna consideración quirúrgica. Comenzó entonces una investigación por homicidio.

Jim Smith había sido visto por última vez en Cronulla en compañía de su amigo Patrick Brady. Pasaron la tarde en el Hotel Cecil y después fueron a la cabaña rentada por Brady en la playa de Gunnamatta.

Un chofer aportó algunas pistas. A la mañana siguiente Brady le dijo que lo llevara a Sydney. Estaba asustado, despeinado y llevaba la mano derecha en el bolsillo todo el tiempo. Miraba hacia atrás como si lo persiguieran. Le dijo al chofer que lo dejara frente a la casa de Reginald Lloyd Holmes, un burgués respetable. Holmes era dueño de un astillero en el puerto de Lavender. Pero su lado oscuro era menos conocido. Usaba lanchas rápidas para traficar cocaína y tabaco. Jim Smith a veces servía de piloto en estas lanchas, cuando el boxeo no le permitía pagar sus cuentas. Un día tuvieron una idea y urdieron un buen plan: hundir un velero y cobrar el seguro. Pero la compañía no les creyó y las investigaciones amenazaron con comprometer el negocio. Smith había comenzado a chantajear a Holmes usando la respetable posición de éste en la sociedad. Entonces desapareció convenientemente.

Ahora la policía sospechaba, pues tenían pruebas circunstanciales. Arrestaron a Brady y le propinaron una golpiza para que confesase. En la habitación vecina tenían a Holmes, que negaba conocer a Brady. Los sospechosos mantuvieron su postura a pesar de los siniestros interrogatorios. La policía se frustró. No tenían el cuerpo y sus sospechosos se rehusaban a cooperar. Decidieron acusar a Brady del homicidio de Smith sólo para presionarlo.

Entonces, el 20 de mayo de 1935, Reginald Holmes se embarcó en su lancha más veloz. En alta mar amarró una cuerda a su muñeca, sacó una pistola, se la llevó a la cabeza y se disparó en la frente. La bala lo noqueó y lo hizo caer por la borda. El agua lo revivió. Desesperado emergió y nadó hacia la lancha.

Navegó a toda velocidad a través del tráfico del ferry y fue perseguido durante cuatro horas por la policía. Después de su fallido suicidio, acusó a Patrick Brady del homicidio de Jim Smith. Relató cómo Brady llegó a su casa, entró a su estudio llevando una pequeña bolsa, de donde sacó el brazo tatuado de Smith, y lo amenazó. Le dijo que si no colaboraba con él entonces le pasaría lo que a su pobre amigo.

Holmes aceptó ser el testigo estrella en el juicio contra Brady. Sin embargo, la noche tamizó su destino. El 12 de junio a la 1:20, unas horas antes de comenzar el juicio, su cuerpo sin vida fue encontrado en un muelle desierto. Se atribuyó el deceso a un ataque de bandas. Con su muerte el juicio contra Brady se desplomó. Fue puesto en libertad.

Los policías descubrieron algo inaudito: la tarde anterior Holmes había sacado 500 libras del banco y pagado a un gatillero para que lo asesinase en la madrugada y así no tener que declarar nada en la corte. ¡Pagó por su propia muerte!

La policía encontró otra pista: Jim Smith había sido un soplón. Meses antes había entregado a Eddie Weyman, un peligroso robabancos, joven violento que fue asesinado 10 años más tarde por Chow Hayes en una riña de bandas.

Patrick Brady murió en 1965 manifestando su inocencia a lo largo de toda su vida. Nadie pudo probar que él cortó el brazo de Smith para chantajear a Holmes y luego arrojar la evidencia al mar en donde la tintorera se lo tragó. El caso del brazo encontrado en el tiburón nunca fue resuelto. El tiburón tigre enfermó poco después del cautiverio. Lo sacrificaron y en su estómago no se encontró otro resto humano. Después de esto la comparación surge. ¿Es el tiburón el verdadero asesino despiadado? Entonces, ¿qué bondadoso lugar ocupa el ser humano?

Un espectáculo sangriento era ofrecido a los habitantes de Hawái por sus reyes tiránicos: la lucha de un gladiador contra un tiburón. El escualo simbolizaba los ancestros ávidos; éstos debían ser aplacados por un sacrificio, ritual consistente en alimentar al tiburón con carne humana.

Para ello se cercaba una playa que lindaba con picachos de basalto y abarcaba una hectárea. Allí rondaba el depredador. El guerrero, quizá un prisionero, se arrojaba al mar con un palo que llevaba encajado un solo diente de tiburón. El agua se encontraba sucia con pedazos de carnada, sangre, pescado, cerdos y músculo humano. A pocos metros, en el fondo, la mítica reina de los tiburones —una deidad isleña— presidía la lucha.

La regla consistía en que el guerrero sólo podía dar un golpe cuando el monstruo lo atacase. Es difícil pensar que el hombre podía ganar esta desigual batalla.

Una estampa clásica en la imaginería pirata es la de un pobre tipo obligado a caminar sobre una tabla para ser lanzado a las aguas infestadas. La ficción es una extensión de la espeluznante realidad.

Golfo de Adén, la costa de Ras-Alkalb, en Yemen. Año 2007. Las masacres étnicas y religiosas han provocado que miles de africanos busquen refugio en países vecinos. Un bote cruza el tormentoso estrecho alejándose de Somalia. La mañana nubosa, el mar encabritado. A bordo, 450 refugiados somalíes y etíopes rezan por llegar a salvo. Los contrabandistas hacen su negocio traficando con el dolor. De pronto hay alarma. Fuerzas yemenitas descubren a los tratantes. Se lanzan a la persecución. La carga debe aligerarse. ¡Al agua los emigrantes! Hay pelea, miedo. A punta de arma, con palos de madera y bates metálicos los obligan, algunos son acuchillados. Son arrojados por la borda. La sangre atrae tintoreras. Veintinueve seres humanos son atacados fatalmente, heridos por arma y heridos por dientes.

Este hecho recuerda la atrocidad de Cheribon, al norte de Java. En julio de 1945 la segunda Guerra Mundial se concentraba en el Pacífico. Marinos japoneses colocaron en la borda de su submarino a 90 civiles, la mayoría mujeres y niños, para asesinarlos de la manera más cruel. Zarparon cuando anochecía. Asegurándose de estar en mar abierto, el capitán ordenó sumergirse. Los prisioneros quedaron a la deriva. Nadaban para salvarse cuando los tiburones atacaron. Los pescadores javaneses intentaron rescatar sólo a un hombre que había perdido su brazo y un pie. Murió en la embarcación. Nadie sobrevivió.

En 1998 un barco pesquero de Taiwán, el *Shen Kno II,* fue abordado por marinos somalíes. El buque se encontraba pescando con un palangre dentro de las 24 millas soberanas de Somalia y había capturado cientos de tiburones. La corte local sentenció al capitán al castigo corporal más tres millones de dólares. Le fue amputado el pie izquierdo y la mano derecha. Después de cuatro meses, el dueño del barco logró sacar de la prisión al mutilado capitán pagando 300 000 dólares.

William Young relata los rumores de un tipo misterioso llamado Domínguez, al que le fue confiada la tarea de exterminar tiburones frente a La Habana en la Cuba revolucionaria. Esta misión parecía un eufemismo que ocultaba el asesinato de disidentes o enemigos del régimen. Ciertos políticos se esfumaban para luego aparecer mutilados en el mar frente al Castillo del Morro. La verdad oficial atribuía la muerte a los selacios. Domínguez utilizaba a los tiburones como removedores del delito.

Un caso más vulgar que demuestra el nulo respeto por la naturaleza que caracteriza a nuestra época y el desprecio hacia los animales, fue el de los "narcotiburones". El 16 de junio del 2009 marinos de la Armada de México encontraron un cargamento de cocaína transportada dentro de tiburones que arribaron a Progreso, Yucatán, en un contenedor con más de 800 kilogramos. Revisaron con rayos X el contenedor del buque *Dover Strait,* con bandera de las islas Marshall. La droga se encontraba dentro de paquetes que se colocaron en el interior de los tiburones enteros congelados.

Los traficantes poseían embarcaciones que recogían el cuerpo del tiburón en Ecuador, luego atracaban en un muelle en Puntarenas, Costa Rica, y de ahí salían hacia México con la droga dentro del escualo congelado.

Nefastos ejemplos que nos hacen responder a la pregunta: ¿cuál, realmente, es la especie maligna?

FIGURA XI.1. *Hembra de tiburón blanco probablemente preñada, en aguas de isla Guadalupe, México. El linaje de los tiburones ha sobrevivido millones de años, por lo que es difícil esperar que estos grandes supervivientes no sigan perdurando, a pesar de las crisis que hoy enfrentan (fotografía de Craig Reed).*

EPÍLOGO

¡Así pueden conocerse las cosas mirándolas desde afuera! Las cosas del arte, porque en nuestra mente volvemos a recorrer los pasos que dio el artífice. No las cosas de la naturaleza, porque no son obra de nuestra mente.

UMBERTO ECO, *El nombre de la rosa*

Hemos llegado al final de nuestro viaje.

Emergemos ilesos, mas espero que no indemnes.

Si no he provocado una sonrisa, una lágrima, una indignación, una incredulidad, un escalofrío o un asombro, pido disculpas al lector.

Fijemos nuestra vista en ese mar con sus abismos. Al atardecer las criaturas retozan desde el fondo. Nada es sino una porción de lo que *creemos que es*.

Perros marinos, asesinos abominables, criaturas frágiles, máquinas hidrodinámicas, productos médicos, recursos orgánicos, víctimas incomprendidas o peces primitivos; las opiniones son tan disímiles como abundantes.

Sin embargo, por más hechos recabados, experimentos realizados, encuentros empíricos sublimes o fatales, analogías etológicas, conceptos, tecnicismos y demás barahúnda, los tiburones y el hombre serán siempre dos antípodas estéticas.

Nunca podremos comunicarnos con ellos. Su visión debe ser un abismo arcaico, tenebroso y lúdico, de voluntad nativa, con sueños que ningún poeta ha osado penetrar. Nuestra estética es inconsciente, llana de prejuicios y altanera.

Ellos no podrán leer estas páginas, yo no podré navegar las profundidades respirando libertad.

adelfofagia: forma de canibalismo intrauterino en la cual un embrión se come a sus hermanos.

alelo: cada una de las formas alternativas que puede tener un gen.

ámpulas de Lorenzini: pequeñas ampollas llenas de mucosidad que ayudan a los tiburones a detectar campos electromagnéticos.

áreas de crianza: zonas donde las hembras grávidas paren a sus crías o depositan sus huevos, y donde los juveniles pasan sus primeras semanas, meses o años de vida.

bioluminiscente: organismo que produce luz.

biótico: que depende de los seres vivos.

cladística: rama de la biología que define las relaciones entre los seres vivos de acuerdo con ciertas características semejantes.

claspers: también llamados gonopterigios, son los órganos reproductores de los machos. Sumamente calcificados, tienen en la punta una abertura para anclarse a la cloaca de la hembra. Los tiburones poseen dos.

dentículos: estructuras que suplen la función de las escamas. Son dientecillos microscópicos en la piel de los elasmobranquios.

elasmobranquio: subclase de peces con esqueleto de cartílago y piel con dentículos dérmicos. Incluye a los tiburones y rayas.

endotermia: condición de un organismo que regula su temperatura corporal.

entropía: pérdida de energía, tendencia al desorden.

epigenético: factores no genéticos que intervienen en el desarrollo de un organismo.

espermatóforo: cápsula que contiene espermatozoides.

filopatría: tendencia que presentan ciertos animales a volver a su territorio habitual o a su lugar de crianza tras haberlos abandonado.

fotóforo: órgano que emite luz.

gen: secuencia de nucleótidos en la molécula del ADN que contiene información para la síntesis de macromoléculas que conforman a los seres vivos.

gnatodinamómetro: aparato que mide la fuerza de la mordida.

homeostasis: equilibrio fisiológico o metabólico en un organismo. Es una condición ideal pero no constante.

isotermas: curvas que describen la relación presión-volumen a temperatura constante.

lecitrotrófico: que nace y se nutre del huevo.

macula neglecta: nombre del otolito en los tiburones.

membrana nictitante: membrana que cubre los ojos de algunos tiburones como un párpado.

monederos de sirena: huevos de tiburones formados por una cápsula proteica.

neotenia: proceso del desarrollo fisiológico de un organismo que ralentiza o se retrasa. Esto da lugar, en los adultos de una especie, a la retención de características físicas juveniles.

neuromastos: receptores nerviosos con neuronas ciliadas que detectan vibraciones.

oofagia: forma de canibalismo intrauterino en la cual un embrión se come a los óvulos no fecundados.

opérculo: estructura ósea que protege las branquias. Los tiburones carecen de ella.

otoconias: pequeños cristales de calcio en el oído de los vertebrados. En los tiburones son sensibles a sonidos de baja frecuencia.

otolito: piedrecillas de carbonato de calcio en el oído de algunos organismos. Les ayudan al equilibrio.

partenogénesis: desarrollo embrionario de óvulos no fecundados.

pelágico: que pertenece al piélago, es decir, al mar abierto.

phylum: también se escribe filo. Categoría de clasificación taxonómica entre reino y clase. Nosotros y los tiburones pertenecemos al filo Chordata.

pinnípedos: animales con aletas en las extremidades. Son un grupo de animales semiacuáticos ampliamente distribuidos que viven la mayor parte del tiempo en el agua pero pasan cierta parte de su vida en tierra o hielo para reproducirse o descansar. Los pinnípedos incluyen a las focas *(Phocidae),* los leones marinos *(Otaridae)* y las morsas *(Odobenidae).*

plancton: grupo de organismos microscópicos que flotan en la columna de agua. El zooplancton está compuesto por animales y el fitoplancton, por vegetales.

quilla: saliente afilado en la cola de algunos peces. Les permite incrementar la velocidad.

retia mirabilia: "redes maravillosas", urdimbre de vasos sanguíneos que ayudan a regular la temperatura corporal.

septos: pequeñas paredes de tejidos entre las branquias.

tapetum lucidum: capa celular detrás de la retina que contiene cristales de guanina. Permite ver mejor en la oscuridad.

REFERENCIAS

Imposible consignar todas las referencias que utilicé para la elaboración de este libro. Comparto las más generales y clásicas, y los artículos principales que consulté; más abajo se presentan algunos sitios de internet.

Akutsu, K., Y. Tanaka y K. Hayakawa, "Occurrence of Polybrominated Diphenyl Ethers and Polychlorinated Biphenyls in Shark Liver Oil Supplements", *Food Addit Contam,* diciembre de 2006, 23(12), pp. 1323-1329.

Allen, B. T., *Shark Attacks; their Causes and Avoidance,* Nueva York, Lyon Press, 2001.

Aristóteles, *Partes de los animales. Marcha de los animales. Movimientos de los animales,* Madrid, Gredos, 2005.

Arnaud, F. C. N., *Les Requins dangereux dans le monde: Étude bibliographique,* tesis, Université Paul Sabatier, 2002.

Baldrige, D. H., *Tiburón al ataque,* México, Olimpo, 1978.

Baughman, J. L., "Sharks, Sawfishes, and Rays: Their Folklore", *American Midland Naturalist,* 1948, 39:2, pp. 3773-3781.

Benz, G. W., Z. Lucas y L. F. Lowry, "New Host and Ocean Records for the Copepod *Ommatokoita elongata* (Siphonostomatoida: Lernaeopodidae), a Parasite of the Eyes of Sleeper Sharks", *Journal of Parasitology,* diciembre de 1998, 84(6), pp. 1271-1274.

Bjørneboe, Jens, *The Sharks,* Norvik Presse, 1992.

Bravo, Ramón, *Buceando entre tiburones,* México, Diana, 1978.

Bres, M., "The Behaviour of Sharks", *Rev. Fish Biol. Fisheries,* 1993, 3, pp. 133-159.

Brown, T. W., *Sharks: The Silent Savages,* Stoeger Sportsman Library, 1973.

Bodznick, D., y R. Boord, "Electroreception in Chondrichthyes. Central Anatomy and Physiology", en T. H. Bullock y W. Heiligenberg (eds.), *Electroreception,* NuevaYork, John Wiley & Sons, 1986, pp. 225-256.

Bonfil, R., *et al.,* "Transoceanic Migration, Spatial Dynamics, and Population Linkages of White Sharks", *Science,* 2005, 310, pp. 100-103.

Burgess, G. H., "Shark Attack and the International Shark Attack File", en S. H. Gruber (ed.), *Discovering Sharks,* Highlands, American Littoral Society, 1990, pp. 101-105.

Caira, J. N., "Metazoan Parasites as Indicators of Elasmobranch Biology", en I. Alfonso-Dias, G. M Enezes, K. Mackencie y J. C. Eiras (eds.), *Proceedings of the International Workshop on Marine Parasitology: Applied Aspects of Marine Parasitology. Arquipélago. Life and Marine Sciences,* 2008.

Carrier, J., J. Musick y M. Heithaus, *Sharks and their Relatives: Biodiversity, Adaptative Physiology and Conservation,* Nueva York, CRC Press, 2010.

Castillo-Geniz, J. L., J. F. Márquez-Farías, M. C. R. de la Cruz, E. Cortés y A. C. del Prado, "The Mexican Artisanal Shark Fishery in the Gulf of Mexico: Towards a Regulated Fishery", *Mar. Freshwater. Res.,* 1998, 49, pp. 611-620.

Castro-Aguirre, J., Héctor Espinosa y Leticia Huidobro, *Catálogo sistemático de tiburones (Elasmobranchii: Selachimorpha),* México, UNAM, 2004, p. 134.

Castro, J. I., "On the Origins of the Spanish Word 'Tiburón', and the English Word 'Shark'", *Environmental Biology of Fishes,* 2002, 65, pp. 249-253.

Charrière, H., *Papillon,* Buenos Aires, Emecé, 1973.

Clavel, Bernard, *Les Légendes de la mer,* París, Hachette, 1975.

Cleave, Andrew, *Sharks. A Portrait of the Animal World,* Nueva York, Magna Books, 1994, p. 79

Coll y Toste, Cayetano, *Leyendas y tradiciones puertorriqueñas,* San Juan, Santurece, 1968.

Collodi, Carlo, *Las aventuras de Pinocho,* Madrid, Ediciones Gaviota, 2007.

Colman, J. G., "A Review of the Biology and Ecology of the Whale Shark", *J. Fish Biol.,* 1997, 51, pp. 1219-1234.

Compagno, L. J. V., *Sharks of the World. An Annotated and Illustrated Catalogue of Shark Species Known to Date,* FAO Species Catalogue, 1984, FAO Fisheries Synopsis 125, vol. 4, parte 1, p. 250.

Domeier, M. L., *Global Perspectives on the Biology and Life History of the White Shark,* Boca Raton, CRC Press, 2012.

Domeier, M. L., y N. Nasby-Lucas, "Migration Patterns of White Sharks *Carcharodon carcharias* Tagged at Guadalupe Island, Mexico, and Identification of an Eastern Pacific Shared Offshore Foraging Area", *Mar. Ecol. Prog. Ser.,* 2008, 370, pp. 221-237.

Chapple, Taylor K., S. J. Jorgensen, S. D. Anderson, P. E. Kanive, A. P. Klimley, L. W. Botsford y B. A. Block, "A First Estimate of White Shark, *Carcharodon carcharias,* abundance off Central California", *Biol. Lett.,* 2011 (DOI: 10.1098/rsbl.2011. 0124).

Eliano, Claudio, *Historia de los animales,* Madrid, Gredos, 2010.

Ellis, R., *Monsters of the Sea,* Robert Hale, 1994.

_____ y J. McCosker, *Great White Shark,* Palo Alto, Stanford University Press, 1991.

Fernández de Oviedo, G., *Historia general y natural de las Indias,* edición y estudio preliminar de Juan Pérez Tudela Bueso, Madrid, Atlas, 1959 (Biblioteca de Autores Españoles).

Ferretti, F., "Loss of Large Predatory Sharks from the Mediterranean Sea", *Conserv. Biol.,* 2008, 22, pp. 952-964.

Ferretti, F., B. Worm, G. L. Britten, M. R. Heithaus y H. K. Lotze, "Patterns and Ecosystem Consequences of Shark Declines in the Ocean", *Ecology Letters*, 2010, 13: pp. 1055-1071.

Fitzpatrick, J. L, R. L. Kempster, T. Daly-Engel, S. Collin y J. P. Evans, "Assessing the Potential for Post-Copulatory Sexual Selection in Elasmobranchs", *Journal of Fish Biology*, 2012.

Galván-Magaña, F., H. Nienhuis y P. Klimley, "Seasonal Abundance and Feeding Habits of Sharks of the Lower Gulf of California, Mexico", *California Fish and Game*, 1989, 75, pp. 74-84.

García Núñez, N. E., *Tiburones: conservación, pesca y comercio internacional*, edición bilingüe, Madrid, Ministerio de Medio Ambiente, y Medio Rural y Marino, 2008, p. 117.

Heithaus, M. R., A. Frid, A. J. Wirsing y B. Worm, "Predicting Ecological Consequences of Marine Top Predator Declines", *Trends Ecol. Evol.*, 2008, 4, pp. 202-210.

Hemingway, Ernest, *El viejo y el mar*, Barcelona, Debolsillo, 2003.

Holland, K. N., B. M. Wetherbee, C. G. Lowe y C. G. Meyer, "Movements of Tiger Sharks *(Galeocerdo cuvier)* in Coastal Hawaiian Waters", *Mar. Biol.*, 1999, 134, pp. 665-673.

Homero, *La odisea*, Panamericana Editorial, traducción de Luis Segalá y Estalella, 1999.

Hoyos-Padilla, E. M., *Patrones de movimiento del tiburón blanco* (Carcharodon carcharias) *en isla Guadalupe, México*, tesis de doctorado, CICIMAR (IPN), 2008, p. 129.

Hueter, R. E., "Philopatry, Natal Homing and Localized Stock Depletion in Sharks", *SharkNews*, 1998, 12, pp. 1-2.

Jacoby, D., D. Croft y D. Sims, "Social Behavior in Sharks and Rays: Analysis, Patterns and Implications for Conservation", *Fish and Fisheries*, 2011, pp. 1-19.

Kalmijn, A. J., "Electric and Magnetic Field Detection in Elasmobranch Fishes", *Science*, 1982, 218, pp. 916-918.

Klimley, A. Peter y David G. Ainley, *Great White Sharks. The*

Biology of Carcharodon carcharias, San Diego, Academic Press, 1996.

Lack, M. y G. Sant, *The Future of Sharks: A Review of Action and Inaction,* TRAFFIC International and the Pew Environment Group, 2011.

Lautréamont, *Les Chants de Maldoror et autres textes,* París, Librairie Générale Française, 2001 (Le Livre de Poche).

Lisney, T. J., y S. P. Collin, "Brain Morphology in Large Pelagic Fishes: A Comparison Between Sharks and Teleosts", *Journal of Fish Biology,* 2006, 68(2), pp. 532-554.

López de Gómara, Francisco, *La historia general de las Indias, y todo lo acaescido enellas dende que se ganaron hasta agora y la conquista de Mexico y dela Nueua España,* Alicante, Biblioteca Virtual Miguel de Cervantes, 2009.

Loprinzi, C., R. Levitt, D. Barton, J. Sloan, P. Atherton, D. Smith, S. R. Dakhil, D. F. Moore, J. E. Krook, K. M. Rowland Jr., M. A. Mazurczak, A. R. Berg y P. Kim, "Evaluation of Shark Cartilage in Patients with Advanced Cancer", *Cancer,* 2005, 104(1), pp. 176-182.

Maisey, J. G., "What is an 'Elasmobranch'? The Impact of Palaeontology in Understanding Elasmobranch Phylogeny and Evolution", *J. Fish. Biol.,* abril de 2012, 80(5), pp. 918-951 (DOI: 10.1111/j.1095-8649.2012.03245).

Martin, R. A., "Evolution and Zoogeography of Freshwater Elasmobranchs", ponencia presentada en el International Congress on the Biology of Fish, Manaus, Brazil, 2004.

Maruska, K. P., "Morphology of the Mechanosensory Lateral Line System in Elasmobranch Fishes: Ecological and Behavioral Considerations", *Env. Biol. Fish.,* 2001, 60, pp. 47-76.

McCormick, Harold W., Tom Allen y William E. Young, *Shadows in the Sea. The Sharks, Skates and Rays,* 1964.

Melville, Herman, *Moby Dick or The Whale,* Nueva York, Holt, Rinehart and Winston, 1957.

_____, *John Marr and other Sailors,* consultado en digitalcommons.unl.edu/libraryscience.

Michelet, Jules, *El mar,* México, CNCA, 1999 (Cien del Mundo).

Mundus, F., *Monster Man. Master Hunter of the Deep,* Honaunau, Abery, 1976.

Myers, R. A. y B. Worm, "Rapid Worldwide Depletion of Predatory Fish Communities", *Nature,* 2003, 423, pp. 280-283.

Opiano, *De la caza. De la pesca. Lapidario órfico,* Madrid, Gredos, 1990.

Ostrander, G. K., K. C. Cheng, J. C. Wolf y M. J. Wolfe, "Shark Cartilage, Cancer and the Growing Threat of Pseudoscience", *Cancer Research,* 2004, 64(23).

Pancorbo, L., *Los dioses increíbles,* Madrid, Siglo XXI Editores, 2011.

Papastamatiou, Y. P., B. Wetherbee, J. O'Sullivan, G. D. Goodmanlowe y C. G. Lowe, "Foraging Ecology of Cookiecutter Sharks *(Isistius brasiliensis)* on Pelagic Fishes in Hawaii, Inferred from Prey Bite Wounds", *Environ. Biol. Fish,* 2010, 88, pp. 361-368.

Pikitch, E. K., M. D. Camhi y E. A. Babcock, "Introduction to Sharks of the Open Ocean", en M. D. Camhi, E. K. Pikitch y F. Babcock (eds.), *Sharks of the Open Ocean. Fish and Aquatic Resources Series,* Cambridge, Blackwell Publishing, 2008, pp. 3-13.

Plinio Segundo, Cayo, *Historia natural,* Madrid, Gredos, 4 vols., 2010.

Plutarco, *Vidas paralelas,* Madrid, Gredos, 2010.

Poli, François, *Les Requins se pêchent la nuit. Corps à corps avec les mangeurs d'hommes,* Pocket, 1957.

Pratt, H., S. Gruber y T. Taniuchi, *Elasmobranchs as Living Resources; Advances in the Biology, Ecology, Systematics, and the status of Fisheries,* NOAA Technical Report, 1990.

Ramírez-Macías, D., R. Vázquez-Juárez, F. Galván-Magaña y A. Munguía-Vega, "Variations of the Mitochondrial Control Region Sequence in Whale Sharks *(Rhincodon Typus)* from the Gulf of California, Mexico", *Fisheries Research,* 2007, 84, pp. 87-95.

Redliker, M., "History from Below the Water Line: Sharks and the Atlantic Slave Trade", *Atlantic Studies,* 2008, vol. 5, núm. 2, pp. 285-297.

Rushdie, Salman, *Los versos satánicos,* Barcelona, Debolsillo, 2007.

Salgari, Emilio, *Los tigres de Mompracem,* Barcelona, Plaza y Janés, 2000.

Sahagún, Bernardino de, *Historia general de las cosas de la Nueva España,* México, Porrúa, 1999 (Sepan cuantos...).

Santiesteban-Oliva, H., *Tratado de monstruos. Ontología teratológica,* México, UABCS-Plaza y Janés, 2003.

Shakespeare, William, *The Complete Works of William Shakespeare,* Londres, Henry Pordes, 1998.

Smith, P. J., "Low Genetic Variation in Sharks (Chondrichthyes)", *Copeia,* 1986, pp. 202-207.

Smith, M., D. Warmolts, D. Thoney y R. Hueter (eds.), *The Elasmobranch Husbandry Manual: Captive Care of Sharks, Rays and their Relatives,* Special Publication of the Ohio Biological Survey, 2004.

Stafford-Deitsch, *Sharks of Florida, the Bahamas, the Caribbean and the Gulf of Mexico,* Trident Press, 2000.

Suetonio, *Vidas de los doce césares,* Madrid, Gredos, 2002.

Tena, Rafael, *Mitos e historias de los antiguos nahuas,* México, CNCA, 2002 (Cien de México).

Tricas, T. C., y J. E. McCosker, "Predatory Behavior of the White Shark, *Carcharodon Carcharias,* and Notes on its Biology", *Proceedings of the California Academy of Science,* 1984, 43 (14), pp. 221-238.

Verne, Julio, *20 mil leguas de viaje submarino,* México, Tomo, 2009.

Warren, M. B., "Hawaiian Shark Aumakua", *American Anthropologist,* 1917, 19, pp. 503-517.

Weng, K. C., A. M. Boustany, P. Pyle, S. D. Anderson, A. Brown y B. A. Block, "Migration and Habitat of White Sharks *(Carcharodon carcharias)* in the Eastern Pacific Ocean", *Marine Biology,* 2007, 152, pp. 877-894.

White, L., *Damien Hirst's Shark: Nature, Capitalism and the Sublime. The Contemporary Sublime,* Tate Britain Symposium, 2010.

Widder, E. A., "Predatory Use of Counterillumination by the Squaloid Shark, *Isistius Brasiliensis*", *Environ Biol Fish,* 1998, 53, pp. 267-273.

Wilson, Edward O., *La diversidad de la vida,* Barcelona, Crítica, 2001, p. 410.

Wourms, John P., y Leo S. Demsky, "The Reproduction and Development of Sharks, Skates, Rays and Ratfishes. Introduction, History, Overview and Future Prospects", *Environmental Biology of Fishes,* vol. 38, núms. 1-3 (1993), pp. 7-21 (DOI: 10.1007/BF00842899).

SITIOS DE INTERNET

www.elasmo-research.org
www.fishbase.org
www.sharkattackfile.net
www.sharkattacksurvivors.com
www.sharkdefenders.com
www.sharkinfo.ch

ÍNDICE GENERAL

Tiburones. Supervivientes en el tiempo, de Mario Jaime,
se terminó de imprimir y encuadernar en noviembre de 2012
en Impresora y Encuadernadora Progreso S. A. de C. V.
(IEPSA), Calzada San Lorenzo 244; 09830 México, D. F.
La edición, al cuidado de *Víctor H. Romero*,
consta de 2 000 ejemplares.